GUERRA PELA ETERNIDADE

Lugares-chave em *Guerra pela eternidade*

Universidade Estadual de Campinas

Reitor
Antonio José de Almeida Meirelles

Coordenadora Geral da Universidade
Maria Luiza Moretti

Conselho Editorial

Presidente
Edwiges Maria Morato

Alexandre da Silva Simões – Carlos Raul Etulain
Cicero Romão Resende de Araujo – Dirce Djanira Pacheco e Zan
Iara Beleli – Iara Lis Schiavinatto – Marco Aurélio Cremasco
Pedro Cunha de Holanda – Sávio Machado Cavalcante

BENJAMIN R. TEITELBAUM

GUERRA PELA ETERNIDADE

O retorno do Tradicionalismo
e a ascensão da direita populista

Tradução
CYNTHIA COSTA

EDITORA UNICAMP

SISTEMA DE BIBLIOTECAS DA UNICAMP
DIVISÃO DE TRATAMENTO DA INFORMAÇÃO
Bibliotecária: Maria Lúcia Nery Dutra de Castro – CRB-8ª / 1724

T234g   Teitelbaum, Benjamin R.
      Guerra pela eternidade : o retorno do Tradicionalismo e a ascensão da direita populista / Benjamin R. Teitelbaum; tradução : Cynthia Costa. – Campinas, SP : Editora da Unicamp, 2020.

      Título original: *War for eternity: the return of Traditionalism and the rise of the populist right*.

      1. Direita e esquerda (Ciência política). 2. Neonazismo. 3. Tradição (Filosofia). 4. Brasil – Política e governo. I. Costa, Cynthia. II. Título.

CDD – 320.5
– 320.533
– 306.4
– 320.981

ISBN 978-65-86253-53-5

Copyright © Benjamin R. Teiltelbaum
Copyright © 2020 by Editora da Unicamp

2ª reimpressão, 2023

As opiniões, hipóteses, conclusões e recomendações
expressas neste livro são de responsabilidade do autor
e não necessariamente refletem a visão da Editora da Unicamp.

Direitos reservados e protegidos pela lei 9.610 de 19.2.1998.
É proibida a reprodução total ou parcial sem autorização,
por escrito, dos detentores dos direitos.

Foi feito o depósito legal.

Direitos reservados a

Editora da Unicamp
Rua Sérgio Buarque de Holanda, 421 – 3º andar
Campus Unicamp
Cep 13083-859 – Campinas – SP – Brasil
Tel.: (19) 3521-7718 / 7728
www.editoraunicamp.com.br – vendas@editora.unicamp.br

Para Liv e Signe.

Um homem encontrou um tigre na floresta. Sem modo de escapar ou dominar o animal pela força, ele escolheu a terceira opção e pulou nas costas do tigre. O homem sabia que, se fosse cuidadoso e paciente, ele poderia montá-lo até que o tigre ficasse velho e fraco. Daí ele agarraria o seu pescoço e começaria a apertá-lo.

Parábola do Leste asiático

AGRADECIMENTOS

Professores são acostumados a projetos com longos períodos de gestação. Este não era um projeto assim. Devido à atualidade do tópico e à urgência de publicá-lo, tinha de ser pesquisado e escrito rapidamente. Eu não teria tido a chance de fazer isso, nem de ver esta tradução para o português brasileiro, sem sacrifícios e apoio de outras pessoas, tanto na vida profissional quanto na pessoal.

O apoio financeiro do Centro de Artes e Humanidades da Universidade do Colorado, em Boulder, possibilitou a minha pesquisa inicial. Foi graças a um colega de universidade, o violinista e escritor Edward Dusinberre, que conheci uma brilhante dupla de agentes literárias do outro lado do Atlântico: Melissa Flashman e Rebecca Carter, da Janklow & Nesbit. O mesmo digo dos editores – Alessandra Bastagli, Casiana Ionita e Jeff Alexander –, que fizeram leituras críticas e especializadas do meu texto em inglês.

Sou profundamente grato a André Kaysel Valesco Cruz, professor do Departamento de Ciência Política da Universidade de Campinas (Unicamp), por ter possibilitado o contato com a Editora da Unicamp, assim como a Cynthia Costa, por seus talentos excepcionais como tradutora. Ao longo de toda a pesquisa, também contei com a ajuda de alunos assistentes. Agradeço a Pedro d'Avila, por sua cooperação qualificada com material em língua estrangeira (todos os erros de tradução são meus), e a Kelsey Fuller. Os mais altos agradecimentos à minha mulher, Kajsa, por seu apoio a mim e às minhas filhas durante todo o processo.

SUMÁRIO

Nota do autor 11

Prólogo 13

1. Pilares da Tradição 17

2. Marinheiro quer ser nativo..29

3. O mestre Jedi..37

4. Tempo de matar 45

5. Europa solar 57

6. A metafísica do campesinato 71

7. Estrangule o tigre...83

8. A raça do espírito...95

9. O homem contra o tempo...103

10. Reuniões esotéricas..117

11. Vamos transcender a modernidade 131

12. O pico...141

13. Jantar na embaixada...149

14. Alternativas globais..157

15. Fronteiras encantadas...169

16. A desintegração do mundo 181

17. *Alt-Right, Inc.*..191

18. Bannon contra o mundo 201

19. Vamos unir a direita 211

20. Brasil profundo 223

21. Acerto de contas..233

22. Guerra pela eternidade..245

Notas 255

Índice remissivo 267

Nota do autor

Sou etnógrafo de profissão, não jornalista. Aprendi a seguir um método de pesquisa acadêmica segundo o qual estudiosos observam, interagem com e, às vezes, vivem entre as pessoas que estudam por longos períodos. Nesse método, um objetivo importante é a empatia: compreender e interpretar o seu modo de ver o mundo. Em geral, a etnografia dedica-se ao estudo dos pobres e desfavorecidos. Há razões ideológicas e práticas para isso. Estudiosos tendem a ver virtude política em ter empatia e dar voz aos marginalizados, que, por sua vez, costumam ser mais acessíveis – ou menos capazes de resistir – ao estudo. A etnografia não é a melhor ferramenta para produzir críticas apaixonadas sobre os seus sujeitos de pesquisa. Seu uso no estudo de elites poderosas é raro.

Este livro não é propriamente uma etnografia, mas se insere no espaço confuso entre esse método e o jornalismo investigativo. É baseado principalmente em entrevistas e relatos realizados, em sua maioria, entre junho de 2018 e setembro de 2019, incluindo mais de 20 horas de entrevistas gravadas com Stephen K. Bannon. Meu relato também se baseia no tempo que passei informalmente com os personagens principais do livro, ou nos mundos ideológicos e sociais que eles habitam. Como estudioso, meu instinto é relacionar as histórias e os acontecimentos com os quais me defrontei às discussões acadêmicas. Porém, graças à atualidade e à ampla relevância do conteúdo do livro, limitei a quantidade de comentários acadêmicos, colocando a maioria nas notas finais.

Praticamente todas as conversas e declarações sobre as quais escrevo foram entrevistas gravadas com permissão. Nos casos em que não havia um dispositivo de gravação disponível, entrei em contato posteriormente com os participantes para confirmar as transcrições feitas de memória. Minha eficiência nessas e em outras tarefas similares variou, pois eu tinha diferentes níveis de acesso àqueles que estudei. No que diz respeito a Steve Bannon, John Morgan e Jason Jorjani, pude não apenas fazer visitas e observações prolongadas, como também estabelecer com eles diálogos proveitosos sobre minhas análises e questões ainda não solucionadas. Meu relacionamento com eles tem sido muito mais próximo do que aquele com que estou acostumado como acadêmico. Com outros, sobretudo com Aleksandr Dugin e com Olavo de Carvalho, as interações foram mais limitadas e formais, consistindo em grande parte apenas em entrevistas e não muito mais.

É um desafio separar as interações com os participantes de quem me aproximei mais daquelas com os quais me envolvi menos, bem como recriar conversas e eventos que não testemunhei. Os principais exemplos disso são o prólogo e os capítulos 2, 4, 8, 10 e 12. Esclareço aos leitores que os diálogos falados e internos descritos nesses capítulos vêm de entrevistas que conduzi mais tarde – meses depois, no caso do capítulo 12, e anos depois, no caso dos outros. Tomei a decisão editorial de recontextualizar essas declarações com base na minha compreensão de acontecimentos passados e, no caso do capítulo 12, com base em uma revisão informal do texto feita por um dos participantes (Bannon), mas não pelo outro (Dugin). Na melhor das hipóteses, consegui reproduzir diálogos e eventos; na pior, há ali reflexões e expressões descontextualizadas. Todavia, os leitores podem confiar que citações extensas e diálogos internos substanciosos foram declarações feitas a mim pelas pessoas em questão em entrevistas gravadas ou verificadas posteriormente. Observem que, embora Steve Bannon e eu tenhamos revisado informalmente seções do prólogo e dos capítulos 2 e 12, ele não revisou oficialmente esses materiais citados, nem qualquer outro, apesar de sua intenção de fazê-lo e de um considerável esforço da minha parte (cerca de 50 mensagens de texto e *e-mails* para ele e seus assistentes, enviados de outubro a novembro de 2019, mais uma reunião em Washington D.C. e uma viagem à cidade de Nova York com uma reunião cancelada). Informo ainda que realizei uma leve revisão gramatical das declarações de não anglófonos. Por fim, informo que mudei os nomes de alguns indivíduos secundários.

Prólogo

Seu carro passa lentamente sobre os paralelepípedos da via del Babuino, em direção à piazza del Popolo – a praça do Povo – onde multidões se reúnem em torno de um obelisco egípcio de dois mil anos, diante dos olhares de leões, demônios e cães de pedra. É uma manhã quente em Roma, em novembro de 2018, e o filósofo e ativista político russo Aleksandr Dugin está se dirigindo a um dos endereços mais exclusivos da cidade para uma reunião da qual ele jurou nunca falar.

Ele desembarca em uma rua perto da praça e caminha entre os arcos brancos do opulento hotel de Russie. Olhando para além do saguão, pelas janelas dos fundos, ele avista o terraço ajardinado que emoldura o pátio e o bar Stravinskij, exuberante mesmo no outono, com palmeiras, choupos, videiras esculpidas e arbustos. Dugin não se demora. Atravessa o saguão e vira na escada, onde é saudado por um encarregado que o conduz adiante, por um corredor, passando por uma série de portas, até chegar a uma suíte e aos braços estendidos de Stephen K. Bannon.

Eles trocam sorrisos e amabilidades enquanto Bannon mede Dugin, examinando os olhos azuis marmóreos do russo e sua longa e característica barba grisalha – emblema de outro lugar e outra época. "Incrível", diz Bannon. "Pode imaginar o que Washington pensaria?"

Boa pergunta. Dugin estava proibido de viajar para os Estados Unidos e o Canadá desde 2015, após ter, supostamente, convocado um genocídio na Ucrânia. Sua reputação internacional, justificada ou não, como o mentor louco da agenda geopolítica de Vladimir Putin, torna-o particularmente venenoso para alguém como Bannon. Nos Estados Unidos, enquanto isso, a campanha presidencial bem-sucedida de Donald Trump encontra-se sob investigação criminal há mais de um ano e meio, entre alegações de coordenação e conluio com o governo russo durante as eleições de 2016. Bannon administrou aquela campanha e, embora alguns que trabalharam sob seu comando e ao redor dele estejam caindo conforme a investigação se desenrola – três figuras importantes se declararam culpadas apenas nas últimas semanas –, ele próprio permanece intocado. Agora está cara a cara com o ideólogo mais famoso da Rússia, uma inspiração não apenas para a geopolítica de Putin, mas também para o seu radicalismo.

Eles estão em um dos quartos privativos do hotel e ali permanecerão o dia todo, escondidos dos recepcionistas, *concierges* e mensageiros uniformizados lá embaixo; da agitação da praça do lado de fora; da caça à influência russa no governo dos Estados Unidos, em metástase do outro lado do Atlântico. Não faltam riscos, mas não é possível esperar mais. Ambos querem influenciar um ao outro e, para Bannon, isso implica trazer Dugin para o seu lado e a Rússia para o lado da América. Como? Estabelecendo um vínculo entre ele e seu convidado sobre o qual poucos sabem, e menos ainda entenderiam.

~

Cerca de oito horas depois, eles emergem da suíte, apertando as mãos e prometendo se encontrar novamente.

"Você é um tipo muito diferente de pessoa, Sr. Bannon."

"Você também, irmão."

Reverente, irreverente até o fim. Os assistentes de Bannon começam a informá-lo sobre os planos para o jantar. Dugin desce as escadas, passando pelo saguão do hotel e saindo na noite escura de Roma, onde seu carro o espera. Apesar de todo o tempo que passaram juntos, ainda há muita coisa que não foi dita. Na verdade, Dugin considera Bannon mais do que simplesmente "diferente", mais, aliás, do que uma mera pessoa. Aquele americano* saiu de uma terra inculta, uma sociedade forjada no modernismo sem conexão com seu solo, sem ligação com a história e sem raízes sagradas. Ser americano é não ter Tradição, o que tornou a ascensão de Bannon ainda mais espetacular. Pois, ali, entre as ruínas da

---

*   O uso de "americano(s)/americana(s)" como traduções de "*American*", em vez de "estadunidense(s)", baseou-se no impacto que esta opção poderia ter nas discussões políticas expostas ao longo do livro, que envolvem etnocentrismo, imperialismo e globalismo. Procurou-se interferir pouco, na medida do possível, na maneira como o autor e seus entrevistados nomeiam povos, nações e nacionalidades. Da mesma forma, na maioria das vezes, usou-se "América" como tradução de "*America*", mesmo quando o termo se referia não ao continente, mas apenas aos Estados Unidos da América. (N. da T.)

modernidade e do materialismo – no reino da escuridão, às badaladas da meia-noite –, houve uma explosão repentina de luz. O russo vê a ascensão de Bannon ao poder como o início de uma revolta bem-sucedida contra o mundo moderno, profetizada por antigos místicos e detalhada nos escritos de espiritualistas alternativos do século XX. Bannon não é uma pessoa; ele é um sinal escatológico.

Eles podem discordar sobre geopolítica, e suas carreiras podem ter tido altos e baixos. Não importa. Eles são homens diferenciados, homens de espírito, homens contra o tempo – parte da mesma unidade transcendental. *Somos Tradicionalistas*, Dugin pensa consigo mesmo, *e chegou a nossa vez.*

1
Pilares da Tradição

Liguei meu gravador. "Então, a minha primeira pergunta, minha principal pergunta é: o senhor é um Tradicionalista?"

Steve Bannon refletiu sobre essa questão sentado à mesa à minha frente, emoldurado por janelas que se abriam para o horizonte do Upper East Side de Manhattan. Era junho de 2018, e estávamos em um dos hotéis mais exclusivos do bairro. Eu havia dado o codinome de Bannon à recepção. Logo um funcionário uniformizado me conduziu até sua luxuosa cobertura, no meio da qual ele presidia seus assistentes, que atendiam a todos os seus pedidos. *Ele fica melhor pessoalmente*, pensei eu, ao vê-lo recém-saído do banho, barbeado e com o cabelo penteado para trás. Jogada no sofá atrás dele estava a sua conhecida jaqueta verde e marrom – surrada, gasta, descabida em qualquer corpo, particularmente no de Bannon em seus momentos mais desleixados e corados. A jaqueta, por si só, havia se tornado um objeto de caricatura e zombaria na cultura pop, um emblema da feiura que muitos viam no próprio homem e em suas ideias; feiura que havia sido a preocupação de liberais exasperados e indignados na Europa e na América do Norte, que tentavam dar sentido às suas muitas contradições e à possibilidade de ele ainda exercer influência em suas sociedades e além.

Ele tomou um gole de seu café. "Depende do que você quer dizer. E, hoje, isso fica em *off*. Depois, podemos ver."

Clique.

Apenas alguns segundos haviam se passado desde que ligara o gravador e já o tinha desligado, mas o que Steve disse nesse intervalo foi altamente revelador. Minha pergunta o fez hesitar e recuar; duvido que ele tivesse feito isso se eu perguntasse sobre os rótulos sensacionalistas que lhe são tão frequentemente atribuídos hoje em dia, como *supremacista branco*, *nacionalista branco* ou *neonazista*. Sua cautela indicava que ele sabia exatamente o que eu quisera dizer com Tradicionalismo, que levava a questão a sério e que estava ciente de que certas respostas podiam ser condenatórias. Isso significava que o meu esforço – um ano de *e-mails* e de mensagens de texto, idas em vão ao aeroporto e um voo para Nova York, cruzando dois fusos horários, com base em pouco mais que um palpite – tinha valido a pena.

Por Tradicionalismo – com T maiúsculo – estávamos nos referindo a uma escola espiritual e filosófica[1] alternativa, com um grupo eclético, ainda que minúsculo, de seguidores, ao longo dos últimos cem anos. Quando combinado com o nacionalismo anti-imigração, no entanto, muitas vezes é sinal de um radicalismo ideológico raro e profundo, e é por isso que o acompanho. Sou professor universitário e pesquisador do Colorado, especializado em extrema direita contemporânea. Por quase uma década, tenho me dedicado a estudar suas personalidades, histórias de vida, ideologias e expressões culturais, preferencialmente por meio de observações presenciais e interações diretas. É um trabalho complicado – técnica, intelectual e eticamente – que resulta em um fluxo constante de especulações e suspeitas entre os meus amigos e aqueles que me conhecem pessoalmente sobre como eu poderia prosseguir no que faço, e até mesmo apreciar a minha tarefa. De fato, meu interesse pelo assunto tem várias raízes, incluindo medo e alarmismo, mas também a adrenalina da investigação e as lições trazidas pela descoberta de complexidades mais profundas onde eu esperava encontrar somente um tédio brutal. A atualidade do assunto também se tornou um incentivo inesperado. Estudar a direita radical contemporânea é estudar o movimento político mais transformador do início do século XXI. É testemunhar a história.

Durante anos considerei o Tradicionalismo como a curiosa prerrogativa dos membros mais marginalizados de uma causa já marginalizada – a marca registrada de um punhado de intelectuais da direita radical que não simpatizavam com gangues de *skinheads* nem com a política de partidos populistas. Poucas pessoas tinham algum conhecimento sobre isso, mesmo entre estudiosos e jornalistas, porque o tema simplesmente não parecia ter importância. Eu o apresentava na sala de aula para mostrar aos alunos que as pessoas que estudei podiam ser não só assustadoras, como também esquisitas. Em meio a ganhos políticos surpreendentes para as forças nacionalistas e anti-imigração no século XXI, os Tradicionalistas da direita pareciam continuar com um RPG de alta fantasia – um *Dungeons*

& *Dragons* para racistas, como disse um aluno. Era desse tipo de coisa que ativistas "sérios" e práticos da direita radical fugiam ao avançarem em direção a oportunidades políticas emergentes e à chance de se apresentarem como líderes viáveis.

É por isso que fiquei chocado quando, ao tratar da eleição presidencial dos EUA de 2016, surgiram rumores na mídia de que Steve Bannon, então estrategista-chefe do presidente Trump e suposto idealizador de sua campanha, havia sido gravado citando nomes de figuras-chave do Tradicionalismo. Que um indivíduo com tão notável poder e influência soubesse sobre essas figuras era quase inacreditável. Como ele havia entrado em contato com o Tradicionalismo? O que isso dizia sobre ele e sobre suas perspectivas para os Estados Unidos e para o mundo? E com quem mais ele estava falando sobre isso?

Eu me perguntei se seria loucura aventar a possibilidade de ele falar *comigo* sobre isso. Eu não sou cientista político, nem jornalista – minha área principal na universidade era etnomusicologia, e isso provavelmente confundiria mais do que impressionaria. Eu tinha, no entanto, uma rara percepção da fusão do Tradicionalismo com a política de direita, bem como uma rede de contatos internos que estava sendo formada havia anos para me ajudar a estudá-lo. Foi o suficiente para eu tentar, mas não o suficiente para me sentir à vontade, sentado ali na frente dele; um homem que, pelo menos por um período, fora uma das pessoas mais poderosas do planeta e que eu tinha conseguido paralisar com uma única pergunta.

Mas deixe-me recapitular primeiro e explicar o que Steve e eu sabíamos quando nos conhecemos.

～

Pode parecer simples e corriqueiro: Tradicionalismo. É tudo, menos isso.

Em conversas casuais, usamos a palavra *tradicionalista* para descrever alguém que prefere fazer as coisas à moda antiga, acredita que a vida costumava ser melhor e tem uma postura crítica em relação às novas tendências. O tipo de Tradicionalismo de que estou falando pode acidentalmente se sobrepor a esse, mas é muito mais complicado e bizarro. Para explicar a maneira como os Tradicionalistas pensam, é melhor começar examinando o que eles rejeitam, pois isso é muito mais fácil de entender do que aquilo que defendem. Eles afirmam se opor à modernidade, outro conceito que parece enganosamente corriqueiro. Embora tendamos a pensar em *moderno* como aquilo que é novo ou atualizado, eles se referem à modernidade da mesma forma que um historiador ou um cientista social o faria, tanto como um método de organização da vida social quanto como um período de tempo em que esse método veio a predominar na Europa e no mundo europeizado, o que equivale a dizer de 1800 em diante. De forma geral, pode-se afirmar que a modernização envolve o recuo da religião pública em favor da razão, o que corresponde a um enfraquecimento do simbólico em favor do literal e a um interesse decrescente em coisas que não são facilmente matematizadas e quantificadas – espírito, emoções, sobrenatural – em favor das chamadas coisas materiais. A modernização também envolve a organização de massas de pessoas cada vez maiores em prol de uma mobilização política mais poderosa (nações e colonialismo), da produção industrial e do consumo de bens. Conforme se padroniza a vida social, novas massas populacionais surgem com mais facilidade. Enfim, a modernização centra-se na crença de que, por meio da inovação humana, podemos chegar a um mundo melhor do que o que temos. Em outras palavras, há uma fé no progresso que, no âmbito da política ocidental, tende a se manifestar em forma de apelos por maior liberdade e igualdade.

Os Tradicionalistas aspiram a ser tudo que a modernidade não é – comungar com o que eles acreditam serem verdades e estilos de vida transcendentes e atemporais, em vez de buscar o "progresso". Alguns Tradicionalistas trabalham seus valores em um sistema de pensamento que vai muito além da divisão política moderna de esquerda ou direita: alguns até dizem que esse sistema está além do fascismo.[2] Consequentemente, esse sistema infundiu o pensamento de propagadores da direita anti-imigração, populistas e nacionalistas, e o fez de maneira estranha. É anticapitalista, por exemplo, e pode ser anticristão. Condena o Estado-nação como uma construção modernista e admira aspectos do islã e do Oriente em geral. Isso tem cara de direita?

Na verdade, o patriarca do Tradicionalismo foi um francês convertido em muçulmano, chamado René Guénon. Alto e magro, de bigodinho elegante, ele morreu em 1951, no Cairo, após trocar os ternos ocidentais por túnicas brancas e turbante e o seu nome por Abd al-Wahid Yahya. Ele aderiu ao islamismo, mesmo reconhecendo que se tratava de um entre múltiplos caminhos válidos rumo a um fim maior. Guénon e os seus seguidores acreditavam que um dia houvera uma religião – a Tradição, o cerne, ou a Tradição perene – que fora perdida, tendo sobrevivido na atualidade apenas fragmentos espalhados de seus valores e conceitos em diferentes práticas de fé. Como a ocorrência de um traço físico similar em diversas espécies, pontos compartilhados entre diferentes sistemas de crença atestam a existência de um ancestral comum – a religião nuclear original. E, para muitos Tradicionalistas, a coincidência inter-religiosa é mais aparente entre as chamadas religiões indo-europeias, sobretudo hinduísmo, zoroastrismo e religiões europeias pagãs pré-cristãs.

Alguns acreditavam que o catolicismo também preservava, veladamente, verdades indo-europeias pré-cristãs. Guénon discordava disso, ainda que visse essa preservação no sufismo islâmico. Ele aspirava a viver como um muçulmano, considerando uma virtude a dedicação a uma única forma viva de Tradição. Apesar disso, embora evitasse o sincretismo religioso em suas práticas diárias, seus escritos e os de seus seguidores buscavam fundir a sabedoria das várias crenças, a fim de iluminar os pilares da Tradição.

Então, o que é *isso* – a Tradição? Que crenças e valores ela transmite, e como deveriam ser implementados? Raramente se ouvirá de alguém os detalhes; Tradicionalistas costumam recorrer a generalizações. No entanto, seu pensamento tende a ser estruturado por um entendimento peculiar de tempo e sociedade. Comecemos com o tempo. Mesmo que pensemos em nossa vida como tendo um começo, um meio e um fim, Tradicionalistas seguem o hinduísmo em sua crença de que a história humana sempre percorre um ciclo de quatro idades: da idade de ouro à de prata, à de bronze e à idade sombria, antes de voltar à de ouro e retomar o ciclo todo de novo. A de "ouro", é claro, refere-se à virtude, e a "sombria", à depravação, ou seja, Tradicionalistas propõem uma visão da história que é, ao mesmo tempo, fatalista e pessimista. Conforme o tempo passa, a condição humana e o universo como um todo pioram até um momento cataclísmico, no qual a escuridão absoluta explode em ouro absoluto, e a decadência recomeça. É essa ciclicidade e, com ela, a crença de que o único caminho de melhoria para a sociedade é mergulhar ainda mais na degeneração que separam o

Tradicionalismo do conservadorismo casual e do ceticismo em relação a mudanças. Além disso, a ciclicidade atribui uma importância incomum à história, porque nela o passado não deve ser superado, nem se deve escapar dele; ele é também o nosso futuro.

Até agora não mencionei o que os Tradicionalistas consideram ser bom e mau, o que torna a idade de ouro tão dourada, e a sombria, tão sombria. Para entender isso, precisamos mudar o foco, passando do tempo às pessoas. Tradicionalistas – sobretudo os da direita radical – acreditam que cada idade pertence a um tipo diferente de pessoas, ou a uma casta diferente. Essas castas são ordenadas em uma hierarquia que declina da dos sacerdotes para a dos guerreiros, depois para a dos comerciantes e, por último, a dos escravos. Tradicionalistas chamam de espirituais as duas superiores e de materiais as duas inferiores. Sacerdotes e guerreiros vivem aspirando a algo maior, a ideais imateriais – no caso dos sacerdotes, à espiritualidade pura; no caso dos guerreiros, a noções terrenas de honra. Comerciantes, por sua vez, valorizam mercadorias e dinheiro – coisas concretas, e quanto mais, melhor –, enquanto escravos levam isso ainda mais longe ao traficarem o material mais imediato e básico que podem encontrar: corpos e gratificação corporal.

A hierarquia social do Tradicionalismo opõe, assim, abstrato e concreto, espírito e corpo, qualidade e quantidade. Também mapeia as idades do ciclo do tempo, o que demonstra aquilo que os Tradicionalistas consideram justo e como isso se deteriora. A idade de ouro é a dos sacerdotes; a de prata, dos guerreiros; a de bronze, dos comerciantes; e a sombria, dos escravos. Em cada idade, a casta predominante dita a sua visão de cultura e de política para o restante da sociedade. Por exemplo, na idade de ouro, o governo seria uma teocracia, com a autoridade religiosa e a arte devocional valorizadas acima de todo o resto, enquanto as idades subsequentes testemunhariam a ascensão do Estado militar, da plutocracia e do governo dos mais ricos. Na idade sombria, por fim, um reinado de quantidade dá poder político às massas na forma de democracia ou de comunismo. Quanto tempo dura cada ciclo de quatro idades? Em geral, o hinduísmo acredita serem necessários milhões e milhões de anos até que o ciclo se complete. Tradicionalistas costumam acreditar em um intervalo de tempo menor, embora ambos tendam a concordar no que diz respeito à idade em que vivemos hoje: a sombria – *Kali Yuga*, em sânscrito. Da mesma forma, condenam o presente, acreditando que o tempo tornará as suas sociedades grandiosas novamente.

Esses são os fundamentos, pontos sobre os quais a maioria dos Tradicionalistas à direita concorda. Para de fato compreender, porém, essa não passa de uma pincelada na superfície de seu pensamento.

Sucessor complexo de René Guénon, o barão italiano Julius Evola contribuiria consideravelmente com o pensamento Tradicionalista e o conduziria para a política de direita. Nascido em Roma em 1889, Evola mostrava-se menos disposto a ver ocidentais voltando-se para o Oriente em busca da transcendência espiritual. Para ele, o Tradicionalismo tornar-se-ia uma ferramenta para defender o que ele via como europeu nativo. Além de uma hierarquia com a espiritualidade no topo e o materialismo na base, Evola propôs que a raça também ordenava os seres humanos, com os mais brancos e arianos constituindo o ideal histórico acima daqueles com a pele mais escura – semitas, africanos e outros não arianos. Entre as hierarquias que ele prestigiava estavam, ainda, as que colocavam a masculinidade acima da feminilidade, o Norte geográfico acima do Sul e até uma que prescrevia posturas corporais e olhares, segundo a qual os que olham para cima e adoram o Sol seriam mais virtuosos do que quem olha para o chão.

Como Guénon, Evola também considerava a própria hierarquia uma variável nesse esquema. Conforme escreveu ao abordar sociedades Tradicionais da idade de ouro, "o princípio fundamental[3] [...] nessas sociedades [...] é o de que não existe um simples modo único, universal, de viver a vida, mas muitos modos espirituais distintos". À medida que o ciclo do tempo avança, diferenciação e diversidade recuam, conforme a casta que reinou em uma idade desintegra-se durante a seguinte. Com o tempo, sacerdotes e guerreiros simplesmente desaparecem ou se tornam versões fantasiadas da classe dominante – pessoas que se vestem e agem como sacerdotes e guerreiros, mas com valores e atitudes de comerciantes e escravos. O tempo, em outras palavras, nivela a humanidade, tornando-a uma comunidade de massas baseada em seu mais baixo denominador comum, e a hierarquia e a diferenciação humana só poderão voltar após a virada da idade sombria. Podemos, assim, nomear uma hierarquia adicional, com uma ordem social diferenciada no topo e homogeneizada na base.

Reflita sobre as sinergias e interações potenciais entre essas hierarquias e você começará a compreender o Tradicionalismo com o qual a maioria na direita radical se identifica. Na versão que apresentei aqui, a espiritualidade, a Antiguidade, a raça branca ou ariana, a masculinidade, o hemisfério Norte, a adoração ao Sol e a hierarquia social estão todos entrelaçados. Ter uma relação autêntica com qualquer um desses elementos implica aderir a todos. Foi nisso que se baseou parte do entendimento de Evola da história: ele acreditava que arianos descendiam de uma sociedade patriarcal de seres etéreos e fantasmagóricos que viviam no Ártico, cuja virtude fora decaindo conforme migravam para o Sul e se tornavam encarnados. Alternativamente, ele e outros viam na modernidade a ascensão de uma idade sombria na qual democracia e comunismo resultavam de um desprezo generalizado pelo passado e de uma fé proporcional no futuro; na qual a política focava a economia, a população escurecia devido à migração do Sul para o Norte e o feminismo e o secularismo forjavam uma cultura que celebrava o hedonismo sexual e a desconsideração caótica por qualquer tipo de limite.

Assim, o que o Tradicionalismo oferece é um relato da história e da sociedade que aborda uma vasta gama de ideais e movimentos modernos como inter-relacionados e igualmente desprezíveis. Não se pode celebrar o capitalismo e opor a ele um comunismo igualmente massificado e capitalista, ou endossar uma visão de mundo cristã que trata o passado como pecado e o futuro como salvação, afirmando que todos são iguais perante Deus e defendendo a separação entre Igreja e Estado, enquanto condena o feminismo moderno, que expressa ideais semelhantes. O Tradicionalista é obrigado a resistir a tudo ao máximo que ele (a maioria é homem) puder. É por isso que a sua encarnação política parece tão radical e que é tão difícil imaginar o Tradicionalismo operando *dentro* das instituições de política democrática contemporânea.

~

Bannon e eu já estávamos conversando por quase uma hora e meia quando a porta de seu apartamento se abriu e seu próximo convidado, o investidor de *bitcoin* Jeffrey Wernick, entrou no cômodo. Eu me despedi, desci de elevador até o saguão do hotel, passei pelo bar elegante à direita e saí em direção à rua.

Foi tudo muito surreal. Bannon era culto, de pensamento rápido. Brilhante, até. Mas a nossa conversa também me deixou curioso e irritado. Uma forma obscura e excepcionalmente radical de pensamento havia, de algum jeito, deixado seitas religiosas e círculos intelectuais ultraconservadores e penetrado na Casa Branca e ido além. Bannon não apenas sabia da existência do Tradicionalismo, como alguns meios de comunicação haviam reportado; o Tradicionalismo moldara os fundamentos da sua compreensão do mundo e de si mesmo.

Faltava-me tempo para refletir sobre tudo isso, porque, imediatamente após deixar o hotel de Bannon, tive de ir para outra reunião. Apressado, caminhei até a Quinta Avenida e virei à esquerda, descendo rumo à extremidade leste do Central Park, antes de virar à direita na rua 59th e entrar no Plaza Hotel, com o reluzente restaurante Palm Court no centro. De margarita na mão e sorriso no rosto, um jovem franzino chamado Jason Reza Jorjani estava me esperando no bar. Eu já conhecia Jason. Ele era o tipo de pessoa que eu estava mais acostumado a estudar: ex-editor da principal editora de língua inglesa de obras do Tradicionalismo e do intelectualismo de extrema direita, a Arktos, e ex-companheiro de notórios ativistas nacionalistas brancos, como Daniel Friberg na Suécia e Richard B. Spencer nos Estados Unidos.

Mais ou menos uma hora depois, quando eu estava saindo do bar, ele me entregou uma cópia de seu livro *Prometheus and Atlas*. "Se tiver uma chance, pode dar isso para o Steve?", pediu. Hesitei, respondendo que não sabia se haveria outra entrevista. Jason entendeu, mas insistiu mesmo assim. Demos um aperto de mão e eu saí, dando de cara com um Central Park cintilando sob um cálido pôr do sol. Olhei para a capa do livro em minhas mãos, que retratava os dois personagens da mitologia grega – lembrei-me de que Prometeu e Atlas haviam sido imortalizados em forma de estátuas no Rockefeller Center, a apenas alguns quarteirões ao sul de onde eu estava. Virei o volume e li, na quarta capa, que o livro visava, entre outras coisas, "desconstruir o materialismo niilista e o racionalismo sem raízes do Ocidente moderno". Parecia Tradicionalista. *Minha mente está cheia demais para ainda mais isso*, pensei comigo enquanto colocava o livro na bolsa e atravessava a rua rumo ao parque, na esperança de encontrar um espaço isolado para processar as informações e fazer algumas anotações. Não sei por quê, mas decidi olhar o livro mais uma vez. Eu o abri e pulei para a página do título, na qual encontrei uma mensagem escrita à mão.

Caro Steve,
Desculpe o incômodo. O NYT e a Newsweek tiraram as minhas palavras do contexto. Mas nem preciso explicar como funcionam as fake news. Obrigado por todos os seus esforços para tornar a América grandiosa outra vez! Meus melhores votos, Jason

P.S. Caso queira marcar a reunião que Jellyfish planejou organizar, me ligue...

Que estranho. Por que Jason daria este livro a Steve? Por que os dois se encontrariam? E quem era Jellyfish? Olhei ao redor. Jason havia ido embora. E algo estava acontecendo.

Naquele momento, eu me vi do lado de dentro – observando uma tentativa de abrir uma linha de comunicação privada, baseada nos excêntricos interesses filosóficos de Steve Bannon. O que eu não sabia é que outras trocas desse tipo já estavam ocorrendo e logo envolveriam alguns dos ideólogos mais influentes do planeta. Com o tempo, eu também conseguiria me imiscuir nessas comunicações e explicar o que descobri ao fazer isso é o objetivo deste livro.

O que se segue é uma história sobre ideias e parcerias ocultas operando na revolta populista global de extrema direita. É um relato sobre uma maneira extraordinária de olhar as pessoas e a história que emergiu repentina, secreta e quase simultaneamente das margens da sociedade para posições de poder em todo o mundo, exercida por atores políticos que buscam criar uma ordem diferente de tudo que já vimos. Trata do nascimento de múltiplas campanhas geopolíticas, bem como de uma escalada mirabolante da intelectualidade alternativa de direita para tirar proveito da situação.

Durante o ano e meio que se seguiu ao meu primeiro encontro com Steve Bannon, eu entenderia como o Tradicionalismo impulsionou seus esforços contínuos para elevar Donald J. Trump e alinhar Estados Unidos e Rússia, assim como suas campanhas para fortalecer partidos nacionalistas em todo o mundo, mirando a União Europeia e o Partido Comunista da China. Da mesma forma, o Tradicionalismo estava inspirando líderes populistas no Brasil a distanciarem seu país da China e a aproximarem-no dos Estados Unidos. Paradoxalmente, a Rússia apresentava relutância na busca de novas parcerias com o Ocidente. Ao explorar os mundos sociais onde as ideias Tradicionalistas são cultivadas, encontrei nacionalistas arianos brancos que fazem peregrinações aos *ashrams* Hare Krishna na Índia; frequentadores de livrarias metafísicas que afirmam que o multiculturalismo pode ser abolido pelo misticismo; comandantes caucasianos; líderes chineses exilados; e lobistas lavando dinheiro para cartéis de drogas mexicanos a fim de financiarem projetos anti-imigração. Compondo um elenco estapafúrdio de personagens, eles ilustraram o fato de que uma troca entre elites políticas ascendentes e leprosos intelectuais está acontecendo hoje. Acompanhar as suas atividades é envolvente, mas também assustador, pois raramente testemunhamos uma visão de mundo tão excêntrica e incendiária infundir o pensamento de atores políticos tão poderosos e inspirar uma reinterpretação tão radical da geopolítica, da história e da humanidade.

Em agosto de 2018, comecei a fazer visitas a Steve Bannon cerca de uma vez por mês, depois para entrevistas oficiais, algumas estendendo-se por horas e horas. Não sei exatamente por que ele estava tão disposto a falar comigo e por que – o que é mais notável – ele foi tão sincero. Talvez fosse a oportunidade de conversar com alguém com profundo conhecimento de política e Tradicionalismo. Gostaria de pensar que a minha postura também contribuiu para isso: a minha curiosidade era real, assim como a vontade de lidar com suas ideias como elas realmente são. Ou talvez ele me visse como um meio de disseminar as suas mensagens.

Independentemente das suas motivações, eu tinha uma pauta e prioridades próprias. Durante a primeira conversa oficial, no mesmo quarto de hotel daquela última vez, expliquei que queria saber mais sobre as raízes de seu interesse pelo esoterismo e pelo Tradicionalismo. Por que começar por aí? Porque os textos de Julius Evola e René Guénon são muito raros no Ocidente. Você não os encontra nas prateleiras de qualquer livraria, nem os ouvirá mencionados em um curso-padrão de filosofia, religião ou política na faculdade. Circulam por canais marginais, em geral ligados a ocultismo obscuro, direita radical, ou a ambos. Se pudesse descobrir quando, onde e como ele entrou em contato com essa literatura pela primeira vez, eu saberia mais sobre ele – sobre os locais em que busca orientação e sustento intelectual, bem como sobre os círculos sociais que frequentou.

O problema é que ele não soube me dizer quando entrou em contato com o Tradicionalismo pela primeira vez – talvez porque não quisesse, mas talvez porque honestamente não conseguisse se lembrar. Foi décadas atrás, ele me garantiu, e poderia ter ocorrido em vários cenários e em ocasiões diferentes. Ele poderia citar um, ou uma possível ocasião?

Sim, respondeu ele. Houve uma vez em Hong Kong, 40 anos atrás.

2
MARINHEIRO QUER SER NATIVO

Janeiro de 1980. Hong Kong

Steve Bannon exibe um corte de cabelo militar e um grande ego.

Ele também é bonito. O jovem de 26 anos olhou-se no espelho do lado de fora e endireitou o colarinho branco antes de cruzar o convés de seu contratorpedeiro (*destroyer*), o *USS Paul F. Foster*. Os marinheiros faziam fila para a curta viagem de balsa até a plataforma do cais da Marinha Real de Hong Kong. A expectativa era grande. Fora uma longa viagem de seu porto de origem até ali, mas, naquela noite, eles estavam livres para passear pela cidade e pelo infame bairro de Wan Chai.

O *Foster* fora o lar de Steve por mais de dois anos, o que era motivo de orgulho. A maioria dos marujos que haviam se enveredado por aquele caminho fora parar num porta-aviões ou em alguma funçãozinha desprezível de oficial júnior. Ou num caça-minas em Charleston, na Carolina do Sul – algo do tipo. Ele, por sua vez, estava em um contratorpedeiro da classe Spruance baseado em San Diego, na Califórnia. Era a elite da elite, tanto a tripulação quanto o navio. As missões do *Foster* em geral envolviam proteger porta-aviões dos EUA e rastrear submarinos soviéticos no Pacífico, e Steve já havia trabalhado em uma variedade de funções – oficial de guerra de superfície, navegador, oficial de pessoal e engenheiro. As tarefas eram mecânicas e analíticas; embora ele achasse muitas delas cansativas, executava-as com rara destreza. Tinha uma habilidade de concentração especial, é o que ele lhe diria – ah, e também uma considerável presença. Era promovido com bastante frequência. Informalmente, no entanto, continuava sendo considerado um novato no navio, um *pollywog*.* Havia rumores de que logo seriam enviados para o Sul, portanto cruzariam o Equador. Isso permitiria que os marinheiros não iniciados, Steve entre eles, passassem por uma cerimônia elaborada – concluída com ele beijando a

---

*   Gíria para marinheiro que ainda não cruzou a linha do Equador; marinheiro inexperiente. (N. da T.)

barriga nua de um camarada sênior – e passassem à categoria de *shellback*.*[1] A Marinha é cheia de mitos e rituais.

De cabelo cortado e uniforme impecável, agora Steve mal se parecia com o que fora alguns anos antes. Durante a faculdade, na Virginia Tech, ele havia morado em uma barraca fora do *campus* e deixado o cabelo crescer; ouvia a banda Grateful Dead e não perdia uma festa. Isso não o impedira de vencer uma eleição controversa e turbulenta para presidente da Associação do Governo Estudantil durante seu primeiro ano, ou de fazer a transição para a Marinha após a formatura. O alistamento sempre fora seu objetivo. Em Richmond, na Virgínia, seus pais eram democratas da classe trabalhadora, mas conservadores do ponto de vista cultural, tendo mandado Steve e seus irmãos para uma academia militar católica. Tudo indicava que seu comportamento renegado dos anos de faculdade fora um hiato, não uma mudança de direção.

Escondida por trás da aparência engomadinha que exibia no navio de guerra, vivia nele uma contracultura sobre a qual poucas pessoas sabiam. Seus vestígios podiam ser encontrados dentro da mochila ou debaixo do travesseiro, e ela fazia parte de suas rotinas privadas antes de dormir e ao amanhecer. E estava nos planos de Steve naquela noite.

Ao chegarem ao cais e desembarcarem da balsa, Steve e seus amigos bateram palmas, assobiaram e gritaram. Bares e bordéis aguardavam os militares de folga, e o clima estava eletrizante. Será que Steve os acompanharia? Claro que sim. Ele jamais perderia a chance de extravasar. Mas, antes, tinha de fazer um breve desvio, apenas para resolver umas coisas. Não, não, não – ele não precisava de companhia, não demoraria muito. Todos deviam seguir para o bar, o Pussycat, é claro. Ele os encontraria a tempo para virar umas doses.

$\approx$

Em quase toda cidade em que o navio atracava, Steve Bannon conhecia o caminho até a livraria especializada em metafísica mais próxima. Ele não gostava de incenso, cristais e outras bugigangas da *New Age*, e não

---

* Gíria para marinheiro que já cruzou a linha do Equador; marinheiro experiente. (N. da T.)

desejava entrar para nenhum clube. Ele queria coisas sérias, livros sobre espiritualidade alternativa. Algumas vezes procurava guias de meditação; outras, estudos de religiões orientais.

Fazia parte de sua jornada particular, e ele não sabia quando tudo começara. Às vezes pensava que era graças à proeminência do catolicismo na sua criação, embora também se perguntasse se não seria o contrário disso. A fé cristã havia sido apresentada a ele como um conjunto de preceitos éticos e morais áridos, com os quais – especialmente aqueles vindos do Evangelho de Mateus – não tinha certeza se concordava. Será que o cristianismo tal qual era praticado nos Estados Unidos tinha algo a dizer sobre o desenvolvimento de sua alma, sobre a invocação do místico e do espiritual no aqui e agora?

Não o suficiente. Durante a faculdade, ele havia aprendido sobre a meditação transcendental e começado a ler as principais obras da religião oriental, como o *Tao Te Ching* e os *Vedas* hinduístas. Era uma voraz curiosidade intelectual que o motivava, sem dúvida. Mas Steve também via a meditação e a espiritualidade como um conjunto de rituais de autoaperfeiçoamento – como um complemento ao seu esforço *workaholic* para progredir na vida, equivalente ao estudo acadêmico e ao seu intenso ritmo de exercícios físicos. Ele queria ser uma potência de mente, corpo e espírito.

Raramente mencionava isso para seus pais. Eles podiam suspeitar que ele estivesse se afastando de sua fé cristã, embora frequentasse a missa quase regularmente durante a faculdade. Ele estava fascinado por suas descobertas e particularmente inspirado pelos métodos e pelas práticas do espiritualismo. Será que também havia verdade naqueles ensinamentos não cristãos, e o cristianismo era apenas um dos muitos caminhos válidos[2] para uma iluminação mais profunda? Ele sabia que fundir religiões era uma heresia. Constituía o chamado sincretismo, e ele não era herege. Mas, e quanto à possibilidade de as religiões terem exteriores irreconciliáveis – suas formas "exotéricas" –, porém um núcleo interno, esotérico, comum? Estudiosos da religião rotulam essa ideia como pluralismo, não sincretismo, então talvez não seja uma coisa ruim. Você pode pertencer completamente a uma fé e ao mesmo tempo buscar inspiração em outra, certo?

Pouco depois de se alistar na Marinha, ele encontrou a desculpa de que precisava para continuar: *Zen Catholicism* [*Catolicismo zen*], livro do monge beneditino inglês Dom Aelred Graham. Argumentava que a meditação budista poderia ser usada para promover a fé cristã e até mesmo reabastecer elementos de sua espiritualidade ancestral e da ênfase histórica na prática que havia sido perdida na era moderna. A mensagem autorizou Steve a buscar mais, para admitir em voz alta para si mesmo que a *Bíblia*, como um projeto de vida, estava incompleta, e uma espiritualidade mais plena, mesmo na tradição cristã, exigiria aventurar-se além dela. Pelo menos essa foi sua justificativa tácita quando mergulhou nos Upanixades e em *A filosofia perene*, de Aldous Huxley.

E não se tratava apenas de leitura. Steve renovou sua prática de meditação durante a estada no contratorpedeiro. O estresse gerado pela responsabilidade de patrulhar o mar da China Meridional era suficiente para tornar paliativos e essenciais os momentos de calma e tranquilidade trazidos pela meditação. Seu método era básico – nada muito sofisticado –, uma condensação do que aprendera na faculdade: sentava-se, quase sempre de olhos fechados, queixo baixo e ombros relaxados, concentrando sua atenção em acalmar a respiração. Repetia um mantra para si mesmo em silêncio, várias vezes. O resultado? Por alguns minutos, o caos de sua mente era transformado em quietude e ordem.

Ele seguia essa rotina dia e noite, de preferência sozinho. Seu colega de quarto às vezes o interrompia ou observava um livro de aparência incomum ao lado de sua cama. Isso gerava apenas uma provocação inofensiva, ainda que Steve ficasse nervoso a cada vez que a ouvia. Ele tinha medo de ser exposto. Como oficial da Marinha, sobretudo naquela parte do mundo, não era recomendável falar dessas coisas. Ele sabia o que os superiores achariam e às vezes ficava acordado à noite fantasiando conversas hipotéticas. Imaginava seu superior descobrindo: "Bannon está fazendo uma porra de uma meditação zen num navio combatente? No mar da China Meridional? Em serviço de piquete? Coloque uma observação no relatório de aptidão dele. Retire sua habilitação de segurança.* Há armas nucleares neste navio, e temos aqui um marinheiro de primeira viagem querendo dar uma de nativo. Bannon é um esquisitão!".

---

*   Habilitação de segurança (*security clearance*, em inglês) é uma permissão especial, concedida pelo governo, para que indivíduos, órgãos e entidades públicas ou privadas tenham acesso a informações sigilosas.

Ser considerado esquisito seria devastador. Quem é visto como esquisito em serviço de guerra recebe um péssimo relatório de aptidão e começa a cair na hierarquia. Steve não tinha chegado a esse ponto, pois tivera o privilégio de se formar na Academia Naval dos Estados Unidos, como um daqueles graduados de anel no dedo de Anápolis, em Maryland. Ele havia conquistado seu lugar por mérito e reputação.

~

Depois de saírem do cais, Steve e seus companheiros seguiram caminhos opostos. Os colegas dirigiram-se ao clube Pussycat enquanto ele se embrenhava mais fundo na cidade: em direção ao Sul, passando por toda a vida noturna e quase até o pé das colinas, onde as estradas ficam tortuosas. Ele havia descoberto aquela livraria em sua última folga em Hong Kong e acreditava que conseguiria encontrá-la novamente. Não demorou muito a avistá-la. Ao atravessar uma rua movimentada e se aproximar da porta, parou e olhou ao redor. Nenhum soldado à vista – não havia risco, então ele entrou.

Como acontecia em grande parte daquela região de Hong Kong, a livraria fora projetada para atender a militares dos Estados Unidos e da Grã-Bretanha, assim como a viajantes ocidentais a negócios. Em outros lugares da cidade, atender a essa clientela equivalia a satisfazer vícios masculinos. Ali, significava oferecer livros em inglês, incluindo uma grande seção sobre religião e espiritualidade oriental.

Os interesses de Steve podiam ser vistos como pouco ortodoxos no navio, mas os vendedores mal reparavam quando ele parava em frente à seção de espiritualidade. Um ocidental branco, na casa dos 20 anos, interessado em budismo? Isso não passava de uma banalidade. Nas décadas anteriores, as religiões orientais haviam explodido na Europa e nos Estados Unidos. A imigração fora parcialmente responsável por esse crescimento, mas a maior parte viera mesmo de convertidos e simpatizantes curiosos – cristãos e judeus que sentiam que a vida no Ocidente moderno não tinha sentido e achavam no antigo Oriente a ajuda para "se encontrarem" de novo. Novos ramos do budismo e do hinduísmo, como o movimento Hare Krishna, surgiram com o objetivo explícito de acomodar os recém-

-chegados. Retiros de ioga e meditação disseminaram-se da Califórnia à Nova Inglaterra. E ícones da cultura pop, como George Harrison, começaram a fazer peregrinações a centros espirituais na Índia.

Pode-se dizer que Steve fez parte desse movimento, mas ele relutava em se ver assim. Já na virada para o século XX, retiros de budismo, hinduísmo e espiritualidade alternativa serviam como pontos de encontro para dissidentes culturais da sociedade americana branca[3] – socialistas, ativistas dos direitos dos animais, polígamos, feministas; forasteiros que desfrutavam de capital social e econômico suficiente para se aventurarem por sua compreensão da vida e do universo. O mesmo se deu quando as religiões orientais emergiram novamente entre os jovens americanos brancos durante a década de 1960. O poeta *beat* Gary Snyder escreveu,[4] celebremente, que via a moralidade contida no darma como "afirmadora do mais amplo espectro possível de comportamento inofensivo" – defendendo o direito dos indivíduos de fumarem maconha, consumirem peiote e serem polígamos, poliândricos ou homossexuais. Mundos de comportamentos e costumes há muito banidos pelo Ocidente judaico-capitalista-cristão-marxista.

Como outros, Steve voltou-se para o budismo e o hinduísmo em busca de uma autenticidade ausente. Também sentia que faltava alguma coisa à sociedade americana dominante* e, nesse sentido amplo, talvez seja possível chamá-lo de dissidente também. Mas ele não estava especialmente interessado em política. Como seus pais, identificava-se com a velha esquerda – a esquerda operária – principalmente por causa de questões econômicas. Mas torcia o nariz para o presidente Jimmy Carter, e, quanto mais a esquerda se associava ao liberalismo cultural, menos confortável ele se sentia. E foi essa esquerda, dos radicais culturais, que se uniu em torno da espiritualidade alternativa durante as décadas de 1960 e 1970.

Talvez Steve estivesse no lugar errado. Ele era um militar, um homem com H. Aquelas pessoas que se amontoavam nos novos *ashrams* na Califórnia podiam até pertencer à mesma geração, e a maioria era branca,

---

* Tradução de "*mainstream American society*". Traduzida com frequência como "corrente dominante", *mainstream* refere-se à forma de pensamento convencionada em um determinado contexto sócio-histórico e cultural, sobretudo devido à influência dos veículos de comunicação de massa. Optou-se por traduzir a palavra de acordo com os diferentes contextos em que ela é usada ao longo do livro. (N. da T.)

mas não se pareciam com ele, não agiam e não falavam como ele. Quiçá fossem elas que estivessem no lugar errado. Steve sabia que aqueles escritos antigos estavam impregnados de práticas de pensamento conservadoras. Textos sagrados, como o *Bhagavad Gita*, celebravam o poderio militar, e instituições, como os centros de darma, eram obcecadas pela hierarquia. Na verdade, enquanto Steve examinava aqueles textos, o budismo e o hinduísmo nos Estados Unidos estavam sendo americanizados – ou corrompidos, dependendo do ponto de vista – para se alinharem melhor aos valores liberais ocidentais. Os ensinamentos e as instituições em sua forma original eram um problema para os esquerdistas.[5]

O que Steve, os poetas da geração *beat* e os monges budistas tinham em comum era a crença de que os seres humanos eram mais do que apenas consumidores e produtores de bens, que o que importava na vida eram as coisas que não podíamos ver a olho nu ou quantificar, que a sabedoria oculta existia não na tecnologia mais recente, mas em alguns dos ensinamentos religiosos mais antigos conhecidos pela humanidade, e que havia virtudes a serem encontradas retirando-se da sociedade de massa. Eles argumentavam que muito do que o Ocidente estava chamando de progresso havia, na verdade, prejudicado a condição humana, que não seriam mais necessárias uma inovação e uma emancipação do passado, mas sim um retorno aos ensinamentos antigos para encontrar um remédio.

Que "ismo" definiu essa sociedade corrupta dominante e suas falsas noções de progresso? Teria sido o capitalismo, o secularismo, o feminismo, o marxismo, o nacionalismo, o colonialismo, a urbanização, a globalização? Estaria em suas formas mais concentradas na sociedade de consumo, no jingoísmo militarista, na cultura das drogas ou no hedonismo sexual dos *hippies* americanos? Steve e outros espiritualistas podiam ter respostas diferentes para essas perguntas, mas o pensamento deles era, em linhas gerais, semelhante. Chame isso do que quiser.

～

Minutos se passaram enquanto Steve examinava cada livro à sua frente. A maioria, ele já tinha. O *Rigveda*. Cerca de uma dúzia de textos do sutra. Os tantras. *A arte da guerra*, de Sun Tzu – qualquer otário nas Forças

Armadas já tinha lido esse. Seus olhos pararam por *A doutrina secreta*, de Helena Blavatsky, um calhamaço de mais de 600 páginas. *Que religião é essa?*, Steve se perguntou. Ele o abriu e começou a examinar as páginas iniciais. "Budismo" aparecia muito, mas também "hindu". Ele continuou a ler até que um trecho lhe saltou aos olhos: "Havia uma religião ariana comum antes da separação da raça ariana". Arianos?

Foi quando Steve ouviu uma barulheira não identificável. Recuou para a prateleira atrás dele e desencadeou uma reação cacofônica, conforme pequenos címbalos de mão e sinos pendurados batiam uns nos outros. O vendedor espiou, verificando se algo havia caído ou quebrado. Steve lançou um olhar de desculpas enquanto os sinos continuavam a reverberar e os prismas de luz refletidos por um cristal pendurado na prateleira dançavam pelo ambiente. O vendedor o encarou em resposta e lentamente voltou ao seu posto no caixa.

A atenção de Steve voltou-se para o livro em sua mão, e ele o virou para ler a quarta capa. Dizia ser uma obra-prima da teosofia, contendo verdades reveladas à autora por mestres espirituais que viviam no Tibete. Ele tinha ouvido falar de teosofia antes e pensava que se tratava, basicamente, da mesma coisa que o movimento *New Age*. Coisa sincrética, frágil. Olhou de volta para o lugar na prateleira onde o encontrara. Não conhecia muitos dos títulos. Uma brechinha aberta chamou sua atenção para uma capa bizarra, amarela, com um rosto traçado em preto – queixo e nariz pontudos, olhos amendoados – e um braço erguido desajeitadamente por trás da cabeça até a frente da face, segurando um pequeno globo. Algum tipo de deus? Ele olhou para a lombada. *O homem e seu devir segundo o Vedanta*, de René Guénon.

Ele estava pronto para estender a mão e pegá-lo quando foi interrompido. *Vai comprar alguma coisa?* O vendedor havia perdido a paciência com o jovem americano. Steve afastou-se da estante e olhou novamente para o livro em suas mãos, o texto de teosofia. *Vou levar este.*

Ele pagou, enterrou o livro bem fundo na mochila e apressou-se porta afora. Aquele seria um trabalho intenso para mais tarde, quando estivesse de volta ao seu quarto no navio. Mas, por ora, tinha de voltar para os colegas. A noite de Wan Chai era uma criança. Chegara a hora de Steve Bannon extravasar.

3
O MESTRE JEDI

Quando chegou o inverno de 2018, Bannon e eu já havíamos nos falado quatro vezes, e, para mim, parecia que tínhamos criado um ritual. O planejamento e a viagem de última hora que fizemos juntos, as palavras em código usadas por mim para chegar até ele – perguntava por "Alec Guinness" na recepção do hotel. Eu ainda não tinha certeza de por que ele continuava a falar comigo, mas percebia que ele gostava das conversas. Eu também estava me acostumando à sua maneira de falar.

Bannon consegue fazer declarações diretas, sem rodeios. Eu o ouvira fazer isso em entrevistas na TV e em debates. Ainda assim, por alguma razão, ele se mostrava excepcionalmente inarticulado durante as nossas entrevistas. Suas frases pareciam infindáveis, e ele era capaz de mudar de assunto no meio de uma palavra. Errava a pronúncia de substantivos próprios e comuns. E apresentava tiques verbais variados e bizarros, como o hábito de inserir a palavra *breguete* nas lacunas.

Às vezes, eu me perguntava se seria o tema o responsável por sua imprecisão. A maioria das nossas conversas girava em torno de espiritualidade e metafísica, e falar concretamente sobre o hiperabstrato é difícil para qualquer um. Ou era isso, ou eu o estava forçando a debater tópicos sobre os quais ele dizia saber bem, mas que, na realidade, só conhecia superficialmente.

Alguns veem sua sintaxe caótica como um sinal de embromação,[1] argumentando que suas ideias são superficiais e que ele emite sons incoerentes para compensar isso. De fato, seus comentários sobre o Tradicionalismo eram consistentemente inconsistentes: ele atribuía obras e conceitos a autores errados e fazia relatos contraditórios sobre seus encontros com diferentes escritores. Às vezes, escorregava do Tradicionalismo – T maiúsculo – para o tradicionalismo, da maneira como é usado no senso comum. Não que bancasse o gênio filosófico que alguns de seus detratores e apoiadores imaginam que ele seja. "Eu só junto essas ideias e meio que transformo em algo – para conseguir entender", ele me disse. "Não passo de um cara fodido, vou me virando conforme a necessidade."

Eu estava começando a discordar dessa declaração e das afirmações dos críticos de que seu pensamento carecia de conteúdo. Um sistema coerente de ideias começava a emergir em nossas conversas, embora com frequência exigisse que eu estudasse as transcrições depois. Mas eu ainda estava enfrentando dificuldades para entender o seu passado e descobrir como ele havia entrado em contato com os escritos de René Guénon e Julius Evola.

Nas histórias que me contou sobre sua juventude, descreveu seu eu mais jovem como um intelectual em busca de espiritualidade, alguém que não dependia de instituições para determinar seu caminho e que estava apto a seguir a jornada sozinho. Embora alguns boatos também tenham surgido ao longo do caminho.

Ele retomou a narrativa anterior. Após deixar a Marinha, Steve foi gradualmente se aproximando do estilo de vida materialista das elites costeiras dos Estados Unidos. Começou quando ele voltou para a Virgínia e, em 1981, iniciou um novo emprego no Pentágono, no escritório do chefe de operações navais, ao mesmo tempo que fazia mestrado em estudos de segurança nacional na Georgetown. (Certa vez, liguei para o programa de pós-graduação da universidade para pedir uma cópia de sua dissertação de mestrado, e a mulher ao telefone respondeu: "Você não é o primeiro a pedir, e, na verdade, não posso te dizer nada. Nem uma única palavra". Permanecemos em silêncio ao telefone por cerca de um minuto.) Ele terminou em 1983 e, desiludido com a burocracia dos militares, ingressou imediatamente na Harvard Business School.

A pesada carga acadêmica acabou prejudicando suas leituras pessoais, mas sempre que podia Steve recorria a elas. Fazia questão de manter os dois mundos separados – o trabalho escolar e o estudo pessoal. Assim, evitava fazer as disciplinas "fáceis", entre as quais, presumi eu, humanidades e psicologia social. Ele estava na escola para preencher um requisito e ganhar um diploma. Estudou finanças, análise de dados e tudo de que precisaria para trabalhar em Wall Street. Às outras coisas – história, filosofia e espiritualidade –, ele queria se dedicar por conta própria. Uma formação institucional poderia fornecer-lhe conhecimento profissional, mas o "conteúdo" ele forneceria a si mesmo. E estava no lugar certo para fazer isso. Ele me parecia um avô relembrando os bons e velhos tempos: "A Harvard Square foi uma revelação para mim. E as bibliotecas, sabe, a Widener e a biblioteca da Harvard Business School. Eu podia me perder entre as estantes... Podia me perder entre as estantes para sempre...".

E talvez tivesse se perdido, caso Wall Street não o tivesse chamado em 1985. Formou-se e foi direto para um emprego na área de investimentos na megafirma financeira Goldman Sachs, e a vida começou a acelerar. Ele se consolidou no departamento de fusões e aquisições, conquistando rapidamente a reputação de *workaholic* feroz e competitivo pra caralho, sempre em busca de novos empreendimentos. Dois anos depois, ele começou a se especializar. Goldman o transferiu para Los Angeles para se dedicar à avaliação e à aquisição de filmes de Hollywood. Em 1990, ele saiu da firma para trabalhar por conta própria, fundando o Bannon & Co., um banco de investimentos em Beverly Hills voltado para o mesmo mercado. Foi desencadeada uma enxurrada de novas compras e fusões – ele até ganhou direitos parciais de um punhado de episódios da comédia *Seinfeld*, série televisiva de sucesso. Antes do final da década, começou a produzir seus próprios filmes.

Sua vida pessoal ia de mal a pior. No fim dos anos 1990, bebia muito, havia se divorciado duas vezes e tinha três filhas. Ao mesmo tempo, porém, a admirável fortuna que juntara e uma situação de trabalho confortável lhe permitiam ir atrás de novas possibilidades de aperfeiçoamento para si – principalmente leituras e buscas espirituais. Estava ganhando muito dinheiro, e foi só isso acontecer que, *boom*, lá estava ele vivendo uma vida totalmente diferente – não mais trabalhando para o homem. Ele *era* o homem e podia fazer que diabos quisesse. Ia para a Bhodi Tree, uma livraria espiritualista na avenida Melrose, em Los Angeles, vasculhava as estantes, encontrava alguns livros e passava dias inteiros lendo em um café. Avisava as secretárias para não o incomodar. Tudo isso teve um impacto, é claro. Ele já tinha dominado o mundo dos negócios. Agora estava pronto para "uma mudança no ser".

Emiti uma interjeição, interrompendo sua narrativa. Sabia para onde a história estava indo – ele acabaria afiando suas convicções políticas de direita, batalharia para produzir filmes conservadores em Hollywood e começaria a colaborar com o ativista Andrew Breitbart, assumindo seus veículos de comunicação em 2012, após a morte repentina deste. Mas eu queria que Steve continuasse falando da década de 1990, quando a riqueza e a segurança lhe permitiram voltar às buscas espirituais com maior zelo. Foi seguramente nessa época que ele encontrou os Tradicionalistas?

Steve começou a hesitar novamente, e voltamos ao bate-papo de sempre. "É, não. Guénon – hum, porque naquele período os Tradicionalistas, com Guénon, e daí, hum, depois, Evola. *O homem e seu devir segundo o Vedanta* foi um dos primeiros, tenho que me lembrar, preciso pensar sobre isso... Se foi antes de Gurdjieff."

No início dos anos 1990, como Steve me disse, ele teve contato com o professor de filosofia Jacob Needleman, da Universidade de São Francisco: de fato, um conhecedor de René Guénon, embora muito mais um seguidor de George Gurdjieff – um místico armênio mais conhecido, que Steve considera um Tradicionalista, embora a maioria não o veja assim. Nascido em data desconhecida na segunda metade do século XIX, em Guiumri, na região Sul do Cáucaso, sua espiritualidade também derivava de uma variedade de religiões antigas. Ele não era particularmente ligado à política. Gurdjieff concentrou-se em desenvolver uma rotina de práticas direcionada ao despertar dos níveis mais profundos de consciência e percepção dentro do indivíduo. Seus ensinamentos nunca se misturaram à política radical de direita, como os de Evola, por exemplo; atraíam, sobretudo, profissionais de alto gabarito e tipos filosóficos. Pessoas como Needleman, que passava a maior parte de seus fins de semana em grupo, seguindo os ensinamentos e o método de Gurdjieff – o Trabalho, como era chamado –, o que envolvia leituras e debates ocasionais, mas também danças, muitas de origem sufista.

Steve não estava interessado em participar de grupo nenhum. A parte de que mais gostava em alguns desses ensinamentos era a ênfase na habilidade da pessoa para se transformar internamente, vivendo uma vida normal no "mundo externo" enquanto despertava e modificava seu interior. E conversar com Needleman sobre esses aspectos foi revelador. Naquele contexto, Steve estava espiritualmente faminto. No mundo dos investimentos, as pessoas com quem interagia não passavam de um bando de mecânicos muito bem pagos. Era uma vida desalmada. Em Jacob Needleman, porém, ele encontrou alguém com quem podia conversar sobre seus mais íntimos interesses e questionamentos – entre os quais, as espiritualidades alternativas que havia mantido escondidas de seus colegas na Goldman e, antes disso, de seus amigos militares. Steve foi a um jantar organizado por Needleman em homenagem ao filho e herdeiro de Gurdjieff, Michel de Salzmann; depois, convidou Needleman para uma visita à sua casa, em Laguna Beach. Os dois passaram quatro dias juntos, apenas conversando – quatro dias!

A história, ou a referência geográfica, levou-o a outra direção. Ele ainda mantinha sua biblioteca em Laguna Beach. E, como costumava fazer anotações nos livros, talvez eu pudesse descobrir algo se ele me permitisse examiná-los. Será que eu podia ir para Laguna dar uma olhada? Não, estava tudo encaixotado.

Ouvi a batida na porta e me dei conta de que a entrevista daquele dia terminara. Eu queria tê-lo questionado sobre outra informação que julgava estar relacionada ao Tradicionalismo, daquele seu período na Califórnia – uma série de TV que ele queria produzir, chamada *Aqueles que sabiam*. Sua antiga companheira, Julia Jones, descreveu sua premissa: "As melhores ideias com frequência são as ideias mais velhas, a antiga sabedoria". Mas não houve chance.

Agradeci a Steve mais uma vez por ter ocupado seu tempo e parti do hotel, seguindo pela rua 63nd sob uma chuva torrencial rumo ao meu local de hospedagem, bem mais modesto. Aquelas entrevistas estavam sendo produtivas? Eu ainda não entendia exatamente como ele tinha entrado em contato com o Tradicionalismo. E, a cada vez que eu perguntava, ele fazia uma referência ligeiramente diferente e inconclusiva ao passado. Então pensei que devia me concentrar na primeira evidência concreta de que dispunha.

Entrei no meu quarto e me joguei na cama antes de abrir o *laptop* e iniciar um vídeo. Lá estava ele novamente na tela, uma versão de aparência mais jovem do homem que eu acabara de entrevistar. Era o fim de julho de 2014, e Steve era uma figura pouco conhecida, o *CEO* de uma empresa de comunicação de direita chamada Breitbart. Ele acabara de se tornar vice-

-presidente de uma firma de inteligência de dados de eleitores, a Cambridge Analytica. Estava falando via videoconferência a uma sala cheia de cristãos conservadores, reunidos para um congresso na Cidade do Vaticano.

O que começou a descrever era um pesadelo. Falou da crise no Ocidente; do capitalismo e da maneira como este havia se transmutado em duas formas aterrorizantes: uma encarnação de compadres patrocinada pelo Estado, que enriquecera uns poucos com conexões políticas; e uma forma libertária de egoísmo, que não se importava com a comunidade. Discursou também sobre a secularização da juventude; a respeito de um conflito crescente com um novo tipo de extremismo islâmico, encorajado pelo acesso recém-descoberto a armas de destruição em massa; do poder das mensagens nas redes sociais. E discorreu, ainda, sobre a perspectiva de a violência retornar à Europa e à América do Norte.

Ele sugeriu que o capitalismo devia ser subordinado à espiritualidade – aos valores judaicos ou cristãos, em particular – a fim de enfraquecer seu instinto de tratar os seres humanos como mercadorias. Sugeriu uma revolução conservadora, não contra os esquerdistas, mas contra o *establishment* conservador no Ocidente, que estava propagando o elitismo e sustentando o capitalismo de compadrio. Uma rebelião estava prestes a acontecer, ele tinha certeza disso. Aconteceria na Europa, com partidos nacionalistas como o Partido de Independência do Reino Unido (Ukip) e o Reagrupamento Nacional (ex-Frente Nacional) na França. Aconteceria nos Estados Unidos por meio do Tea Party – até mesmo a América Latina e a Índia eram prováveis candidatas. Nem tudo era boa notícia, disse ele: alguns dos movimentos estavam atraindo racistas e antissemitas, mas esses elementos provavelmente desapareceriam conforme a causa amadurecesse.

E quanto a Putin?, perguntou um participante.

Steve respondeu:

Acho um pouco mais complicado. Quando Vladimir Putin – quando você realmente olha para alguns dos fundamentos de algumas de suas crenças hoje, muitos vêm do que chamo de Eurasianismo; ele tem um conselheiro que busca ideias em Julius Evola[2] e outros escritores do início do século XX, que são, na verdade, apoiadores do que é chamado de movimento Tradicionalista, que, no fim, acabou se transformando no fascismo italiano.

Guerra pela eternidade | 43

Aí estava – a referência mais antiga que conheço confirmando o seu conhecimento de Evola e do Tradicionalismo. E ele continuou:

> Muitas pessoas que são Tradicionalistas são atraídas por isso. Uma das razões é que elas acreditam que, pelo menos, Putin está defendendo as instituições tradicionais, e ele está tentando fazer isso na forma de nacionalismo – e eu acho que as pessoas, particularmente em certos países, querem ver a soberania de seu país, querem ver o nacionalismo para o seu país. Não acreditam nesse tipo de pan-União Europeia, ou não acreditam no governo centralizado dos Estados Unidos. Preferem ver uma entidade mais baseada em estados, como os fundadores criaram originalmente, com liberdades controladas em nível local. [...] Nós, o Ocidente judaico-cristão, realmente temos de olhar para o que ele está falando no que diz respeito ao Tradicionalismo – particularmente no sentido de que ele serve de sustentáculo para o nacionalismo –, e eu acho que a soberania individual de um país é uma coisa boa e uma coisa forte.

Putin é um cleptocrata, Steve continuou, decidido a expandir a influência da Rússia globalmente, e isso não é bom, não. Mas, dadas as ameaças que o mundo enfrenta e o fato de que Putin está em sintonia com os valores mais importantes do conservadorismo, da espiritualidade e do nacionalismo, uma aliança entre ele e o Ocidente pode ser adequada. "Não estou dizendo que podemos colocar isso em segundo plano", acrescentou ele, referindo-se à corrupção e ao imperialismo de Putin. "Mas acho que temos de lidar com as coisas mais importantes primeiro."

Se ao menos as pessoas sentadas naquela sala soubessem.

Eu voltei às suas declarações sobre Evola. Sua narrativa foi um pouco confusa. Ele descreveu o início do Tradicionalismo como um precursor do fascismo. E, embora seja verdade que Benito Mussolini admirava os escritos de Evola, o jovem Tradicionalista nunca se filiou ao Partido Fascista e teve, no máximo, uma influência menor sobre sua ideologia. O relato não foi somente um tanto impreciso, mas também pouco lisonjeiro para com o antigo Tradicionalismo, longe do que se esperaria ouvir de uma pessoa que se associaria a ele. Talvez ele ainda não se identificasse como Tradicionalista àquela época. Talvez estivesse cobrindo seus rastros. Ou talvez a possibilidade de o Tradicionalismo se alinhar com o fascismo não o incomodasse.

As palavras de Steve pareciam pouco esclarecedoras. Voltei a prestar atenção no que dizia e percebi que havia perdido algo. Steve mencionava alguém, um "conselheiro" não identificado de Vladimir Putin, a pessoa que "recorre a Julius Evola", como ele disse. Esse foi o indivíduo que, de acordo com Steve, conectou o Tradicionalismo à política de Putin, que tornou as ações da Rússia interpretáveis como um impulso ideológico para os Estados-nação e contra o surgimento de entidades transnacionais de massa. Quando chegou ao fim daquela seção, ele parecia favoravelmente inclinado a tudo, tanto às ideias quanto às pessoas. Então, quem era o tal conselheiro?

Respirei fundo ao perceber que sabia exatamente a quem Steve estava se referindo. Eu até já tinha conhecido o homem. E não conseguia acreditar que qualquer político americano, qualquer um que supostamente quisesse promover os interesses da América, iria querer ter algo a ver com ele. Sua relação com o poder não é fácil de descrever. Ele nunca foi conselheiro de Putin em nenhum sentido direto ou formal; seus meios de influência têm sido mais complicados e instáveis do que isso. O Tradicionalismo levou-o a ver o mundo e a história como uma série de conflitos contínuos em grande escala entre civilizações e espiritualidades. Ele gostaria de ver esses conflitos resolvidos por meio da política e da violência, e não tinha medo de sujar as mãos, fosse na rua como manifestante, no campo ao lados dos soldados, na duma como conselheiro, nos corredores de governos estrangeiros como um diplomata em mandato oculto. Desde o início, ele moldou a forma como os políticos falam, facilitou acordos diplomáticos unilaterais, financiou a militância e talvez tenha traçado um plano para a política externa da Rússia.

Sua trajetória, como descobri por meio de pesquisa e contatos, passou por uma virada cerca de uma década atrás, alguns anos antes de ele e eu nos cruzarmos. Aconteceu nos campos de batalha da interseção entre Ocidente e Oriente, entre tempo e eternidade. O que houve lá virou lenda em certos círculos. Mas a história também foi completamente documentada, com fotos, relatos de testemunhas oculares e abundantes investigações jornalísticas retrospectivas; o protagonista – o "conselheiro" a que Steve Bannon se referiu – não ia querer que fosse de outra forma. Seu nome era Aleksandr Dugin.

4
TEMPO DE MATAR

Julho de 2008. Perto de Tskhinvali

Ele ajeitou o quepe e colocou os grossos óculos de sol, acariciando sua longa barba enquanto espiava do alto da montanha, na direção Sul. Ao lado dele, duas mulheres equipadas com capacetes verdes e fuzis Kalashnikov, além de camisetas pretas com um bizarro emblema amarelo no peito – uma espécie de ícone em formato de estrela com oito flechas saindo do centro. Estavam cercados pela paisagem escarpada, com encostas íngremes cobertas de árvores e platôs verdes forrados de flores silvestres.

Atrás deles, ao Norte, erguia-se a linda e imponente cordilheira do Grande Cáucaso, separando a Ásia da Europa. Desde a Antiguidade, seus picos cobertos de neve formavam uma fronteira quase impenetrável, tornando os habitantes de ambos os lados estranhos uns aos outros e prisioneiros quando se aventuravam a cruzá-la. Mas, agora, uma força letal estava transpondo o Cáucaso – não escalando seus picos rochosos, mas vindo por túneis e pelo ar. O homem de barba, Aleksandr Dugin, contava com essa força e com seu potencial de brutalidade.

Onde, exatamente, ele estava? Depende da fonte. Ou em território pertencente à Geórgia, ou na nação independente da Ossétia do Sul, próxima à fronteira com a Rússia.

Um exército de separatistas havia se reunido na encosta da montanha com tanques, morteiros, RPGs, rifles de precisão e metralhadoras. Eram ossétios, o principal grupo étnico da região, com o objetivo de se separarem da Geórgia. Não tinha como acabar bem. O Cáucaso é o sonho e o pesadelo do separatista étnico, lar de um caleidoscópio de grupos com histórias, crenças e alianças diferentes, às vezes falantes de línguas mutuamente ininteligíveis. Raramente ficam isolados uns dos outros, e a mistura entre povos, a secularização e a migração não são incomuns. Há uma tensão latente; basta uma mera gota de antagonismo doméstico ou de maquinação estrangeira para despertá-la.

A Ossétia do Sul não é exceção. Embora fossem maioria, os ossétios dividiam espaço com uma considerável minoria étnica georgiana, bem como com alguns grupos de armênios e de judeus caucasianos. Ao norte da fronteira, os ossétios competiam por espaço com inguches, cumiques e chechenos.

Aleksandr Dugin não estava preocupado com aquele imbróglio tipicamente caucasiano. O que importava para ele era que a maioria dos ossétios tinha raízes etnolinguísticas no Irã – uma sociedade que ele estava começando a valorizar como fonte de uma espiritualidade autêntica –, e que eles eram, política e culturalmente, alinhados com Moscou. Mas a força que se opunha a eles não era apenas a de outra tribo local. O presidente georgiano, Mikheil Saakashvili, chegara ao poder em 2003 com uma campanha pró-Ocidente. Ele era amigo de George W. Bush e, no início de 2008, havia tomado medidas oficiais no sentido de se candidatar a membro da aliança militar da Otan com o Ocidente. O sucesso nessa iniciativa levaria militares americanos a mais uma das fronteiras da Rússia.

Os separatistas logo abririam fogo contra o Sul. Seu alvo não era a capital Tbilisi, mas pequenas aldeias georgianas no território da Ossétia do Sul. Uma campanha de limpeza étnica? Parte da tentativa de criar uma Ossétia mais ossétia? Sem dúvida, embora fosse mais do que isso. A esperança era de que essas ações provocassem uma retaliação militar do governo central da Geórgia. Dessa forma, a Rússia – aliada de longa data dos ossétios contra o nacionalismo georgiano – teria um pretexto para cruzar as montanhas em uma suposta missão de defesa e expulsar as forças georgianas da área, anexando a Ossétia do Sul ou permitindo que ela declarasse sua independência.

É por isso que Dugin estava ali. O conflito nas montanhas não era entre um Estado e um grupo minoritário revoltoso, mas entre a Rússia e o Ocidente, entre a enraizada Eurásia e o Atlântico vadio. Entre Tradição e modernidade.

～

Como revelou Dugin em uma entrevista ao jornalista Charles Clover, sua história começou para valer em 1980 em Moscou, quando ele se juntou a uma sociedade intelectual alternativa conhecida como Círculo Yuzhinsky. O nome fazia referência aos apartamentos do quartel no centro de Moscou, onde o grupo original, uma gangue de excêntricos, começou a se reunir na década de 1960. De início, o Círculo Yuzhinsky, exclusivamente masculino, era um repositório de ideias rejeitadas pela sociedade educada e pela intelectualidade dominante. Seus interesses eram fascismo, nazismo, nacionalismo, ocultismo e misticismo, todos misturados com uma embriaguez extrema (para os padrões russos) justificada como uma ferramenta para abrir a mente. Essa coletânea de interesses não era aleatória. Antissoviético, o grupo simpatizava com o nazismo, não necessariamente por amor a Hitler ou por antissemitismo, mas porque era um inimigo fantasioso do próprio governo. O misticismo esotérico deu-lhes a oportunidade de se rebelarem em um lugar que o poder do Estado não podia alcançar: o mundo oculto de suas psiques.[1] Como Dugin me diria mais tarde, "o Partido Comunista possuía todos nós – possuía a mente, o espírito, a emoção, o corpo. Controlava tudo, exceto uma coisa. A parte mais íntima". Ironicamente, porém, e apesar de suas patifarias, muitos participantes de Yuzhinsky tinham contatos na alta sociedade soviética, tornando a dissidência menos arriscada do que poderia ter sido.

Com o passar dos anos, o Círculo incrementou-se. Na década de 1980, tornou-se misto, e seus rituais passaram a incluir não apenas alquimia, drogas e sessões espíritas, além de bebedeiras de vários dias, mas também experimentação sexual. As bizarrices nazistas continuavam: o então líder nominal do grupo até se autodenominava Führer e encorajava os participantes a vestir uniformes do Terceiro Reich e a gritar "Sieg Heil!".[2] Também estava se aproximando de movimentos radicais e espirituais fora da Rússia. Um dos líderes do grupo, um homem chamado Vladimir Stepanov, havia se tornado instrutor de renome mundial na escola, ou "Trabalho", de George Gurdjieff, cujos ensinamentos, como mencionado anteriormente, enfatizavam o aprimoramento da consciência humana (uma busca íntima que não podia ser controlada pelas autoridades do Estado). Stepanov também era seguidor de um obscuro místico francês do qual Dugin nunca tinha ouvido falar, René Guénon.

Aleksandr Dugin absorveu essas influências com fervor. Ele tinha apenas 18 anos quando começou a frequentar as reuniões; apesar de muito jovem, causava forte impacto. Rebelde e ousado, era carismático e inteligente, versado nas obras de uma variedade de autores e fluente em vários idiomas, apesar da pouca educação formal até então recebida. Hábil poeta e violeiro, dedicava-se ao grupo e aos seus líderes, aderindo à dramaturgia nazista com raro entusiasmo e atrevimento. Sua maneira de falar e de se comportar, contudo, evidenciava que ele vinha de uma família privilegiada. Isso ficou especialmente notório em 1983, quando a polícia estadual russa – a KGB – o prendeu por atividades antigovernamentais. Surpreendentemente, ele foi solto.

Alguém com poder o estava protegendo. Isso, no entanto, não foi suficiente para salvar Dugin do destino reservado a outros membros do Círculo Yuzhinsky durante o declínio da União Soviética. A perseguição da KGB os expulsou da camada mais respeitável da sociedade, condenando--os a empregos de nível inferior. Alguns se espalharam pela Rússia e pelo mundo. Outros se suicidaram. Dugin resignou-se a uma existência inglória durante o dia, trabalhando até como varredor de rua. À noite, entretanto, continuava com a socialização e os estudos secretos. Houve uma epifania quando ele e outras pessoas do Círculo descobriram livros de Julius Evola na biblioteca estadual V. I. Lênin. Como aqueles livros tinham ido parar nas estantes abertas ao público era um mistério – provavelmente, erro de algum funcionário da biblioteca. Evola representava a apoteose de tudo o que o grupo idolatrava: misticismo, ocultismo e fascismo. Dugin supostamente aprendeu italiano apenas para traduzir alguns dos textos do filósofo.

Dugin havia encontrado seu lar ideológico e espiritual: ele era um Tradicionalista. E estava convencido, além disso, de que os escritos de Guénon e Evola poderiam ser usados para ajudar a Rússia naquele momento crítico de sua história.

Em 1990, quando a União Soviética estava se desfazendo, sua elite almejava alternativas políticas, e Dugin imaginou-se apto a participar disso. Ele não apenas lia e traduzia materiais, como também começou a escrever e a publicar. Uma de suas iniciativas notáveis foi o jornal *Arktogeya*; o nome significa "terra do Norte" e faz referência ao mito da origem ártica dos arianos.[3] Veículos como esse funcionavam como arenas para brincar com as ideias, e Dugin envidou grandes esforços para imaginar uma possível fusão entre o Tradicionalismo e o nacionalismo cristão russo. Ele escreveu ensaios promovendo a crença de Evola de que os Estados deveriam ser dirigidos por uma elite espiritual, além de defender que, da mesma forma, era hora de revigorar a Igreja Ortodoxa Russa e tratá-la como herdeira do legado grego bizantino, que fundira o reino dos céus com um reino na terra, onde os padres seriam líderes políticos e vice-versa. Foi o germe de uma ideia que Dugin desenvolveria e refinaria nos anos seguintes: o conceito de que a Rússia, o Estado, tinha de assumir um mandato espiritual para se consolidar.

~

O armamento na encosta da Ossétia do Sul estava bem organizado. Dugin confraternizava com os soldados, caminhando de um posto a outro, e muitos eram gentis o suficiente para deixá-lo inspecioná-los. Ele ergueu um morteiro dourado e estudou suas inscrições. Apoiou um RPG no ombro e espiou pelo visor. Voltando-se para o Sul, Kalashnikov em punho, contornou um grande tanque, parando brevemente em uma de suas extremidades para posar para uma foto – ele não tinha medo de ser visto ali. Era um tanque soviético, um T-72, o mesmo tipo usado pelas forças de Moscou para enfrentar um levante separatista checheno mais de uma década antes. No entanto, olhando-se para a lateral da torre do tanque, não são visíveis o martelo e a foice, mas as faixas brancas, vermelhas e amarelas da bandeira da Ossétia.

Os separatistas ossétios já se encontravam em conflito leve com o exército georgiano. Nada grave, embora as ações durante o mês de julho tivessem se tornado cada vez mais intensas. Havia pouco tempo que ossétios tinham tentado emboscar um político local pró-Geórgia em uma viagem. Não conseguiram atingir o alvo, mas mataram alguns policiais de seu comboio. Enquanto isso, militares georgianos haviam assumido posição nas colinas de Sarabuki, nas cercanias da maior cidade da Ossétia do Sul, Tskhinvali, com vista para a bacia do rio Liakhvi e para a rodovia S10, que a conecta à capital, Tbilisi. Essa posição lhes permitia controlar o tráfego indo para o Norte e vindo para o Sul e, caso fosse necessário, sitiar a cidade logo abaixo. Os ossétios compreenderam a importância estratégica daquela base e fizeram várias tentativas de tomá-la, mas não apenas malograram, como acabaram perdendo um punhado de soldados para os atiradores de elite posicionados acima. Os georgianos detinham a vantagem figurativa e literal. Os líderes da Ossétia, porém, acreditavam que a sorte logo mudaria a seu favor, contanto que o governo russo viesse em seu auxílio.

Aleksandr Dugin achava que poderia ajudar a tornar isso realidade. Sua influência à época era informal e com frequência mal compreendida, mas ele estava prestes a colocá-la em prática. Tal influência havia surgido com o colapso da União Soviética em 1991, um momento interpretado por muitos como a vitória final da democracia liberal do Ocidente. Os Estados Unidos e seus modelos políticos já não tinham um adversário à altura, e muitos intelectuais e políticos russos viam a integração ao sistema capitalista global como um próximo passo óbvio. Contudo, quanto mais contato Dugin tinha com o Ocidente moderno, mais se condoía e sentia saudade de seu antigo objeto de ódio: o Estado soviético. Se antes celebrara o fascismo como um antídoto ao comunismo, agora estava pronto para defender o fascismo e o comunismo contra seu verdadeiro inimigo: os Estados Unidos. Em 1993, ele formalizou esse plano com a criação de uma nova organização, o Partido Nacional-Bolchevique. O nome era uma homenagem ao nazismo e ao comunismo, os movimentos alemão e russo, respectivamente, da Segunda Guerra Mundial que, um dia, serviram de contrapeso à expansão americana. O mesmo se aplicava ao símbolo do novo partido – uma bandeira vermelha com um círculo branco, como a bandeira nazista, mas com um martelo e uma foice pretos em vez da suástica no centro.

Dugin gostava da inovação e da energia da política alternativa, mas seu desajeitado partido passou longe de ser um sucesso estrondoso. Ele, no entanto, continuava faminto por influência, que seria obtida por um caminho inesperado. Antigos contatos do Círculo Yuzhinsky o conduziram, surpreendentemente, à órbita interna da liderança militar russa. O Exército Vermelho também tinha sua parcela de ocultistas, os quais abriram para Dugin um canal de comunicação com seus camaradas mais aventureiros do ponto de vista intelectual.

Isso levou Dugin a variar seu estilo e gerou novas oportunidades de publicação. Em 1997, lançou um livro chamado *Fundamentos da geopolítica*, no qual delineou um plano para que a Rússia recuperasse sua proeminência nas relações internacionais, diminuindo, ao mesmo tempo, a influência dos Estados Unidos e de seus aliados da Europa Ocidental. Era um conflito, como ele dizia, entre um "Atlântico" liberal e uma "Eurásia" opositora,[4] entre sociedades cuja posição geográfica costeira as tornava cosmopolitas e outras que, sem litoral, buscavam sua preservação e sua coesão.

A Rússia está destinada a predominar no território da Eurásia, afirmou Dugin, um território mais ou menos alinhado com as fronteiras da ex--União Soviética. Mas, segundo ele, o imperialismo da Rússia não era semelhante ao dos Estados Unidos. A disseminação do americanismo estava homogeneizando o mundo, esmagando a diversidade local com suas demandas por capitalismo global e direitos humanos universais. Dugin declarou que, por outro lado, a Rússia sempre fora uma Federação – uma força persistente no domínio político dentro de um território delimitado, mas não inclinada a interferir nas culturas e nos modos de vida dos outros. O futuro da diversidade cultural e espiritual dependia da capacidade de alguém neutralizar a marcha dos EUA em direção à dominação global, e *Fundamentos da geopolítica* sugeria métodos para tornar isso viável. Uma proposta feita por Dugin na publicação original – e à qual eu com frequência voltaria em meio às investigações sobre a influência russa nas eleições presidenciais americanas de 2016 – encoraja russos a

> introduzir a desordem geopolítica na atividade interna americana, incentivando todos os tipos de separatismo e conflitos étnicos, sociais e raciais, apoiando ativamente todos os movimentos dissidentes – grupos extremistas, racistas e sectários, a fim de desestabilizar os processos políticos internos nos EUA.

Dugin acrescentou que "também faria sentido apoiar, simultaneamente, tendências isolacionistas na política americana".[5]

O Tradicionalismo e o misticismo estavam impulsionando o pensamento de Dugin, mas ele conteve seu impulso de enunciar isso naquele livro, preferindo escrevê-lo como um seco guia estratégico de geopolítica para um público composto por oficiais militares do governo. Foi justamente nesses círculos que encontrou sua plateia. *Fundamentos da geopolítica* impressionou o ministro da defesa linha-dura de Boris Yeltsin, Igor Rodionov, tornando-se leitura obrigatória na virada para o século XXI na Academia do Estado Maior – a principal instituição de treinamento de líderes militares russos durante a reformulação política pós-queda da União Soviética. Seu sucesso rendeu a Dugin uma reunião com políticos do alto escalão do Kremlin. Durante os anos finais da administração de Yeltsin, ele se tornou o conselheiro em assuntos geopolíticos de Gennady Seleznev, um membro importante da assembleia russa e do Partido Comunista que se opunha a Yeltsin.

Pouco depois da ascensão de Putin à presidência russa, em 2000, Dugin começou a aprimorar sua rede de acesso ao Kremlin. Elaborou propostas políticas que circularam por todos os ministérios da política interna (sobretudo por meio do agente político Gleb Pavlovsky); seus próprios protegidos, como Pavel Zaricullin e Valery Korovin, conquistaram cargos no governo; e ele ganhou não apenas um contato especial designado pelo Kremlin para facilitar a comunicação, mas também oportunidades de se encontrar com Putin pessoalmente e em particular – ao mesmo tempo que seus livros e o alcance da mídia em rápida expansão garantiam que suas palavras chegassem à elite militar e política da Rússia.

Em 2001, o jornal *Versiya* passou a descrever Dugin como um especialista em geopolítica[6] que contribuía para as decisões do presidente Putin. Jornalistas podem não ter entendido o quão complicado – sinuoso, informal e mediado – era o caminho de sua influência, mas a caracterização era verdadeira, apesar de Dugin não ocupar uma posição oficial no círculo interno de Putin. Na verdade, ele não queria influenciar por meio das rotas normais. Em vez de simplesmente ingressar no partido governante, o Unidade, ele pensava que poderia ganhar mais exposição fundando um excêntrico partido pró-governo dedicado a promover sua visão geopolítica e espiritual. E, assim, em 2002, após um processo burocrático extremamente fácil, ele fundou o Partido Eurasiano. Enquanto o Nacional-Bolchevique tinha um emblema grosseiramente familiar, os eurasiáticos representavam-se com um ícone misterioso: um símbolo composto por oito setas, cada qual apontando para uma direção. Seria a representação da expansão desejada pela Rússia? Talvez. O fato de também aparecer sobreposto a um mapa da Rússia na capa de *Fundamentos da geopolítica* torna essa uma interpretação intuitiva. No entanto, o próprio símbolo já era conhecido nos círculos ocultistas na década de 1960, particularmente por aqueles envolvidos na chamada magia negra. É o símbolo do caos.

À época da fundação do Partido Eurasiano, o Kremlin já havia divulgado diretrizes de política externa usando os termos e conceitos peculiares de Dugin, como um apelo a uma "ordem mundial multipolar" em oposição à unipolaridade americana na geopolítica. Com o tempo, os jornalistas notaram que Putin parecia repetir – às vezes em questão de horas – expressões que Dugin usava na mídia, descrevendo a Rússia como "eurasiana", nomeando conspirações como "quinta coluna", referindo-se às ações da Geórgia na Ossétia como "genocídio" e reciclando o termo "Novorossiya", ou Nova Rússia, para falar do Leste da Ucrânia. Uma relação simbiótica entre Dugin e Putin estava se consolidando; seus comentários influenciavam o governo, e este, por sua vez, aumentava sua exposição na mídia. Assim, Dugin logo se tornou uma personalidade de destaque na televisão estatal.

Nos primeiros anos do século XXI, Dugin deu início a uma série de missões diplomáticas, às vezes em alto nível. Ele participou de negociações a portas fechadas em torno do fim da segunda guerra na Chechênia, entre o Kremlin e líderes chechenos locais, o que levou ao surgimento da Chechênia como uma República amplamente autônoma dentro da Rússia, administrada por clãs e tribunais islâmicos. O lado checheno chegou a solicitar a sua presença. Nos anos subsequentes, suas páginas na internet cobriram uma porção de outras reuniões oficiais[7] com figuras como o presidente cazaque Nursultan Nazarbayev e os embaixadores do Irã e da Síria e, por fim, com partidos europeus de extrema direita.

Não ficava claro a serviço de quem Dugin agia nesses encontros. Às vezes, ele era convidado pelos estrangeiros. Outras vezes, contava com amigos ricos: adquiriu apoio financeiro e logístico do oligarca russo Konstantin Malofeev, que também atuava como colaborador extraoficial do Kremlin, angariando contribuições e financiando projetos com dinheiro aparentemente privado que era, na verdade, direcionado pelo governo russo. Um movimento secreto acabou vazando, porém. De acordo com a inteligência dos Estados Unidos, em 2004, o próprio Putin enviou Dugin à Turquia em antecipação à sua própria visita oficial de Estado, na esperança de convencer o país a se afastar de seus aliados ocidentais da Otan e a se aproximar da Rússia. Foi necessário o vazamento por parte do WikiLeaks[8] de um relatório confidencial da embaixada dos EUA para confirmar isso anos depois.

Ao longo desses acontecimentos, o *status* oficial de Dugin continuou sendo o de filósofo. Sua aparência, apropriadamente, lembrava a de Grigori Rasputin, graças à longa barba no estilo dos padres ortodoxos russos. E sua principal intervenção diplomática na Turquia – aos olhos da inteligência dos Estados Unidos, por exemplo – ocorreu quando ele reescreveu a introdução[9] de um de seus livros para narrar a visão de uma Eurásia mais aberta ao mundo turco.

Enquanto Dugin, o indivíduo, movia-se pelos corredores do poder em todo o mundo antiliberal, o Partido Eurasiano era derrotado nas eleições russas. Estava fadado ao fracasso; na prática, tratava-se de um clubinho como os outros partidos políticos com os quais Dugin se envolvera no final dos anos 1980 e no início dos 1990. Mas, enquanto o partido lutava para sobreviver, sua iniciativa estrangeira, o Movimento Internacional da Eurásia, saía-se muito melhor. Não se tratava de um partido político, mas de uma rede de indivíduos[10] – alguns políticos, mas, principalmente, jovens fervorosos –, em toda a Europa, na Ásia e no Oriente Médio, que simpatizavam com o fortalecimento da influência russa e eram hostis aos Estados Unidos e à União Europeia. Uma mistura de *lobby*, círculo intelectual, protesto e paramilitarismo, os eurasianistas começaram a emergir em locais-chave de conflito político. Em 2007, por exemplo, um grupo de membros da União da Juventude Eurasianista escalou o monte Hoverla,[11] na Ucrânia, e vandalizou um monumento nacional erguido pelo governo em Kiev. Em seu lugar, hastearam a bandeira eurasianista e rebatizaram a montanha como "pico de Stalin". A Rússia precisava reafirmar sua presença naquele ponto, e alguns eurasianistas dispuseram-se a pegar em armas para colaborar com esse projeto. Como seu líder em Moscou, os mais perspicazes entre eles sabiam que a hora da Ucrânia chegaria, mas que não eram os primeiros da fila.

～

Durante os meses de julho e agosto de 2008, os russos atravessaram o túnel Roki, de quase três quilômetros e meio sob as montanhas do Cáucaso, rumo à Ossétia do Sul. A Rússia tinha a muito controversa missão de preservar a paz na área, mas aquelas não eram forças de manutenção da paz. Levaram veículos blindados de combate, além de soldados. De fato, no decorrer do mês de julho, as fileiras do exército separatista foram se tornando cada vez mais internacionais, compostas por contingente do exército russo e combatentes voluntários das regiões vizinhas ao Norte.

Bombardeios pesados na Ossétia do Sul começaram em 1º de agosto de 2008. Foram alvos das forças separatistas[12] Zemo Nikozi, Kvemo Nikozi, Avnevi, Nuli, Ergneti, Eredvi e Zemo Prisi – todas aldeias étnicas georgianas dentro do território da Ossétia. Sua população combinada de cerca de 14 mil pessoas começou lentamente a fugir para a Geórgia. Enquanto isso, os separatistas também atacavam as forças de segurança georgianas com bombas de beira de estrada e armas convencionais. O governo central em Tbilisi julgou que seu plano de defesa, concentrado em atiradores de elite, era uma resposta insuficiente às últimas escaladas. Então, em 7 de agosto, lançou uma investida militar em grande escala à cidade de Tskhinvali, na Ossétia do Sul, cercando-a e atacando-a durante um dia e uma noite, e avançando para o centro da cidade no início da manhã. Ao que parecia, Tskhinvali havia sido tomada pelos georgianos.

Aleksandr Dugin já estava de volta à Rússia, embora acompanhasse de perto os acontecimentos no Cáucaso. Sabia que não apenas os separatistas, mas também a própria Rússia, iriam responder. A Ossétia do Sul não ficaria nas mãos da Geórgia por muito tempo. Mas ele também via nisso uma oportunidade valiosa e desejava que a liderança em Moscou a aproveitasse.

No rádio e por meio de seus canais na internet, Dugin começou a falar – e não apenas em favor da libertação da Ossétia do Sul. "Travem uma guerra contra a Geórgia até a tomada de Tbilisi" – essa foi a sua simples mensagem. O que estava em jogo era a capacidade da Rússia de estabelecer limites à disseminação infecciosa da hegemonia americana, mostrando que o destino do mundo não seria resumido a uma única ordem liberal global e unipolar; seria multipolar, com diferentes atores e visões variadas, que teriam de coexistir e respeitar as reivindicações do presente, do passado e do futuro um do outro. Um limite precisava ser traçado e, uma vez o sendo, a Rússia – desmoralizada pelo resultado da Guerra Fria – reentraria na história. "Não se trata de uma escolha para qualquer russo responsável", concluiu Dugin. "Tanques para Tbilisi!".[13]

Essa última fala, "Tanques para Tbilisi!", tornou-se um mantra e se espalhou pela mídia russa[14] quase que instantaneamente. Foi estampada em adesivos de para-choque e entoada durante uma manifestação que Dugin organizou com seus eurasianistas em frente ao Ministério da Defesa da Rússia em 10 de agosto. Tecnicamente falando, ele estava criticando o governo. Mas sua política expandia-se com facilidade, e suas manifestações públicas transcorriam sem grandes perturbações – as autoridades pareciam gostar do que ele estava fazendo.

Ao Sul, uma tempestade militar russa caiu sobre as montanhas por ordem do Kremlin. Por terra e pelo ar, os russos expulsaram os georgianos de sua posição em Tskhinvali. Os georgianos fizeram várias tentativas de retorno à cidade ossétia. Seus sistemas antiaéreos eram sofisticados e conseguiram derrubar alguns aviões russos. Suas investidas terrestres, porém, provocaram um contra-ataque russo que foi, nas palavras de um general georgiano, "um inferno".[15] As baixas militares georgianas dispararam, e o desequilíbrio de poder tornou-se nítido. Os georgianos começaram a recuar, perseguidos pelos russos por todo o caminho. A linha de frente moveu-se para o Sul, passando por cidades georgianas quase vazias, agora à mercê das milícias ossétias que seguiam na esteira dos russos.

Os georgianos encontravam-se em confronto direto com uma das forças militares mais poderosas do mundo. Estavam esperando um milagre quando, em 11 de agosto, o presidente americano George W. Bush falou de Pequim. "A Rússia invadiu um Estado vizinho soberano e ameaça um governo democrático eleito por seu povo. Tal ação é inaceitável no século XXI." *Inaceitável* foi a palavra que ele usou. E foi, basicamente, tudo o que ele disse. Os Estados Unidos não iriam intervir. A pequena Geórgia enfrentaria, sozinha, uma força maciça.

O moral das tropas despencou. A Rússia já os tinha expulsado do território da Ossétia do Sul. Mas as coisas ainda podiam piorar. As forças em retirada começaram a ouvir o burburinho de camaradas e generais. A cidade georgiana de Gori estava sendo bombardeada pelos russos, diziam eles, e os movimentos das tropas sugeriam a iminência de um ataque terrestre. A notícia causou impacto: Gori não faz parte da Ossétia do Sul. Fica para lá da fronteira, a apenas 80 quilômetros da capital, Tbilisi. A Rússia estava vindo atrás da Geórgia.

5
EUROPA SOLAR

Levei as mãos ao rosto ao me acomodar no assento traseiro de um táxi na avenida Ferenc, rumo à ponte sobre o rio Danúbio que liga as cidades de Buda e Peste, na Hungria. Naquele horário, eu já deveria estar do outro lado da ponte para uma reunião com um ex-líder do partido político Jobbik. Estávamos presos no trânsito. Os minutos voavam enquanto eu via atravessarem os trens do transporte público, que tolamente julgara como uma opção mais demorada. Eu tinha passado a noite anterior na cidade de Debrecen, no leste da Hungria, e partiria para Washington D.C. ainda naquele dia. Era a minha única chance de conhecer aquele político e saciar meu profundo interesse por sua trajetória. Ele não era apenas o único homem público importante a se identificar como Tradicionalista, mas também um dos muitos líderes da extrema direita europeia que haviam sido cortejados e influenciados por Steve Bannon e Aleksandr Dugin.

Continuei a refletir sobre aqueles dois figurões – Bannon e Dugin – e a possibilidade de uma ligação ou, pelo menos, de uma admiração mútua entre eles. Quanto mais eu pensava sobre isso, mais suas semelhanças pareciam ir além do interesse pelo Tradicionalismo, além, até, do fato de serem considerados gurus de líderes mundiais antiliberais. Ambos haviam trabalhado durante anos para revigorar o nacionalismo na Europa. Um pessimista poderia até dizer que eles vinham trabalhando para colonizar o continente com seus ideais: a Europa era como um jogo de tabuleiro, com Dugin jogando do Leste e Bannon do Oeste, embora raramente se opusessem um ao outro. Os dois exerciam um poder suave, tentando exercer influência por meio da cultura e do intelectualismo. Seus objetivos comuns eram a redução da imigração e a destruição da União Europeia. E, apesar de às vezes serem associados aos governos de seus respectivos países de origem – especialmente no caso de Bannon –, na Europa eles também trabalhavam por suas causas de maneira independente.

Ao revisar a história de ativismo dos dois, com base em suas aparições na mídia, em declarações de antigos colaboradores e em dados do meu trabalho de campo, eu também percebi diferenças na maneira de agir. Bannon supostamente promovia o nacionalismo para fortalecer a soberania dos Estados-nação e de seus cidadãos, a fim de garantir a vitalidade dos países e a perpetuação de um "Ocidente judaico-cristão" culturalmente intacto. Dugin, por sua vez, acreditava que uma Europa dividida em unidades menores dispersaria e enfraqueceria o poder dos Estados Unidos e talvez permitisse à Rússia recuperar a relevância cultural e política da qual desfrutara historicamente nos territórios do continente – sobretudo nos Estados eslavos.

Cada um deles almejava uma composição diferente para a extrema direita na Europa. O ocidental Bannon voltava-se a causas e partidos mais moderados, enquanto Dugin mirava em alas muito mais radicais: atores políticos que não apenas se ressentiam do multiculturalismo e do feminismo, como também rejeitavam a democracia como um todo, podendo, potencialmente, realinhar seus países, afastando-os do Ocidente liberal e aproximando-os do Oriente tradicional. Era o caso do Jobbik, cujo nome pode ser traduzido como Movimento por uma Hungria Melhor.

Partido de extrema direita formado para proteger os legítimos húngaros, o Jobbik não hesitava em apontar o dedo para os seus inimigos. A ameaça nas ruas era atribuída aos ciganos. Já aquela vinda das camadas superiores seria exercida por judeus, por meio de organizações não governamentais e de interferência financeira e política. O Jobbik estava pronto para a luta: com a pseudoguarda militar que organizara ou com sua robusta delegação de representantes governamentais. Sua maior peculiaridade, porém, era já ter tido um líder Tradicionalista: Gábor Vona – o homem que eu estava atrasado para encontrar.

~

Pulei do táxi, peguei minhas malas, corri para o *shopping* e subi as escadas rolantes em direção ao café onde iríamos nos encontrar. Felizmente, ele não tinha ido embora, apesar do meu atraso. Na verdade, Gábor Vona parecia fazer questão de ser gentil, oferecendo-me um *expresso* e me ajudando com as malas. Por quê? Eu me perguntei se isso não teria algo a ver com o meu sobrenome. Vona dera uma guinada[1] estonteante em sua ideologia poucos anos antes, renunciando ao antissemitismo e ao preconceito contra ciganos e pedindo desculpas às comunidades que haviam se sentido prejudicadas pelo Jobbik na Hungria. Renunciara ao cargo em 2018, tendo encaminhado o partido para uma parceria com socialistas húngaros no nível municipal. Ser simpático comigo, um provável judeu, talvez fizesse parte dessa sua reinvenção.

Eu queria perguntar a ele sobre um período importante, por volta de 2014, quando seu Tradicionalismo se aprofundara e ele conhecera Aleksandr Dugin. Em 2012, depois de ser líder do partido por quatro anos, ele contratara um conselheiro Tradicionalista – um conselheiro *espiritual*, mas, como não se pode usar um rótulo como esse na política húngara, seu título oficial era "conselheiro do presidente do partido". O conselheiro, Tibor Baranyi, era um homem corpulento, na casa dos 40 anos, com cavanhaque grisalho, olhos escuros e uma voz rouca como a de Dom Vito Corleone em *O poderoso chefão*. Baranyi era um Tradicionalista radical[2] – talvez o mais sério do mundo, como diriam alguns dos meus contatos.

Para eles, o apelo das ideias de Dugin não estava relacionado apenas ao fato de Vona e Baranyi também se considerarem seguidores de Julius Evola. Os escritos de Dugin sobre o Eurasianismo encontravam ressonância em um antigo movimento ideológico do nacionalismo húngaro conhecido como turanismo. Trata-se da crença, historicamente duvidosa, embora não destituída de certa verdade, de que os húngaros se originaram de nômades na Ásia Central e migraram para a bacia dos Cárpatos da Europa Central num passado distante.[3] As teorias de Aleksandr Dugin sobre o Ocidente e o Oriente encorajaram o Jobbik a se apegar a essa história: nas altas patentes do partido, uma ideologia começou a se solidificar, contrastando a Europa de um lado – com capitalismo, feminismo, multiculturalismo, secularismo e caos liderado por judeus – e a Ásia do outro – um lar de tradição, patriarcado, pureza étnica, ordem e a espiritualidade mais vigorosa do mundo hoje, o islã. Tradicionalismo e turanismo uniram-se na liderança do Jobbik. O filho dessa união era um excêntrico orientalismo de direita – um sentimento de nostalgia por uma época e um lugar mais orientais, de onde teriam vindo, originalmente, os húngaros contemporâneos.

Em 2013, Dugin levou Vona à Rússia para falar com estudantes da Universidade Estatal de Moscou. Ali, Gábor conversou com o professor e seus alunos sobre os desatinos da União Europeia, a insipidez espiritual do Ocidente e o potencial da Hungria para futuramente se juntar a uma aliança euroasiática que fosse fiel à sua essência, e na qual os valores Tradicionalistas florescessem contra a podridão materialista do Ocidente. Mais tarde, Dugin traria membros do partido grego Aurora Dourada – o único grande partido da Europa a concorrer com o Jobbik em termos de radicalismo – para a Rússia com o mesmo propósito: promover uma campanha pela unidade entre a Grécia e a Rússia[4] com base em laços históricos.

Nesse ínterim, após sua visita à Rússia, Vona viajou para a Turquia, onde ministrou uma série de palestras sensacionalistas em universidades, chamando atenção da mídia nacional e internacional. Em uma delas, ele se aproximou do microfone com um lenço palestino pendurado nos ombros e soltou um grito de guerra: "Não vim para a Turquia para construir relações diplomáticas e econômicas, mas para encontrar meus irmãos e irmãs turcos!". A imprensa muçulmana internacional que estava presente mal podia acreditar, e o extremista de direita da Europa iria chocá-los ainda mais com seus apelos pela união entre o cristianismo e o islamismo, entre a Hungria e a Turquia – baseada em seu "sangue compartilhado" e em sua total reverência ao relevante papel do islamismo no mundo. Outra de suas bravatas: "O islã é a última esperança da humanidade na escuridão do globalismo e do liberalismo!". A maioria dos partidos de extrema direita na Europa pode ser descrita como islamofóbica. O Jobbik parecia islamofílico.

Não parecia uma boa política. No entanto, graças talvez ao apoio ao nacionalismo de extrema direita na Hungria, o Jobbik cresceu na eleição de 6 de abril de 2014, conquistando 20% dos votos e tornando-se o segundo maior partido entre nove adversários principais. Os partidos de extrema direita obtiveram índices de pontuação na faixa de 20% em toda a Europa, mas nenhum era tão extremo quanto o Jobbik. As porcentagens eram grandes o suficiente para, no mínimo, causarem preocupação ao primeiro-ministro Viktor Orbán, cujo partido, Fidesz – líder declarado, com 44% dos votos –, era meramente nacionalista e populista.

Que houvesse uma ameaça contra ele *mais à direita* dizia algo sobre a política na Hungria àquela época. Lá, a principal divisão ideológica era entre a extrema direita e a direita radical. Dugin estava atrás do Jobbik e de Gábor Vona. E quanto ao primeiro-ministro da Hungria? Finalmente, ele encontrou um colaborador Tradicionalista diferente, originário do Ocidente: Steve Bannon.

~

Bannon havia se tornado diretor da Breitbart News em 2012 e, em 2014, ele e o *site* de notícias encontravam-se em processo de expansão. Enquanto os esforços de Dugin concentravam-se em palestras e redes de contatos, Bannon procurava promover o nacionalismo europeu por meio de campanhas sofisticadas na mídia; encontrou, então, a causa que lhe permitiria colocar em prática o seu método. Com o apoio dos bilionários americanos Robert e Rebekah Mercer, entrou em contato com um conglomerado de mineração de dados e ciências comportamentais com sede no Reino Unido, os Laboratórios de Comunicação Estratégica (S.C.L., na sigla em inglês), e, com uma injeção de US$ 20 milhões, criou uma nova subsidiária ligada aos Estados Unidos, a Cambridge Analytica. Pegar carona com os ricaços Mercers podia ser justificado por vários interesses políticos: Christopher Wylie, ex-diretor de inteligência da Cambridge Analytica, mais tarde lembraria que as reuniões iniciais para planejar o desenvolvimento da empresa contaram com a presença dos Mercers, de executivos dos S.C.L., de Steve Bannon e de representantes do Ukip – um partido nacionalista britânico que queria separar o Reino Unido da União Europeia. Steve estava ansioso para ver todas essas forças trabalhando juntas.

A empresa foi lançada no verão de 2014, não muito depois das eleições na Hungria, com Steve Bannon como vice-presidente. Eles desenvolviam técnicas para coletar uma quantidade surpreendente de dados sobre centenas de milhares de cidadãos, e seu alvo inicial eram os americanos. Usavam o Facebook e os dados do censo para obter informações sobre a situação financeira dos eleitores, suas tendências políticas e seus gostos culturais. Em posse de tais dados, podiam então classificar os perfis dos eleitores e testar métodos para encorajar e desencorajar pessoas a participar das eleições – ora direcionando propagandas específicas a determinados indivíduos, ora manipulando-os por meio de enquetes interativas enviesadas. Bannon, escreveu Christopher Wylie, estava particularmente interessado em encontrar maneiras de persuadir brancos que se autoidentificavam como democratas a expressar opiniões contra negros nas pesquisas, expondo o que acreditava ser uma hipocrisia latente na esquerda americana e desenvolvendo, assim, métodos para manipular eleitores por meio de referências raciais. Enquanto trabalhou na empresa naquele primeiro ano, Wylie recebeu visitantes incomuns em seu escritório no Reino Unido: representantes da companhia russa Lukoil – uma provável fachada do serviço de inteligência nacional – que haviam ido pedir dados colhidos pela empresa sobre os americanos.

O tipo de ativismo apoiado pela Cambridge Analytica era uma forma aprimorada e inovadora de algo conhecido nos círculos da extrema direita como metapolítica. A estratégia envolve fazer campanha não por meio da política, mas por meio da cultura – das artes, do entretenimento, do intelectualismo, da religião e da educação. É nessas esferas que os nossos valores são formados, não na cabine de votação. Quem conseguir alterar a cultura[5] de uma sociedade terá criado uma oportunidade política para si mesmo. Se não conseguir, não terá chance.

A metapolítica exercia um apelo especial sobre os ativistas de extrema direita que lutavam pelo poder no Ocidente liberal pós-fascista depois da Segunda Guerra Mundial: aqueles que se viam lutando não contra um determinado partido político ou uma milícia, mas contra o *consenso* – de acordo com os Tradicionalistas, o sentimento característico da idade sombria em que estamos, ou seja, o entendimento sustentado pela maioria de que a política de extrema direita não deve nem mesmo ser considerada no debate público. Para lidarem com tal impasse, as campanhas metapolíticas em geral assumem uma destas duas formas: ativistas buscam injetar suas mensagens em canais culturais já existentes ou procuram criar canais alternativos próprios para competir com os da ideologia dominante. É a diferença entre editar artigos da Wikipédia e criar uma enciclopédia *on-line* alternativa; entre infiltrar-se em uma subcultura jovem e começar um novo movimento seu; entre alterar o currículo da educação pública e fundar uma escola privada totalmente dedicada à sua causa. A primeira abordagem tenta cultivar solidariedade política entre a população em geral, com ênfase no alcance da mensagem. A segunda propõe-se a formar uma sociedade paralela dentro de uma dada sociedade, grande e radical o suficiente para lutar pelo poder. E não era preciso ter lido obras de intelectuais de direita inspirados pelos Tradicionalistas para chegar a essa estratégia. Andrew Breitbart expôs a ideia com suas próprias palavras: "A política move-se com a cultura".

Bannon adotava ambas as formas de metapolítica. A Cambridge Analytica testava maneiras de se infiltrar nas esferas gerais da mídia (Facebook e Twitter, em vez de criar um portal alternativo), abarrotando a *timeline* dos usuários dessas redes sociais de massa com mensagens dissidentes. Ao mesmo tempo, o objetivo era tirar os indivíduos-alvo da corrente dominante (*mainstream*)[6] e expô-los cada vez mais às mensagens feitas sob medida (como as da Breitbart) que deslegitimariam as fontes--padrão de informação e radicalizariam o apoio a uma dada causa política.

As armas metapolíticas raramente produzem resultados quantificáveis. Mas Bannon logo teria a chance de testá-las em uma contagem oficial de votos. Em outubro de 2015, a Cambridge Analytica foi abordada por representantes de uma organização chamada Leave.EU,[7] uma das duas principais forças em campanha para a saída do Reino Unido da União Europeia, o Brexit. Seu principal porta-voz – na verdade, o principal porta--voz da causa do Brexit – era um político do Ukip e amigo próximo de Bannon chamado Nigel Farage. Eles estavam interessados em arrecadação de fundos e em análise de dados para o referendo do verão seguinte, marcado para 23 de junho de 2016. Bannon e seus apoiadores assinaram o contrato e, a partir daí, seu envolvimento foi se aprofundando. A outra grande organização pró-Brexit, a Vote Leave, também faria parceria com uma subsidiária paralela à Cambridge Analytica, repassando-lhe dinheiro de forma ilegal.[8] A empresa contratada, em troca, procuraria atingir um seleto grupo de eleitores no Reino Unido com anúncios vistos 169 milhões de vezes durante os dias finais da campanha pelo Brexit. Tudo isso aconteceu logo depois que Bannon expandiu a Breitbart para a Europa, com um novo escritório no Reino Unido disparando comentários anti-UE. Ele estava criando propaganda e pesquisas ao mesmo tempo, além de uma ferramenta tecnológica para direcionar mensagens às pessoas certas.

Mais tarde, Nigel Farage descreveria o apoio de Bannon como a chave da vitória.[9]

O ano de 2015 também seria um divisor de águas para os Tradicionalistas em atividade na Hungria. Como Gábor Vona me explicou durante o nosso café, 2015 foi o ano em que as coisas começaram a desmoronar para ele e para o Jobbik. No outono de 2014, Dugin planejou falar em um encontro em Budapeste organizado pelo nacionalista branco Richard Spencer e copatrocinado pela editora Arktos, que se encontrava em processo de mudança da Índia para Budapeste. No entanto, o governo húngaro considerou Dugin radical demais devido a seu belicismo e suposto fascismo (pelo jeito, não sabiam muito sobre Richard Spencer), e anunciou que ele seria imediatamente preso[10] se entrasse na Hungria. Os membros do Jobbik que planejavam falar no evento interpretaram isso como uma deixa para se retirarem.

O partido tinha outras tarefas para mantê-los ocupados, principalmente sua campanha de metapolítica. Seus métodos eram menos sofisticados do ponto de vista tecnológico do que os de Steve Bannon em Londres, mas, mesmo assim, atraíam nacionalistas de extrema direita de toda a Europa. O conselheiro Tradicionalista de Vona, Tibor Baranyi, liderou um esforço conjunto para criar uma escola afiliada ao partido, a Academia do Rei Átila, que abriu as portas em 2012. Até 2015, quase 90 alunos já haviam passado por seu programa, que abrangia religião, política e Tradicionalismo. Uma preocupante massa de fanáticos – uma nova geração de Tradicionalistas – estava sendo formada na Hungria.

A criação de escolas desse tipo[11] estava se tornando moda entre os nacionalistas europeus, com programas em todo o continente adotando um currículo semelhante, dividido em três partes: política prática, ideologia e treinamento de personalidade e estilo de vida. Tratava-se de uma metapolítica de baixa tecnologia em sua forma mais intensa; um meio de atingir menos indivíduos para uma doutrinação mais profunda. Entre os que aderiram a essa estratégia, estava o partido da Liga do Norte da Itália (mais tarde, conhecido apenas por Liga), cujo exemplo foi seguido por nacionalistas na França. Dugin estava criando um programa independente dentro de uma grande universidade em Moscou e, mais tarde, Steve Bannon também tentaria fundar sua escola.

Na Hungria, Gábor Vona também foi convidado a dar uma palestra na academia de seu partido, o Jobbik. Ele gostou da exposição, mas seu foco mudaria com o tempo. Após as eleições de 2014, e depois que ficou claro que Gábor Vona representava uma séria ameaça ao futuro governo do primeiro-ministro Viktor Orbán, forças políticas de todo o espectro e suas respectivas alas na mídia mobilizaram-se contra ele. Vários veículos de comunicação também começaram a conhecer seu estranho guru espiritual, usando Baranyi para retratar Vona como extremista ou, simplesmente, como um esquisitão que não podia ser levado a sério.

As manchetes eram sensacionalistas: o Rasputin de Vona, Tibor Baranyi, idolatra Julius Evola, gostaria que a Hungria ainda fosse controlada pela monarquia dos Habsburgos, nega o Holocausto e considera que homens são espiritualmente superiores a mulheres e mais aptos à política. Matéria após matéria, em húngaro e em inglês para o público internacional, a imprensa queria expor Baranyi como machista e racista para a esquerda e falso nacionalista para a direita. Em pouco tempo, a academia também entrou na mira da mídia. Vídeos de jovens praticando arco e flecha e enfileirados, fazendo flexões, alimentaram as alegações de que o Jobbik estava usando a escola não para educar políticos e líderes religiosos, mas para construir um exército.

Não era o tipo de manchete que Vona desejava, principalmente porque começava a ver suas oportunidades políticas se esvaindo. No início de 2015, a aprovação de Orbán estava em baixa. Mas, no outono, um presente político veio do Sul: a crise migratória. Ondas de requerentes por asilo político, originários da África, do Oriente Médio e da Ásia, estavam chegando à Europa. Seus principais destinos eram Alemanha, Áustria e Suécia, mas sua rota para o Norte passava por Grécia, Sérvia e Hungria.

Enquanto outros líderes da União Europeia emitiam declarações de boas-vindas aos migrantes, Viktor Orbán tomou a direção oposta. Construiu uma cerca, ao longo da fronteira com a Sérvia, patrulhada por soldados e helicópteros. Mais tarde, fecharia e fortificaria a fronteira com a Croácia e mandaria os migrantes que já estavam na Hungria, de ônibus, para a Áustria. Em comunicados à mídia, afirmava, sem hesitação, que na Hungria não havia lugar para eles. Também não tinha vergonha de condenar seus pares europeus por, como afirmou, encorajarem os migrantes sem se prepararem adequadamente para as adversidades. Durante coletivas de imprensa, ele até zombou do chanceler da Áustria e, com o tempo, passou a enfatizar as palavras de Gábor Vona sobre o islã e sobre as ligações com a Turquia.

O resultado? Uma recuperação maciça nas pesquisas para presidente da Hungria. Algumas enquetes mostravam uma alta de quase dez pontos na aprovação[12] de Viktor Orbán. O Jobbik seria incapaz de reverter aquela tendência. A retórica anti-imigração, a reprimenda a outros líderes europeus, a construção do muro na fronteira – eles não teriam feito nada diferente. A angústia nativista alimentada pela crise migratória gerou dividendos políticos, e Orbán arrebatou todos para si, apoderando-se dos elementos mais populares do programa do Jobbik.

E não demoraria muito para que Orbán começasse a adotar ainda mais a visão de mundo do Jobbik, incluindo traços de seu Tradicionalismo. No outono de 2018, o presidente, que em 2013 fizera questão de ressaltar a lealdade europeia de sua nação ao expor ligações da língua húngara com o finlandês,[13] passou a declarar o húngaro – tanto o povo quanto a língua – como túrquico, e para plateias cada vez maiores. Não apenas isso: em um discurso proferido no Conselho de Cooperação dos Estados de Língua Túrquica, Orbán mencionou o fim dos dias em que "capital e conhecimento fluem do Ocidente para o Oriente em busca de mão de obra barata". Os húngaros agora sentiam orgulho de pertencer ao Oriente, não apenas porque essa era sua verdadeira identidade, afirmou, mas também porque o Oriente representava a nova vanguarda na política global antiliberal. "Os únicos Estados capazes de ser fortes são aqueles que se orgulham de suas identidades nacionais e conseguem preservá-las. O ensino ocidental de hoje não reconhece essa verdade." Poucos meses depois, a Hungria viria a se tornar o primeiro país da União Europeia a comprar veículos de combate da Turquia.[14]

Ao perceber seu enfraquecimento em 2015, Vona entrou em pânico. Partes de sua política e de sua ideologia prosperavam, mas nas mãos de outros. Buscar diferenças entre o Jobbik e Orbán – quando ambos começavam a compartilhar do mesmo nacionalismo turanista – parecia ser a melhor técnica para retomar o controle da situação. Ele até ofereceu uma interpretação de tom Tradicionalista para a crise da imigração, sugerindo que o secularismo da Alemanha e da Suécia as tornava, cultural e espiritualmente, fracas e vulneráveis: "Massas da Ásia e da África começariam a vir para a Europa fraca, paralisada e espiritualmente doente".[15] Era improvável que colocar as coisas nesses termos – pedindo a húngaros nacionalistas que se dedicassem à sua espiritualidade como forma de parar a imigração – trouxesse eleitores de volta ao Jobbik.

Como Vona me contaria em Budapeste, àquela época ele estava irritado com seu conselheiro, com a escola – que se tornara um para-raios de notícias negativas – e com a ideia de Baranyi de que ensinamentos tão obscuros e vagos como os do Tradicionalismo poderiam ser transferidos para o reino da política prática. Tentei conversar sobre isso com Baranyi também; fui visitá-lo em sua cidade natal, Debrecen, para uma longa entrevista na noite anterior ao meu encontro com Vona. Posteriormente, transcrevi a conversa, esbocei alguns capítulos preliminares com base nela e os enviei para ele revisar. Algo que escrevi, nunca descobri o quê, o aborreceu. Em pouco tempo, meus contatos na área relataram que Baranyi estava furioso comigo e convencido de que eu era uma espécie de agente secreto decidido a trazer prejuízo a ele e a pessoas como ele. Tibor Baranyi não seria o último a expressar tais suspeitas; depois, exigiu que eu não utilizasse nenhum material da nossa entrevista, um pedido ao qual atendi.

Meu relato do que aconteceu na Hungria em 2015 e 2016 é, em grande parte, baseado em Vona. "Tentei explicar a Baranyi", ele lembrou. Vona tentara dizer ao guru que um maior apego ao Tradicionalismo seria contraproducente para seus objetivos centrais como político: ganhar popularidade e real poder. Um "partido Tradicionalista"? Se atraísse uma dúzia de pessoas, seria muito. Se antes Vona apreciara aquela filosofia, agora via que era alienante demais para o gosto das pessoas comuns. Baranyi não parecia se importar, pois, para ele, mesmo um pequeno grupo guiado por um líder inspirado e carismático atrairia mais seguidores, e um crescimento, ainda que diminuto, representaria um salto gigante para a causa do Tradicionalismo. E ela era mais importante do que o Jobbik e o avanço político em geral. Baranyi focava o longo prazo. Já Vona, mais prático, não. A escola de Baranyi fechou de vez no final de 2015, e ele se demitiu do partido no ano seguinte.

Suas ideias, ao que parecia, não estavam coincidindo. Para Vona, política era política. Para Baranyi, o próprio Jobbik parecia um instrumento metapolítico, um veículo como qualquer outro para espalhar uma mensagem. Ele não conseguia ver o Tradicionalismo subordinado à política – não quando a política estava fadada a ser corrupta na escuridão de *Kali Yuga*.

Mas, enquanto o primeiro-ministro cooptava a política do Jobbik, fazendo-o sangrar, a crise de refugiados de 2015 e o sentimento anti-imigração que ela incitava continuavam a fortalecer ações nacionalistas em toda a Europa, sobretudo aquelas que estavam preparadas e organizadas o suficiente para tirar proveito desse sentimento – como a de Steve Bannon e seus sócios no Reino Unido.

~

Em 24 de junho de 2016, na manhã seguinte à votação do Brexit, Aleksandr Dugin fez uma aparição na TV Tsargrad, em Moscou. "O ciclo da União Europeia acabou. O sol começa a se pôr", declarou. Dugin ajudara a criar aquele canal em colaboração com seu patrocinador bilionário. A TV Tsargrad foi inspirada na americana Fox News e procurava dar voz aos cristãos ortodoxos e conservadores da Rússia. Serviria como palanque naquele dia, pois Dugin ansiava por compartilhar sua interpretação do que acontecera no Reino Unido na noite anterior: "O Brexit é o colapso do Ocidente e uma vitória da humanidade que se opõe ao Ocidente e busca seguir seu próprio caminho".

Fora uma disputa acirrada, mas o Reino Unido acabara de votar pela saída da União Europeia. Segundo Dugin, era o início da morte lenta de um sistema de poder global centralizado nos Estados Unidos, mas que dependia da subserviência da União Europeia e de seu fiel discípulo, o Reino Unido. As fundações estavam agora abaladas – e a fortaleza, ruindo.

A tela da televisão estava dividida, com Dugin no lado esquerdo falando do estúdio da Tsargrad e Nigel Farage, ícone do Brexit, sendo entrevistado por repórteres à direita. Dezenas de camaradas simpáticos e bem-apessoados competiam para dar um abraço ou um tapinha nas costas de Farage. Será que deveriam estar comemorando? Como legítimos ingleses, sim, pensava Dugin. Eles haviam se libertado de seus senhores e agora estavam prontos para "seguir seu próprio destino" como um povo diferenciado e unido.

"Intuitivamente, as pessoas entendem que hoje a Inglaterra foi libertada do ditame da União Europeia, de Bruxelas, e amanhã os demais países europeus seguirão por esse mesmo caminho. E não estamos longe do dia em que as pessoas começarão a seguir seu próprio destino."

A desintegração do mundo e o nascimento da multipolaridade.[16] A Grã-Bretanha havia iniciado algo; agora era só esperar pelo próximo estágio.

O Brexit não era um projeto de Dugin. Contando com um apoio hesitante e indireto do Kremlin, Dugin não tinha como ir muito longe em suas ações. A despeito da influência que exercia em partidos excêntricos, como o Jobbik e o Aurora Dourada, a maior parte de seus esforços concentrava-se na construção de uma onda de simpatizantes nos mais sombrios submundos da extrema direita – entre ideólogos e jornalistas, não políticos em atividade –, que estabeleceram uma base para o desenvolvimento de iniciativas estatais russas.

Na Itália, tudo se desenrolou como uma dança coreografada. Dugin vinha cultivando um relacionamento com esse país desde a década de 1990, sobretudo por meio de seguidores de Julius Evola. No início do século XXI, redes de extrema direita e canais midiáticos em todo o país identificavam Dugin como uma inspiração ideológica, o que levou a uma disseminação de suas ideias – gerando, portanto, maior simpatia pelo Eurasianismo e pela Rússia – entre o crescente setor antiliberal da população italiana. O cientista político Anton Shekhovtsov destaca esses aspectos ao descrever a receptividade por parte do partido de extrema direita mais proeminente da Itália, a Liga, à abertura de Putin. A partir de 2013, Putin permitiu que os patrocinadores de Dugin cortejassem políticos nacionalistas italianos por meio de jantares e conferências. O próprio Dugin participou de eventos do recém-criado gabinete estratégico* da amizade russo-italiana. Esses esforços culminariam no encontro entre Vladimir Putin e o líder da Liga, Matteo Salvini, em Milão, em 17 de outubro de 2014, no qual os dois se condoeram, concordando sobre a injustiça das sanções ocidentais

---

* Tradução de *think tank*. Embora já tenha seu uso em inglês convencionado no Brasil, *think tank* pode referir-se a organizações de naturezas um pouco diferentes ao longo do livro, por isso é traduzido como "gabinete estratégico" ou "grupo de reflexão", a depender do contexto. De modo geral, trata-se de um grupo formal ou informal de especialistas que se reúnem para debater questões políticas e econômicas, a fim de produzir pesquisas e desenvolver estratégias. (N. da T.)

contra a Rússia. Além disso, por meio do gabinete estratégico, a Liga começou a cooperar com empreendimentos comerciais russos e, dessa forma, encontrou um meio indireto de obter apoio financeiro do governo de Putin.[17]

Na Itália, assim como na França e na Áustria, Dugin exercia uma influência impalpável, do tipo que é facilmente exagerada ou minimizada por comentaristas. Ele era uma espécie de articulador e visitante ilustre, mas seu envolvimento restringia-se à filosofia. O conteúdo ideológico de seus livros e de suas palestras foi assimilado por ativistas europeus, tornando a extrema direita do continente mais receptiva à Rússia do que poderia ter sido se não fosse por sua intervenção. Bannon, por sua vez, perseguiu seu objetivo de desintegrar a Europa inovando mais na forma do que no conteúdo. Criou meios de comunicação e desenvolveu novos métodos de vigilância e publicidade para atacar a União Europeia. Combinadas, as iniciativas de um e de outro ajudaram a tornar o nacionalismo europeu politicamente mais viável e bem-sucedido, além de mais radical do ponto de vista ideológico.

Após o Brexit, ambos começaram a recuar para as suas posições iniciais. Dugin voltou a sua atenção para o Oriente – Irã e, especialmente, China. Bannon concentrou-se na política dos Estados Unidos. Em 17 de agosto de 2016, o candidato à presidência Donald Trump, a mando dos Mercers, nomeou Bannon *CEO* de sua campanha. Dugin continuaria a investir no contato com as universidades e em publicações como meio de ganhar influência. E Bannon? O trabalho preliminar feito na Europa serviria de apoio para a campanha de Trump. Ele usou dados coletados e interpretados pela Cambridge Analytica em brigas pela Casa Branca e fora dela.

6

A METAFÍSICA DO CAMPESINATO

Na viagem a Manhattan para minha próxima entrevista com Steve Bannon, meus pensamentos estavam ocupados pela justaposição entre ele e Aleksandr Dugin, dois Tradicionalistas trabalhando do Ocidente e do Oriente para promover o nacionalismo. Suas ações paralelas revelavam uma agenda política comum maior do que os objetivos geopolíticos de seus Estados-nação de origem. Sim, Bannon era americano e Dugin era russo, mas ambos lutavam para ressuscitar o que consideravam ser o mundo pré--moderno. Eu sabia que ao menos Steve devia estar ciente disso e suspeitava de que, até certo ponto, ele gostava de Dugin. Teria havido mais contato entre eles?

Eu queria investigar o assunto com Steve, mas concordamos que a entrevista daquele dia se concentraria em um tópico diferente — em um dia que ele adora lembrar, um momento em que sua visão de futuro deu um salto gigantesco adiante: terça-feira, 8 de novembro de 2016, dia de eleição na América.

Começou de madrugada, ele explicou – à 00h30. Foi quando 4.200 pessoas se amontoaram no centro de convenções DeVos Place, em Grand Rapids, no estado de Michigan, para um comício de última hora em apoio ao seu candidato, Donald Trump. A multidão era barulhenta, aquecida por uma apresentação do desbocado cantor de *country-rock* Ted Nugent e, teoricamente, pelo sonolento candidato a vice-presidente de Trump, Mike Pence. Trump não demorou muito a aparecer no palco e reforçar as principais mensagens de sua campanha: "Estão destruindo as montadoras, tirando seus empregos, fechando suas fábricas, levando-as para o México...".

Trazer de volta empregos perdidos para o exterior — esse era um dos três pilares de sua proposta, os outros dois sendo a redução da imigração legal e ilegal e o fim das guerras dos Estados Unidos em terras estrangeiras. Combinados, esses temas compunham a mensagem que Steve, diretor da campanha de Trump, acreditava capaz de superar quase qualquer obstáculo, inclusive demonstrações sensacionalistas de machismo e racismo por parte do candidato. Mas o sucesso desse plano dependia da capacidade da campanha para levar a mensagem ao lugar certo e às pessoas certas.

Michigan foi uma escolha inusitada para um comício republicano de final de campanha. O estado tinha uma população afro-americana considerável e era um centro nacional de trabalhadores sindicalizados, contingências historicamente alinhadas com a esquerda. Nenhum candidato presidencial republicano tinha vencido ali desde os anos 1980.

Mas as pessoas que compareciam a comícios como aquele – a classe trabalhadora rural, menos escolarizada, sobretudo branca; os "*hobbits*"* e os "deploráveis", como Steve os apelidara afetuosamente em referência a uma fala de Hillary Clinton sobre os apoiadores de extrema direita de Trump – eram a chave para a vitória. Muitas delas já haviam sido democratas. Como diretor de campanha, Steve tinha o que chamava de "foco obsessivo" para identificar esse grupo demográfico, que votara duas vezes em Obama. Ele acreditava que essa população poderia ser persuadida a mudar de partido, e que mesmo uma pequena mudança poderia fazer toda a diferença. Os condados nos quais predominavam esses eleitores estavam espalhados por todo o norte dos Estados Unidos, formando uma meia-lua minguante que ia do norte do estado de Nova York, na Nova Inglaterra, e contornava a região dos Grandes Lagos pelos estados da Pensilvânia, de Ohio e de Michigan, até fazer uma curva por Wisconsin e terminar no Cinturão de Ferro ao norte de Minnesota. Era a América pós-industrial do desemprego e de crescentes problemas sociais, desprovida de fábricas e de jovens soldados e rica em opioides. Por meio de projetos como o Cambridge Analytica, Steve descobriu quem eram esses indivíduos e que mensagens os motivariam a votar.

Ele me explicou que, naquela época, vinha lutando por tudo isso na campanha. *Precisamos sair de Nevada*, ele pensava. *Do Colorado e da Virgínia também. Vamos mirar na parte de cima do Meio-Oeste – no coração da velha esquerda.*

---

* *Hobbits* são personagens fantásticos, habitantes de um condado rural, criados por J. R. R. Tolkien, autor de *O hobbit* e da série *O senhor dos anéis*. (N. da T.)

Guerra pela eternidade | 73

Mas os habitantes daqueles estados não eram apenas dados estatísticos para Steve, nem meios estratégicos para atingir outro fim. Ele os via como uma força quase mágica, espiritual e metafísica, como guardiões de uma essência eterna do americanismo. É por isso que, como produtor de cinema, promovera outros ícones da América rural branca, como Sarah Palin e Phil Robertson, o barbudo caçador de patos que estrelava um *reality show* na televisão. *Vamos abraçar suas causas*, ele pensava consigo, *e teremos mais do que uma ferramenta para vencer a eleição. Teremos um exército de soldados espirituais para uma guerra contra a modernidade.*

~

À primeira vista, um Tradicionalista promovendo o populismo não faz nenhum sentido. Além de ser hierárquico e elitista, o Tradicionalismo celebra a boa precedência. O populismo, mesmo como Bannon o concebe, vai pelo caminho oposto. É uma causa política antissistema, antielitista e revolucionária, que age em defesa das massas. Como disse recentemente a cientista política Nadia Urbinati,[1] da Universidade Columbia, um populismo bem-sucedido pode ameaçar instituições democráticas com base em sua defesa intransigente de uma maioria composta por "pessoas comuns", do ponto de vista econômico, cultural e racial, contra seus inimigos domésticos, mas o populismo ainda nasce (paradoxalmente) de uma mentalidade democrática. De início, pensei que a improbabilidade de combinar Tradicionalismo e populismo dava razão aos comentaristas que acusavam Steve de ser oco – sem nenhuma ideologia, capaz apenas de divagações vazias, típicas de um fanfarrão.

No entanto, ao longo de nossas conversas e em muitas frases sinuosas e tangenciais, e apesar de seu uso descuidado de fontes, de suas análises erráticas e de seu discurso confuso, Steve me mostrou que havia desenvolvido uma versão própria do Tradicionalismo, na qual algumas dessas contradições tinham sido mitigadas. Um colega acadêmico que eu às vezes consultava até a descreveu como um "pós-Tradicionalismo" – inteligível, consistente e sofisticado à sua própria maneira. Steve está longe de se diferenciar de outros Tradicionalistas por querer modificar as ideias de Guénon e Evola, pois poucos dos que se associam ao movimento hoje adotam por inteiro o pensamento de seus fundadores. Além da fusão ousada com o populismo e o nacionalismo americanos, as alterações feitas por Bannon no padrão Tradicionalista derivavam, com frequência, de sua tentativa de evitar os dogmas politicamente mais condenáveis da escola – entre os quais, a teorização da subordinação de mulheres, não brancos e pobres. Seus argumentos contêm contradições e lapsos internos, mas isso não é particularmente digno de nota: o mesmo vale para todos os sistemas de crenças, em especial aqueles que mantemos em nossas cabeças, sem tentar organizá-los no papel.

Não pude deixar de pensar que minhas conversas com Steve lhe deram a oportunidade de fazer essa organização, e eu mesmo trabalhei com suas ideias para compor uma sistematização mais inteligível. Cheguei à conclusão de que a melhor maneira de entender o que falamos se dá por meio de um processo em três passos. Em primeiro lugar, trata-se de uma crítica aos rígidos limites de casta e aos indivíduos que os caracterizam hoje em dia. Em segundo, por outro lado, é também uma defesa de que a hierarquia do Tradicionalismo expressa uma ordenação antiga e sagrada da espiritualidade acima do materialismo. E, em terceiro, é a afirmação de que, na modernidade, uma classe particular de pessoas dispõe da rara habilidade de atingir o que Steve considera como ideais mais elevados.

Entenda esses aspectos e você também começará a entender por que a obsessão dele não era apenas vencer a eleição, mas vencê-la com o apoio daquele tipo de pessoa que compareceu ao DeVos Place, em Michigan, naquela madrugada do início de novembro.

Os conceitos essenciais do Tradicionalismo, segundo Bannon me disse, eram "a rejeição da modernidade, a rejeição do Iluminismo, a rejeição do materialismo", juntamente com a compreensão de que "a cultura, a verdadeira cultura, é baseada na imanência e na transcendência".

Quando passávamos por tópicos filosóficos, nossas conversas tendiam a ficar um tanto vagas. E quando lhe pedi para ser mais claro, a primeira coisa que ele mencionou foi o que não considerava essencial no Tradicionalismo: a hierarquia de castas, ou seja, ficar preso a um papel do qual você nunca poderá escapar. Ele se preocupava, particularmente, com aqueles que considerava incapazes de progredir espiritualmente.

Sua aversão à hierarquia de castas, porém, não tinha apenas a ver com o fatalismo e seu papel limitador na vida de uma pessoa. Ele também duvidava da capacidade da sociedade moderna para integrar as castas Tradicionais com representantes autênticos. Se as castas alguma vez haviam refletido diferenças de caráter entre as pessoas – a disposição arquetípica de cada um em relação à história, ao mundo e ao divino –, isso já não acontecia mais.

Esse argumento fazia parte de uma crítica mais ampla à modernidade que ele havia compartilhado comigo em diversas ocasiões, sustentando que as instituições, as causas e os valores pelos quais vivemos hoje são vazios e insignificantes. Para ele, o grande exemplo disso eram os ofícios de sacerdote, guerreiro e comerciante. Basta olhar ao redor: os padres ordenados não são especialmente espiritualizados nem devotos; os líderes militares de carreira nem sempre incorporam ideais de honra e de patriotismo; e o *status* dos comerciantes pode não ser resultado de sua produção de bens e riquezas. Steve estende essa maneira de pensar à crítica aos ocupantes das instituições centrais da modernidade, que reivindicam especialidades e funções que não possuem. A imprensa não informa, os cientistas não fazem ciência, as universidades não ensinam mais – não passam de uma "merda de uma perda de tempo" – e os gabinetes estratégicos não entendem de política. Inautenticidade e insignificância de títulos, cargos e instituições – esse é o fio condutor. Trata-se de um mundo de simulações. Sendo assim, por que pensar que a sociedade poderia criar e manter um sistema de castas significativo?

Steve estava reiterando conceitos conhecidos do Tradicionalismo. Guénon descreve a reviravolta completa dos sistemas de valores como uma das marcas da *Kali Yuga*. Abordou essa característica como uma "inversão", e aqueles que são conscientes dela desconfiam de tudo que é oficial na modernidade. Tudo que você acha que é bom é ruim. Toda mudança que você considera progresso é, na verdade, regressão. Toda aparente instância de justiça é, na verdade, opressão. Toda credencial desqualifica o credenciado.

O Tradicionalismo, portanto, prepara um terreno místico para o sentimento antissistema – a menos que ele chegue ao poder. O pensamento molda a postura diante de conceitos e de pessoas. Os sistemas de crenças predominantes que emergiram durante o Iluminismo e a modernização apresentam, de acordo com a teoria da inversão, o oposto da verdade (Evola ridicularizou a teoria da evolução, argumentando que nunca poderíamos nos tornar melhores, apenas retroceder, sugerindo que os primatas não humanos retratam nosso futuro de curto prazo, não nosso passado). A teoria também exige recontextualizar a mudança social. Pense em todos os movimentos emancipatórios do Ocidente moderno: democratização, secularização, feminismo, multiculturalismo. Se partirmos do princípio de que o tempo é o declínio, se considerarmos que um produto desse declínio é a falta de discernimento da sociedade entre o que é virtude e o que é vício, como não se opor a esses movimentos – a todos eles?

Devido às modificações de Steve na filosofia, fica difícil entender quais conceitos básicos do Tradicionalismo permanecem em seu pensamento. Observei-lhe, voltando ao tópico da hierarquia: "Mesmo que não deseje um sistema de classes, você parece querer valores e jornadas espirituais; ainda que não haja um conjunto de embaixadores designados para desempenhar esse papel espiritual, você parece pretender que essa seja a principal força motriz da sociedade". Ele assentiu, em concordância, e rotulou seu sistema de "uma hierarquia de valores".

Essa conversa explicitou o que estava subentendido em muitos de seus comentários – ou seja, que ele organiza os ideais em uma ordem que vai do corpo ao dinheiro, depois aos credos terrenos e, por fim, à espiritualidade. Trata-se, ainda, de uma hierarquia de valores, sujeita às mesmas pressões históricas e políticas que os Tradicionalistas originais diziam moldar uma hierarquia de castas humanas. A degradação gradual da espiritualidade e dos princípios imateriais resulta da modernização e da disseminação do caos e do niilismo. Sua sociedade ideal não é aquela em que certos tipos humanos dominam outros, mas na qual considerações a respeito da espiritualidade e da essência cultural guiam a vida social e política – até mesmo a geopolítica.

O ponto crucial de sua fala reside em que o acesso a esses valores mais elevados não seria prerrogativa de um determinado tipo de pessoa, mas, ao contrário, estaria disponível a todos. Em vez de ter estágios fixos, a hierarquia seria um caminho aberto para indivíduos e sociedades. O que

Steve defendia, portanto, é algo que eu gostaria de chamar de "mobilidade espiritual" – tal qual o apego tipicamente liberal ao direito de mobilidade econômica. Ele resumiu: "O que eu quero dizer é que todo mundo deveria ser um sacerdote".

Enquanto refletia sobre essa variação sugerida por Steve, visualizei dois triângulos. Era possível representar a abordagem Tradicionalista original como uma hierarquia piramidal comum, dividida em quatro camadas horizontais; na base, grandes castas materialistas e, no topo, rigidamente separada, a pequena elite de castas espirituais. Na versão de Steve, as linhas que separam as castas são verticais, voltadas para cima, irradiando do vértice do triângulo como raios de sol. Cada raio representa uma via cultural ou religiosa, um caminho Tradicionalista diferente, em direção à verdade espiritual. Os únicos limites impermeáveis estão lado a lado, não de cima para baixo; uma estratificação horizontal, não vertical, com indivíduos na base capazes de abandonar a depravação material rumo à virtude transcendente.

Essa abordagem valida a própria autobiografia de Steve. Seu passado, de acordo com ele, é uma história de avanço laborioso e gradual, profissional e espiritualmente: uma narrativa de mudança e progresso que leva ao contato com o eterno. Em uma visão de mundo em que as pessoas permanecessem na mesma posição espiritual em que nasceram, na melhor das hipóteses, Steve Bannon seria considerado um acidente; na pior, uma abominação. Também entraria em conflito com seu nacionalismo americano e seu compromisso com o *self-made man*,* aqui transferido da economia para a espiritualidade.

Nas nossas conversas, ele parecia sempre pronto a defender a habilidade das pessoas para ascender na hierarquia e incorporar seus valores mais elevados com autenticidade. Essa é também a raiz de sua paixão pelo movimento em torno de Donald Trump.

$\sim$

---

* Literalmente, "homem autofeito". Americanismo cunhado pelo senador Henry Clay, em 1832, para designar aquele que alcança sucesso por esforço próprio, sem ajuda do dinheiro da família. (N. da T.)

Nas primeiras horas do dia da eleição, em Grand Rapids, Trump estava se aproximando do clímax de seu discurso com falas que refletiam a visão de Bannon: "Hoje a classe trabalhadora americana contra-ataca!". Os gritos de "viva" ecoaram: era uma atmosfera de enorme entusiasmo que, como muitos jornalistas que cobriam as campanhas sabiam, não era sentida nos eventos de Clinton. "Tornaremos a América grandiosa outra vez!", concluiu Trump. "Deus abençoe todos vocês. É hora de irem dormir. Acordem e votem. Obrigado a todos, obrigado, Michigan. Nós voltaremos!". Trump saiu do palco ao som de "You can't always get what you want" ["Você nem sempre pode ter o que quer"], dos Rolling Stones.

Steve pensava, porém, que muitas das pessoas ali presentes *podiam*, sim, ter algo que queriam – na verdade, elas tinham acesso a coisas que outros só conseguiam imaginar.

A hierarquia social do Tradicionalismo abrangia algo importante, ele me explicou: uma ordenação de valores que passava do material ao espiritual. Pensadores como Evola e Guénon também estavam corretos ao notar que a virada dos tempos acarretara um ataque à espiritualidade e uma priorização do materialismo acima de tudo. A tarefa dos iluminados seria, portanto, embarcar em uma jornada e ascender na hierarquia de valores a fim de alcançar o avanço espiritual. E essa jornada estaria aberta a qualquer pessoa que quisesse segui-la.

O complicado é que Steve acredita que certos tipos de pessoas são mais adequados do que outros para alcançar esses valores ideais e vivê-los com autenticidade. E estes são o oposto da espécie de pessoa sugerida por Evola e Guénon. Ele não os chama de "escravos", mas sim de massas, localizadas na base das hierarquias assentes na riqueza econômica e nos méritos institucionais – aqueles que até podem não ser consumidos pela fornicação e pela gula, mas cujos modos de vida ainda giram em torno de seus corpos, porque não passam de trabalhadores: a classe operária e o campesinato. São os únicos em posição de fazer o trabalho metafísico que Evola reservou para seus sacerdotes arianos. Em minhas anotações das entrevistas, comecei a me referir a essa ideia de Steve como "a metafísica do campesinato".

Em uma linguagem que soa mais como a do nacionalista romântico Johann Gottfried von Herder, do século XIX, do que com a de um

Tradicionalista, Steve descreve a classe trabalhadora e o campesinato como a casta que define as características da sociedade. Esse é um desvio em relação ao pensamento de Evola, que argumentava que as massas materialistas eram a matéria-prima a ser moldada pelos criadores da cultura sacerdotal e guerreira no topo da hierarquia. Bannon, por outro lado, afirma que a classe trabalhadora é a fonte de autenticidade na inautêntica sociedade moderna, servindo não apenas como embaixadora do espírito de uma nação forjada há muito tempo, mas também como fonte de encarnações genuínas das quatro castas na hierarquia Tradicionalista. Abordando-os em ordem ascendente, os "escravos" e sua cultura estabelecem as condições para o crescimento econômico e o mercantilismo de sucesso. Esse entendimento aparece em uma conversa que tivemos sobre a sociedade americana:

> Eu pergunto às pessoas: "Por que os Estados Unidos são tão ricos?". "Ah, vocês têm os mercados de capitais mais robustos, todo mundo quer colocar dinheiro aí, todos querem investir." Eu digo: "Por que isso acontece?". "Bem, sabe como é, tem tanta liquidez, os caras podem ir, ganhar dinheiro, investir dinheiro." Daí eu falo: "Mas por que tem liquidez?". E eles dizem: "Bem, porque as pessoas colocam muito dinheiro". E eu: "Não, há uma razão para elas colocarem tanto dinheiro aqui". E eles: "Ora, porque dá mais retorno?". Eu pergunto: "E em que isso se baseia?". Finalmente, com esse jogo de perguntas, você chega à resposta – a segurança dos mercados de capitais americanos. E essa segurança é baseada em uma estrutura social composta por trabalhadores comuns! Bombeiros, policiais, professores, é uma sociedade estável. Certo?

Essas mesmas pessoas são aquelas que se integram à próxima casta de forma autêntica. Steve afirma que, na sociedade moderna, inclusive na americana, os guerreiros quase sempre vêm da classe trabalhadora. Quase nunca vêm das elites, dos aristocratas: "Aristocratas não lutam! Não lutam jamais". E o que é verdadeiro para a segunda casta mais elevada também o é para a primeira: os disseminadores de algumas das mais poderosas verdades e sabedorias espirituais vêm das camadas mais baixas da sociedade moderna, e Gurdjieff os identificou como verdadeiros servos e camponeses. "Eles têm um real entendimento da vida", não necessitando de filósofos profissionais e caras espertinhos, nem da burocracia da Igreja.

Pode ser que o nosso seja um mundo de simulações e imitações. Mas lance luz sobre a classe trabalhadora e você os encontrará ali, escondidos à vista de todos – verdadeiros comerciantes, guerreiros e sacerdotes; balizas da autenticidade pré-moderna. Essa habilidade de incorporar autenticidade é, para Steve, um símbolo de sua temporalidade. Eles estão fora do tempo, isolados das influências corruptoras da modernidade; são veículos de ideais eternos e portadores de um espírito que une internamente uma sociedade e a separa de outras.

E é assim que Steve encontra sua vocação na política, pelo menos em suas conversas comigo: proteger e promover o bem-estar espiritual da classe trabalhadora americana. Mas como fazer isso?

Nossas conversas, que até então haviam se mostrado surpreendentemente coerentes para mim, estavam prestes a passar por uma série de reviravoltas inesperadas. Para começar, embora Bannon possa alegar que valoriza o espiritual acima do material, seu plano para salvar a classe trabalhadora concentra-se na economia. A busca pelo desenvolvimento espiritual pode germinar somente quando as necessidades materiais já estiverem atendidas.

Na eleição de 2016, ele viu nos Estados Unidos um sistema que mantinha a classe trabalhadora e a classe média em estado de tensão e insegurança. Dívidas esmagadoras, aumento do custo de vida e salários estagnados impedem os jovens – da chamada geração do milênio – de formar famílias. "Você não passa de um... Você não passa de um proletário, não consegue trabalhar no sentido de se aperfeiçoar." A classe trabalhadora está encurralada – adormecida, ele diz – em um ciclo de vida inescapável e sem propósito, naquilo que os budistas chamam de Roda do Samsāra.

Reformas econômicas práticas podem ajudar a classe trabalhadora a romper com esse ciclo. Ele propôs, e mencionou isso durante nossas entrevistas, o aumento dos impostos sobre a propriedade como um meio de quebrar o domínio opressor dos ricos sobre a classe trabalhadora. Mencionou a redução da imigração, que, segundo ele, introduziu na economia dos Estados Unidos uma competição injusta pelos empregos da classe trabalhadora. Mas, segundo ele, cultura e identidade também desempenhavam um papel relevante. "As elites, eu acho, gostam da política de identidade porque ela separa as pessoas e as coloca umas contra as outras. Esse pensamento é o que as separa, quando, na verdade, se houvesse solidariedade de classe, certo? Quer dizer, economicamente, seríamos capazes de avançar."

Permitir que a classe trabalhadora se mobilizasse com base em seus interesses econômicos era o pré-requisito para melhorar sua condição financeira e guiá-la para a busca pela transcendência espiritual. De acordo com seu raciocínio, a política de identidade seria um desvio desse movimento inicial em direção à unificação da classe trabalhadora. O fato de ele mesmo ter sido acusado de fomentar a política de identidade – defendendo expressões de identidade branca, como as estátuas de generais confederados, por exemplo – não era o aspecto mais inesperado da sua fala. Steve Bannon estava defendendo a solidariedade de classe? Misturando Tradicionalismo com marxismo?

Estranho. Mas essas palavras foram oportunas, porque algo não fazia sentido em tudo o que ele estava me dizendo, pelo menos não quando comparei a teoria, tal como estava sendo descrita, com a campanha eleitoral de Trump. A solidariedade de classe não tinha sido nem o impulso, nem o foco da campanha. E nem toda classe trabalhadora sentiu que Trump se dirigia a ela – menos ainda as minorias urbanas.

≈

Eu sabia que Steve se distanciaria das ideias de Evola sobre raça e, se eu o pressionasse, sobre gênero também. Foi uma das primeiras coisas que ele me disse quando perguntei sobre seu interesse pelo Tradicionalismo e, nesse sentido, ele vinha demonstrando coerência desde 2014, quando fizera seu discurso no Vaticano. Para mim, ele usou o próprio Tradicionalismo para se explicar. "O Tradicionalismo é uma rejeição total do [racismo], na medida em que é uma irmandade do espírito. Não tem nada a ver com o DNA, nem com o corpo físico." Muitos Tradicionalistas concordam com essa interpretação, embora haja também alguns que não a avalizem.

Eu queria voltar à questão da raça, tema que atormentou a campanha de Trump e o envolvimento de Bannon nela, e que espreitava nossas conversas sobre relações sociais. "Quando você se refere aos Estados Unidos e à sua classe trabalhadora, a classe camponesa", perguntei, "quão importante é a brancura dessas pessoas para você? O fato de ser uma classe trabalhadora branca, uma classe trabalhadora de origem escocesa-irlandesa...".

"Sabe, acho que não. Acho que a classe trabalhadora de hoje é afro-
-americana e hispânica. Além do mais, ninguém quer falar sobre isso,
mas, você sabe, não existe sociedade mais heterossexual do que [a] classe
trabalhadora afro-americana. Isso está relacionado à Igreja cristã."

Tudo bem, mas havia algo em minhas conversas com Steve que eu
não podia ignorar. De quando em quando, ele especificava a raça da
classe trabalhadora, sempre branca, sem que eu interferisse, e fez isso em
contextos particulares:

> Quer dizer, foi literalmente a destruição daquele tipo de, sabe, classe
> trabalhadora branca rural. Daquele tipo escocês-irlandês, que era a espinha
> dorsal da sociedade... [...] A menos que as patologias da subclasse cheguem
> à classe trabalhadora branca, tudo ficará bem. Assim que as patologias
> aparecerem nela, aí sim você verá uma dramática deterioração.

Eu estava acostumado a ouvir políticos falarem sobre tendências
destrutivas enraizadas em grupos minoritários nos Estados Unidos, às
vezes descrevendo problemas como indicativos de uma falha cultural de
determinado grupo, ou dizendo que aquela comunidade isolada precisava
"se unir" para resolver *seus* problemas. Mas não me lembro de ter ouvido
alguém falar das lutas, digamos, da sociedade negra urbana como
prejudiciais à essência nacional da *América*.

No dia da eleição de 2016, os apoiadores de Trump tinham um perfil
diferente. Não eram especificamente vulneráveis à concorrência com
trabalhadores imigrantes, nem sofriam muito com o desemprego. Eram da
classe trabalhadora, menos escolarizados do que a média e, como indicou
um estudo, com maior probabilidade de ser encontrados "em comunidades
racialmente isoladas".[2] Havia muitos deles; um, em Michigan, eu conheço.
Aleksandr Dugin também o conhece.

7
Estrangule o tigre

Mais tarde, naquela noite de 8 de novembro de 2016, a algumas horas de carro do local do comício final de Trump, em Grand Rapids, um jovem chamado John B. Morgan entrou no bar do restaurante Gandy Dancer, situado às margens do rio Huron, em Ann Arbor, no estado de Michigan. John era o editor-chefe e fundador de uma editora Tradicionalista chamada Arktos. Agora ele trabalhava para outra editora, a Counter-Currents, que era mais abertamente nacionalista branca do que Tradicionalista. Não era o emprego perfeito para John, mas nenhum seria.

John tinha morado em Budapeste e na Índia antes disso, mas ainda se sentia em casa em Ann Arbor, e estava em meio a uma peregrinação. Aquela eleição era especial. Trump não tinha chance de vencer, ele pensava. John não poderia dizer que era, propriamente, um fã dele. Mas o fato é que um candidato não completamente contrário aos seus ideais de política de identidade branca estava na disputa pela presidência dos Estados Unidos, e ele queria votar pessoalmente para comemorar aquele estado inacreditável de coisas. Era um acontecimento único.

Aquela noite, ele foi encontrar um velho amigo em um bar para assistir à apuração de votos. Eles estavam bebendo cerveja e prestando pouca atenção à cobertura da CNN nas telas de TV. Passava das sete horas. Notaram quando Trump venceu nos estados de Indiana e Kentucky. Mesmo que isso já fosse esperado, ainda assim era agradável, pensou John, confirmar que Trump tinha ganhado alguma coisa. Voltando a colocar a conversa em dia: velhos empregos, velhos lugares, velhas pessoas, velho... qualquer coisa!

Wolf Blitzer estava dizendo na CNN que Trump se mantinha forte na competição. Naturalmente, estava ganhando nos estados do Sul e liderando na Flórida. Hillary lutava pela Virgínia. Mas a verdadeira batalha concentrava-se na região dos Grandes Lagos, na área industrial da América — o Cinturão da Ferrugem. Ele tinha uma chance lá. Aqui.

Outra rodada de cerveja. Blitzer voltou à TV logo depois, interrompendo a conversa. Trump era favorito, naquela altura até o provável vencedor. Será que John estava bêbado?

Seu amigo tinha de trabalhar no dia seguinte, então eles se despediram e John voltou para o apartamento em que estava hospedado. Serviu-se de uma cerveja Dark Horse e sintonizou a CNN novamente. Trump vencera. Estados como Michigan, Pensilvânia e Wisconsin – ou seja, lá pelas suas bandas – haviam sido fundamentais para a vitória. Ele estava emocionado, orgulhoso – cheio de solidariedade para com os trabalhadores de Michigan, entre os quais vivera por tantos anos. Ficou quase saltitante. Por cerca de 30 segundos.

Daí, um sentimento diferente tomou conta de John. Ele tomou outro grande gole da Dark Horse. "Agora, nós temos, realmente, de fazer algo."

Nós? A direita alternativa, ou seja lá como for chamada. Aqueles que vivem nas margens – os extremos rejeitados pelos conservadores da corrente dominante – e ousam fazer da política uma luta explícita em prol do destino das pessoas brancas. Se tiveram um papel na eleição de Donald Trump, também poderiam ajudá-lo a governar. E tinham um representante significativo no interior do poder. John pensou consigo mesmo: *Tem esse tal Bannon, tenho lido sobre ele. Ele é um de nós! Talvez vá trabalhar na Casa Branca e compartilhar ideias Tradicionalistas com Trump.*

Naquela noite, diante da televisão, John sentiu algo que nunca sentira em relação à política americana: otimismo. Foi quase assustador, como ele me disse mais tarde, e profundamente não Tradicionalista.

Gerações de Tradicionalistas haviam considerado o ativismo – e sua crença implícita na capacidade de moldar a sociedade – uma tentação, e a maioria afirmou ter aprendido uma lição com isso, para nunca se enganarem pensando que poderiam mudar qualquer coisa no mundo. Julius Evola os havia guiado nesse sentido.

No início de sua vida, Evola pensava que as sociedades poderiam neutralizar o ciclo de tempo Tradicional. Por meio da ambição e da diligência desmedidas, poderiam recuar no tempo para ter acesso a uma justiça maior. Foi com base nisso, em parte, que apoiou o fascismo. Tendo chegado a considerar a Itália de seus dias como uma sociedade que oscilava no limite entre a plutocracia burguesa e o comunismo – como se estivesse passando da idade dos comerciantes para a dos escravos –, ele viu no fascismo um movimento surpreendente e repentino na direção oposta, uma virada para trás, rumo a um Estado militar. Tanto a estética quanto a política o levaram a essa conclusão, na medida em que percebeu no fascismo uma nova valorização dos "ideais do guerreiro". Pense em como Hitler e Mussolini apareciam em público: soldados maravilhosamente condecorados.[1]

O fascismo teve um início promissor – uma revitalização da sociedade do guerreiro. Guerreiros são, sim, melhores do que comerciantes e escravos, mas não são ideais. Ademais, o fascismo era excessivamente populista e materialista (sobretudo em seu racismo estritamente biológico), além de ser excessivamente alinhado com a Igreja cristã para que pudesse agradar a Evola. Se ao menos o fascismo pudesse ser imbuído de conteúdo espiritual, se os guerreiros de sua época pudessem ser, de alguma forma, encantados e mistificados, aí sim poderiam completar a volta no tempo, empurrando a sociedade para trás, da idade do comerciante para a do guerreiro e, depois, para a do sacerdote – de volta a uma idade de ouro.

O momento de otimismo de Evola foi consumido pelas chamas da Segunda Guerra Mundial. A vitória da Rússia e dos Estados Unidos na Europa – do comunismo e da democracia liberal, nos quais os Tradicionalistas veem, igualmente, a ética do escravo – foi também uma derrota esmagadora e total de sua esperança. Ele chegou a pensar, em retrospecto, que testemunhara no fascismo nascente não uma mudança fundamental nas correntes do tempo; em vez disso, Mussolini e Hitler haviam representado o que René Guénon descrevera como um "reajuste",[2] uma reação fugaz contra o avanço das idades, atrasando-o brevemente, mas não mudando de fato a direção, como um tributo nostálgico a uma idade que, pelo menos para um futuro próximo, estava perdida.

O fatalismo apoderou-se de Evola no pós-guerra. Os escritos que produziu dali em diante voltaram-se para os desafios enfrentados pelos antiliberais na era liberal. A vitória dos Aliados inaugurou uma era em que indivíduos como ele seriam alvos, formal e informalmente, de um público para o qual suas opiniões não passavam de um inequívoco anátema. A resistência aberta à idade das trevas, pensava ele, era suicida. A pessoa de mentalidade Tradicional só poderia experimentar a virtude em particular, no espaço reservado de sua própria casa ou psique. "O deserto avança de todos os lados; ai daquele cujo deserto está dentro de si" – essa era uma das citações de Nietzsche de que Evola mais gostava. E, para a sociedade em seu conjunto alcançar uma idade de ouro, ela tinha que avançar, e não retroceder, no ciclo do tempo, aproximando-se do colapso da *Kali Yuga* para só depois atingir um renascimento.

Evola usou uma célebre parábola do Leste Asiático para descrever a solução para o antiliberal ocidental. Ela começa com um homem confrontando um tigre na selva. Sem ter como escapar ou dominar o animal pela força, ele pula em suas costas. Essa montaria pode durar a vida inteira e exigir que ele observe, em silêncio, o tigre desmembrando outros pelo caminho, mas pelo menos conseguirá evitar suas mordidas. Quando a idade cobrar seu preço e o tigre começar a se cansar, aí sim será possível estrangulá-lo e, dessa forma, ganhar a liberdade.[3]

Evola declarou que a modernidade, como o tigre, não pode ser diretamente combatida. Gritos contra sua ordem soarão, na melhor das hipóteses, como um ruído branco para os outros. Mais provavelmente, opositores declarados do liberalismo moderno serão devorados por medidas repressivas patrocinadas pelo Estado ou por uma devastadora censura social. Para eles, a estratégia de sobrevivência deve ser semelhante à do indivíduo que enfrenta o tigre: recuar e esperar. Não funde um partido político nem inicie uma revolução armada; talvez seja recomendável nem dizer a seus amigos o que você realmente pensa. Não seja honesto com o mundo à sua volta. Até finja ter os valores opostos, se necessário. Para Evola, isso não equivaleria a rendição ou covardia. Um radicalismo antidemocrático e irruptivo permaneceria oculto nessa apatia, nessa recusa a tratar a política como um reflexo de sua visão ou como um caminho para a mudança. Atos de autoconservação partem da consciência de que a modernidade liberal, como um organismo vivo, tem um período de vida limitado e acabará por sucumbir ao tempo.

O pessimismo do ciclo do tempo, portanto, oculta uma esperança. Aqueles que vivem no Ocidente liberal podem obter consolo no fato de que a decadência e o caos social sinalizam a chegada ao extremo: como ocidentais entraram primeiro na escuridão, serão os primeiros a transcendê-la para a idade de ouro. Essa noção poderia até mesmo incutir nos Tradicionalistas certa melancolia de direita – um impulso de saborear a tristeza como sinal de que o alívio está próximo. Certos de que as formas sociais de hoje estão predestinadas ao colapso e a um retorno ao mundo da Tradição, os ativistas devem dedicar-se, na clandestinidade, ao cultivo e à preservação de recursos que, nas palavras de Evola, "podem tornar-se a premissa de uma ação futura, formativa"[4] quando chegar a hora e o tigre começar a enfraquecer.

Nem violência, nem organização popular, nem propaganda, mas o tempo – para Evola, essa seria a arma do Tradicionalista. Silêncio e retraimento – a recusa de se expressar ou de realizar ações que possam incriminá-lo – dão a você o acesso ao tempo; quanto menos se colocar em perigo, mais tempo terá.

Isso explica os sentimentos confusos de John Morgan em meio à vitória de Trump. É também por isso que não fazia muito sentido Aleksandr Dugin ou Steve Bannon se autodenominarem Tradicionalistas. Por razões misteriosas, Dugin promoveu políticas, encenou protestos e campanhas, convocou invasões e viajou o mundo comunicando-se e fazendo *lobby* para governos em toda a Eurásia. Bannon era um furacão de ação e ativismo. Acumulou numerosas iniciativas fracassadas, mas também liderou esforços notavelmente eficazes para remodelar a cultura política e a sociedade nos Estados Unidos e na Europa Ocidental. Tais comportamentos estavam longe de ser condizentes com pessoas que não viam sentido no ativismo.

Ao concluirmos nossa conversa em Manhattan sobre a noite da eleição, pedi a Steve que não pensasse em Trump, mas no significado daquele momento para o Tradicionalismo. Não havia outro caso de pessoa com conhecimento sobre Evola e Guénon que tivesse ganhado tanto poder formal, expliquei, preparando o terreno para citar um nome. Continuei: "Quero dizer, poderíamos citar, digamos, Dugin...".

Steve reagiu na mesma hora. "Eu contei que passei um bom tempo com Dugin?" Não, ele não tinha contado. Eu apenas quisera confirmar que ele conhecia a pessoa a quem me referia. O fato de Steve ter se encontrado com Dugin foi um choque para mim. Acontecera poucas semanas antes, explicou ele, em novembro de 2018, após as eleições legislativas de meio de mandato nos Estados Unidos. A disposição com que ele mencionou essa conversa me pegou de surpresa. Agora era eu quem estava com dificuldade para formar frases. Ele sabia que estava me dando informações confidenciais. "Se eles..." – a mídia americana – "soubessem que eu tinha uma reunião com Dugin, isso apareceria, literalmente, na primeira página do *Washington Post*. Seria 'Bannon é um traidor', eles ficariam loucos". *Ele tem razão*, pensei. Especialmente se nossa mídia tivesse mesmo entendido quem era Dugin.

Onde eles haviam se conhecido? Em Roma, disse ele, e tinham passado um dia inteiro juntos – sozinhos no luxuoso hotel de Steve. *Claro*, pensei comigo, agarrando-me a um aspecto que me parecia previsível. Deixe-me explicar: Bannon acompanhara Trump à Casa Branca como conselheiro após a surpreendente eleição presidencial de 2016, mas, depois que deixara o governo, no verão de 2017, seu ativismo geopolítico deslocara-se para duas regiões, a saber, Europa (novamente) e China. Ambas as campanhas haviam se cruzado em Roma – portanto, era essa a cidade da Europa Ocidental mais provável para um encontro com Dugin.

De 2017 a 2018 – enquanto estava no purgatório político nos Estados Unidos, em meio a uma rixa pública com Trump –, Steve voltou sua atenção para a Europa e tentou colaborar com variadas personalidades, como a líder do Reagrupamento Nacional, Marine Le Pen, na França; com Geert Wilders, do holandês Partido pela Liberdade; e com Viktor Orbán, na Hungria. Seus esforços foram formalizados em 20 de julho de 2018, quando assumiu a coliderança de uma organização com sede na Bélgica chamada Movement [Movimento],[5] projetada para dar apoio aos partidos nacionalistas europeus no que dizia respeito à tecnologia e à elaboração de políticas, produzindo e compartilhando dados de pesquisas e direcionando campanhas publicitárias. Ao mesmo tempo, ele começou a planejar a criação de uma nova escola na Europa – uma "escola de gladiadores", como passou a chamá-la – para treinar futuros líderes nacionalistas nas áreas de política, ideologia (inclusive Tradicionalista) e habilidades básicas para a vida. Mesmo na era da supercarregada mineração de dados,* as escolas continuavam sendo um meio de comunicação metapolítico importante para a Europa nacionalista de extrema direita, e Steve queria tirar proveito disso.[6]

A maioria dessas atividades acabava amplamente divulgada na mídia internacional, como era de costume em se tratando de Steve. Mas, em agosto de 2018, alguns meses após nosso primeiro contato, ele assumiu mais um projeto que quase ninguém conhecia. Guo Wengui, um exilado chinês bilionário e hostil ao governante do Partido Comunista da China (PCC), contratou Bannon para um "trabalho de consultoria estratégica em relação a investimentos em mídia, publicidade e *marketing*, empreendimentos conjuntos e criptomoedas". Por anos, Steve havia sido um crítico ferrenho da China. Para ele, a expansão internacional da infraestrutura e do dinheiro chineses representava um pernicioso globalismo em conflito com sua visão de um mundo de Estados-nação soberanos. O monitoramento e a repressão da espiritualidade no país, além disso, tornavam-no uma ameaça ao seu Tradicionalismo. Ele estava pronto para trabalhar contra a China, mas o contrato com o Sr. Guo oferecia um incentivo adicional: o salário de Steve era de US$ 1 milhão por ano.[7]

Os vários planos de Steve convergiam para Roma. Ele esperava instalar sua escola de gladiadores no monastério Trisulti, de 800 anos, próximo à cidade. Queria consolidar uma presença ali, em parte devido ao seu projeto paralelo de atacar o Vaticano e o liberal papa Francisco (que chamara a administração Trump de "não cristã"[8]), em parte porque estava convencido de que os chineses iriam jogar muito dinheiro na Itália por meio de sua Iniciativa Cinturão e Rota, de criação de ferrovias e rotas marítimas para o comércio global. Os chineses queriam um grande centro em Veneza – "de onde partiu Marco Polo", observou Steve em uma conversa comigo –, e preocupava-o a possibilidade de o governo italiano mostrar-se receptivo à nação asiática. Preocupava-o, especialmente, o fato de o líder nacionalista da Liga e um de seus mais próximos aliados na Europa, o então vice--primeiro-ministro Matteo Salvini, não se dar conta daquela ameaça. Steve viu uma oportunidade de intervir.

---

* Em inglês, *data mining*. Trata-se do processo computacional de busca de padrões e desvios em grandes bancos de dados, a fim de transformar dados em informações úteis. (N. da T.)

Seu alvo era, justamente, Matteo Salvini, cujo partido havia muito coordenava os interesses russos e que, no final de 2018, estava descaradamente tentando garantir financiamento russo;[9] o mesmo Salvini que se reunia com Vladimir Putin desde 2014 e que expressara apoio à Rússia no conflito da Ucrânia; o mesmo que se encontrara com Aleksandr Dugin em 2016.[10]

Roma, em outras palavras, era um território amigável tanto para Bannon quanto para Dugin. Mas eu me perguntava se suas opiniões sobre a Itália – e o mundo – também estavam alinhadas.

A princípio, Steve contou apenas o básico de sua conversa com Dugin. Tinham falado, principalmente, sobre as relações entre a Rússia e os Estados Unidos e sobre a necessidade de Moscou se juntar a Washington para enfrentar novos desafios. Quais desafios? "O islã?", perguntei. Não. "Os globalistas?" Também não. Ele explicou que a Rússia e os Estados Unidos precisavam se unir como membros do Ocidente judaico-cristão para lutar contra a China e seus parceiros, Turquia e Irã.

O fato de a Rússia e os Estados Unidos discordarem fundamentalmente em questões como democracia e direitos humanos parecia apenas um detalhe para Steve. Ele não estava imaginando uma aliança baseada em quaisquer valores políticos que estivessem em voga; semelhanças antigas e primordiais eram mais importantes. Lembrei-me de uma velha citação atribuída a Otto von Bismarck, de que o fator geopolítico mais significativo nas relações Oriente-Ocidente da segunda metade do século XX consistiria em "afinal, os russos são brancos".[11]

Ainda assim, por que Steve pensaria que sua mensagem seria bem recebida por Dugin, com seu antiamericanismo virulento, seu amor fanático pelo Irã e seus laços cada vez mais conspícuos com a China, isso estava além da minha compreensão. E, de fato, ele mencionou que a conversa entre eles tivera momentos contenciosos, mas insistiu que o esforço era essencial e acrescentou que fora um prazer, além de um dever. "Sabe, sou um grande fã da escrita dele...",[12] disse Steve sobre Dugin, mencionando, especificamente, seu livro *A quarta teoria política*.

Ambos ouvimos a batida na porta. "É o meu cara." Padre George Rutler, ele quis dizer. *Um potencial colaborador na campanha de Steve contra o Vaticano?* – eu me perguntei. Mas minha vez tinha acabado. Agradeci a Steve por seu tempo e parti.

Eu tinha apenas tocado a superfície daquela revelação: dois ideólogos políticos de considerável influência, ambos discípulos de uma escola filosófica e espiritual minúscula e radical, reunindo-se para uma tentativa de coordenação geopolítica. Dois Tradicionalistas que, se acreditavam na parábola do tigre, sabiam que a hora era essa.

Eu tivera razão em suspeitar da existência de uma ligação entre eles, mas a verdade é que esse relacionamento, pelo jeito, estivera o tempo todo bem diante dos meus olhos, e cada vez mais aprofundado. Eu gostaria de explorá-lo mais a fundo com Steve, e haveria tempo para isso. Por ora, ele me dera outra pista, dizendo que havia lido Dugin. Os escritos do russo não circulavam por canais convencionais. Quase todos os livros em inglês eram provenientes de uma fonte clandestina, que eu agora sabia que Steve havia acessado; uma fonte que ligava Steve e seu Tradicionalismo a um determinado círculo radical.

Ideias não brotam do nada. Ganham vida e influência em ambientes sociais específicos – em um determinado momento e lugar e entre determinadas pessoas. Uma linha de pensamento direitista na política americana atual pode ser encontrada entre os tipos que frequentam clubes de campo e câmaras de comércio, graduados em faculdades republicanas e pós-graduados em administração pela Ivy League,* assediados logo após a formatura para participar de grupos de reflexão [*think tanks*] sobre livre mercado. Podem ou não coincidir com os membros dos grupos evangélicos cristãos que circulam por organizações de Washington D.C., como a C Street Fellowship e a Faith & Freedom Coalition.** Esses grupos estão

---

* Oficialmente, o termo "Ivy League" refere-se a uma associação atlética formada por universidades privadas do nordeste dos Estados Unidos. De modo casual, pode ser usado para fazer referência a instituições americanas de ensino superior de prestígio econômico e social. (N. da T.)

** The Fellowship [A Confraria] é uma organização cristã fundada por volta de 1935 pelo ministro metodista Abraham Vereide. Próximo ao Capitólio em Washington D.C., seu centro de convivência "C Street" organiza eventos políticos e religiosos e é frequentado por membros do Senado americano. A Faith & Freedom Coalition [Coalizão Fé e Liberdade] é uma organização cristã sem fins lucrativos fundada em 2009 por Ralph Reed, formando uma ponte entre o movimento Tea Party e eleitores evangélicos. (N. da T.)

repletos de legiões de homens brancos imaculadamente bem vestidos, cujas mãos se erguem ou para dar graças a Deus, ou para reduzir os impostos. Há, ainda, os mais radicais, como os ativistas antissistema do Tea Party,* que invadiram a capital dos EUA em 2010, e os manifestantes de rua que marcham, protestam e promovem churrascos e encontros locais massivamente divulgados com a ajuda da Fox News.

Steve Bannon entra e sai desses círculos – é um participante parcial de todos, um encaixe perfeito em nenhum. Isso se deve à parte de seu pensamento que não é conhecida e que, provavelmente, não seria compartilhada por outros envolvidos. Não há ambiente Tradicionalista em Washington, nenhuma facção de lobistas, conselheiros ou políticos que organizem uma festa de Natal todos os anos e frequentem os mesmos lugares, trabalhando para promover os sonhos de René Guénon no governo americano. Os círculos que vivenciavam os preceitos do Tradicionalismo e tentavam espalhar suas mensagens estavam tão distantes de Washington, geográfica, social e espiritualmente, quanto se possa imaginar. Não consigo visualizar nenhum republicano americano – frequentador de clube de campo, evangélico ou ativista fervoroso do Tea Party – sentindo-se minimamente à vontade nesses ambientes, nem mesmo indo parar em algum deles acidentalmente.

Eu conhecia esses círculos. Durante anos tinha visitado alguns, entrevistado seus participantes e escrito sobre eles – muitas vezes, com a ideia de que estava conduzindo uma pesquisa de resgate, abordando um cenário isolado de ativismo de extrema direita destinado a ser esquecido. Nunca imaginei que um dia estabeleceriam um vínculo com o poder político formal. Mas, quando Steve Bannon me disse que lera as obras de Julius Evola *e* de Aleksandr Dugin, percebi que não tinha compreendido o potencial daqueles círculos sociais e daquela que não era apenas uma simples editora. O que eles tinham produzido alcançaria e influenciaria ao menos um grande líder mundial.

---

* "Tea Party" pode ser traduzido como Partido do Chá, em referência à Festa do Chá de Boston, manifestação americana contra colonizadores britânicos ocorrida em 1773. Iniciado em 2009, o Tea Party é um movimento identificado como ultraconservador no âmbito do Partido Republicano dos Estados Unidos, cuja principal reivindicação é a diminuição de impostos. (N. da T.)

Guerra pela eternidade | 93

De volta para casa, no Colorado, no dia seguinte à minha entrevista com Steve, procurei um número de telefone, digitei o código internacional da Hungria e, por fim, ouvi do outro lado uma voz suave: "Alô? Aqui é Ben Teitelbaum. Podemos conversar um pouco? Tenho pensado na Integral Tradition Publishing e na Arktos, no início de sua história e nas coisas que vocês publicaram". O que Steve me dissera durante nossa última entrevista estava me ajudando a inseri-lo no contexto ideológico de uma série de publicações. Agora era hora de ir direto à fonte.

É por isso que decidi ligar para ele, John Morgan, o rebelde do Michigan; tanto para perguntar sobre os detalhes de certos projetos intelectuais quanto para me lembrar de uma atmosfera diferente de qualquer outra que eu pudesse relacionar à Casa Branca ou aos salões do poder em Roma. "Você pode me contar sobre o que levou à criação da Arktos, John? Pode me dizer como eram as coisas, naquelas manhãs?"

8
A RAÇA DO ESPÍRITO

Agosto de 2009. Mumbai, Índia

Gotas de suor rolavam pela testa de John Morgan quando levantou a cabeça do pequeno e encharcado travesseiro. Mesmo àquela hora, 4 da manhã, o calor de Mumbai castigava, e John ainda não se adaptara a ele. Baixo, de cabelos castanhos encaracolados e um rosto suave e angelical, o homem de 36 anos, originário de Ann Arbor, Michigan, estava morando na Índia havia três meses. Seus maneirismos, sua voz e sua conduta expressavam humildade e compaixão. Talvez por isso os líderes de seu *ashram* Hare Krishna, na extremidade nordeste da cidade, haviam-lhe concedido o luxo ímpio de ter um travesseiro. A outra dúzia de devotos que ocupavam o mesmo dormitório deitava-se no chão duro, sobre esteiras de juta.

John enrolou sua esteira, colocou-a sob o travesseiro e dirigiu-se a um cômodo adjacente, em cujo piso havia um ralo, onde se lavou, retirando, com um caneco, a água de um balde e despejando-a sobre o corpo. Ainda na escuridão, enrolou um *dhoti* branco ao redor da cintura e das pernas e vestiu um *kurta* da mesma cor na parte superior do corpo. *E o toque final*, pensou ele enquanto mergulhava o dedo anular direito em uma tigela de pasta amarela e o pressionava levemente da ponta do nariz até a linha do cabelo, desenhando a marca *tilaka* em U dos vaishnavas hindus.

John juntou-se, então, à procissão de homens jovens imaculadamente preparados, mas de aparência grogue, caminhando em direção ao templo. Uma figura destacava-se. John trocou um rápido olhar com seu sócio, Mark, o único outro ocidental vivendo no *ashram*. John parou por um momento, com os olhos brilhando, e sorriu para Mark. Ali estavam eles, refugiados espirituais do Ocidente, em seu novo lar em uma terra distante, provando que eram mais do que Tradicionalistas de araque ao se comprometerem de fato com uma autêntica religião ariana. Realizando o antigo sonho de morar na Índia, posteriormente eles poderiam espalhar a verdade para outras pessoas.

Certamente não faltariam aqueles que os tachariam de nacionalistas brancos; se questionados sobre esse rótulo, é possível que eles fizessem careta, inclinassem a cabeça e entoassem uma série de "bem... hum...". É verdade: todos eles haviam passado pelo que chamavam de "despertar étnico-racial", graças, em parte, às falas de William Pierce, ícone nacionalista branco dos Estados Unidos. Essa influência precoce os tornara quem eram. Mas seus caminhos finalmente haviam se cruzado graças à convicção, compartilhada pelos dois, de que apenas o nacionalismo branco, com seu enfoque no corpo em detrimento da alma, não era suficiente – não por ser imoral, mas por ser incompleto.

A mudança começara quando da descoberta dos escritos de Julius Evola. Fora por meio de Varg Virkenes, um de seus ícones favoritos do *black metal*, que os parceiros de John tinham ouvido pela primeira vez falar a respeito do renegado italiano. Ao acessarem um dos únicos textos de Evola disponíveis em inglês, o seminal *Revolt against the modern world* [Revolta contra o mundo moderno], haviam começado a ler e reler trechos em voz alta. A influência do livro sobre eles fora transformadora. Ao contrário das mensagens que ouviam sobre o nacionalismo branco organizado, Evola ajudara-os a ver que as desgraças do mundo não eram culpa de não brancos e judeus *per se*. A modernidade seria a causa subjacente, e a imigração e o multiculturalismo, seus subprodutos. Uma fuga significativa somente poderia ser encontrada no oposto da modernidade: na Tradição, com sua rejeição ao progresso e à igualdade e sua hierarquia que colocava os homens arianos no topo.

Aqueles rapazes imaginavam-se parte dessa casta, embora a compartilhassem tanto com os presentes no *ashram* em Mumbai quanto com os homens loiros da Escandinávia. Pelo que sabiam, os arianos estavam distribuídos por dois continentes, e seu território era marcado pela extensão histórica das línguas indo-europeias,[1] isto é, do sânscrito, no subcontinente indiano, passando a Noroeste, pela Pérsia, até o grego, o eslavo, o latim e as línguas germânicas na Europa. Esse território era o cenário histórico, *grosso modo*, de um conjunto de práticas religiosas com características semelhantes – crenças politeístas, algumas consideradas "pagãs", que defendiam a existência de um tempo cíclico e de destinos diferentes para diferentes tipos de pessoas. Todas haviam sido derrotadas pela disseminação do monoteísmo originário do Oriente Médio – todas, exceto uma.

O hinduísmo era a única espiritualidade ariana a ter se mantido viva ininterruptamente. E, para aqueles rapazes, o caminho para alcançá-la seria o seguido pela maioria dos ocidentais: o movimento Hare Krishna e seu ramo do hinduísmo, o vaishnavismo gaudiya. Nesse movimento, eles tinham encontrado pessoas que pareciam ser o exato oposto do ocidental moderno; pessoas disciplinadas e ordeiras graças ao seu compromisso com o que, segundo Evola, seriam verdadeiros valores arianos. Elas eram tudo que eles buscavam e não encontravam em meio ao contexto caótico e decadente do nacionalismo branco.

O caminho de John Morgan para o *ashram* começara havia alguns anos em Michigan, assim que ele se interessara por espiritualidades alternativas – depois de sua descoberta, conforme ele descreve, de uma realidade extramaterial mais profunda graças, em parte, à experimentação com drogas alucinógenas. (Ele não se envergonhava de falar sobre isso, pois seus ídolos Julius Evola e Ernst Jünger, um filósofo alemão antimodernista e soldado da Segunda Guerra Mundial, tinham usado alucinógenos para os mesmos fins.) A filosofia Tradicionalista conseguia unir esse interesse crescente pelos alucinógenos com uma política reacionária. Encantado com os textos Tradicionalistas e desiludido com a insipidez espiritual de sua cultura e de sua vida doméstica, ele passara a procurar uma religião Tradicional para praticar. Próxima dali, a cidade de Detroit oferecia um raro acesso ao sufismo islâmico, e ele começara a se relacionar com os sufis Naqshbandi locais e até conhecera o famoso *shaykh* Hisham Kabbani, fundador da ordem. E John teria seguido por aquele caminho, não fosse por uma proposta recebida *on-line*.

Em 2006, dois europeus haviam aberto uma editora para publicar traduções para o inglês de Guénon e Evola. Esse nicho de mercado era totalmente inexplorado; exceto por uma pequena editora *New Age* em Vermont, eles não tinham concorrentes, certamente não entre os leitores da extrema direita que esperavam atingir. Deram-lhe o nome de Integral Tradition Publishing [Editora da Tradição Integral]. John, com quem haviam entrado em contato por meio de um *mailing*, parecia o candidato ideal para ser seu editor. Era falante nativo de inglês, inteligente, erudito à sua maneira e apaixonado pelo Tradicionalismo. Começou, então, a trabalhar para eles por meio período em 2006. Dois anos depois, eles lhe fizeram uma sugestão mais animadora: por que não se mudar para a Índia, juntar-se a eles em um *ashram* Hare Krishna e iniciar-se na religião sobre a qual Guénon mais escrevera? Assim – enfatizaram –, seu custo de vida ficaria muito mais baixo e isso, combinado com as novas tecnologias de publicação sob demanda, permitiria que tivessem o sucesso que outros negócios de extrema direita não haviam conquistado. Nos Estados Unidos, não existia mais nada além da crise financeira e das tolas políticas de Bush e Obama.

Então, lá se foi John. Em algumas manhãs, a rotina parecia opressiva e rígida demais para os ocidentais. Mas, naquele dia, o espírito estava com eles. John virou-se para observar um de seus companheiros. Ele cantava as palavras do mantra continuamente, desafiando o calor e a exaustão; suas costas arquearam-se quando ele olhou para cima e abriu os braços para o céu. Corpo e alma arianos eram um só.

Fumaça de incenso, *kartalas* e o ritmo do tambor de *mridangam* enchiam o ar enquanto os devotos entravam no templo. Apenas velas iluminavam o lugar, e o calor era quase insuportável entre os corpos amontoados em frente ao altar. As divindades estavam acordadas, todos sabiam, embora um véu ainda cobrisse seus rostos.

Soou a concha de sopro. No *Bhagavad Gita*, instrumentos em formato de chifre feitos de grandes conchas do mar eram usados como convocação para a batalha, soprados por ninguém menos do que o próprio Krishna. Ali, seu clamor profundo sinalizava o início do ritual matinal, o *mangala arati*. John voltou-se para o altar quando o véu caiu, revelando uma cena alegre, com todas as cores do arco-íris. Gaura-Nitai, as divindades gêmeas do *ashram*, encontravam-se no centro. Os devotos responderam levantando as mãos para o alto e cantando o mantra que Gaura trouxera à Terra: "Hare Kṛṣṇa, Hare Kṛṣṇa...".

Embora aqueles ocidentais tivessem ido além do ativismo da supremacia branca americana, seu pensamento sobre raça permanecia complicado. Para eles, a raça era mais do que apenas a cor da pele. Evola declarara que era também uma forma particular de se relacionar com o sobrenatural, de se perguntar sobre a existência e de compreender as dimensões metafísicas do tempo e do universo. Essa "raça do espírito", segundo ele, seria a única coisa que se poderia herdar dos ancestrais, o único aspecto da raça que se manteria vivo quando os corpos morressem:[2] os corpos seriam o tempo; o espírito seria eterno. No entanto, não haveria garantia de que nosso espírito acompanharia a raça do nosso corpo, e incompatibilidades ocorreriam conforme a Tradição se perdesse na idade sombria. Adotar o espírito dos outros – ou, pior ainda, abandonar completamente o anseio espiritual – representaria não ter raça no sentido mais verdadeiro, privando-nos das ferramentas de acesso à ligação mais profunda e autêntica com as gerações passadas de nossa própria espécie e diferenciando-nos, assim, dos outros.

A ausência de raça pode soar como um ideal modernista na mesma linha do secularismo, mas, para Evola, não passava de um mal que se alastrava por todos os lados. Quando era jovem e entrou em contato com o nazismo pela primeira vez, na década de 1930, ele considerou o fanatismo racista pouco mais do que um começo promissor. O foco dos nazistas na raça biológica e no corpo mostrava que eles tinham sido inconscientemente influenciados pelas formas modernas de pensar – acima de tudo, pela ciência. Por um período, Evola encarregou-se de melhorar a campanha alemã, injetando misticismo em seu senso de raça,[3] na esperança de criar uma população totalmente ariana que lutasse pela pureza do corpo e do espírito. Suas teorias bizarras não foram bem recebidas em nenhum dos regimes fascistas da Europa. Guido Landra, um teórico racial do governo de Mussolini, afirmou que o conceito de raça de Evola "beneficiava exclusivamente os judeus", na medida em que permitia que vários povos reivindicassem um espírito ariano. A equipe de Heinrich Himmler na SS também rotulou Evola de "pseudocientista" com potencial para causar "complicações ideológicas" na Alemanha de Hitler, condenando-o ao ostracismo.[4]

Anos depois, porém, John e seus parceiros acharam o pensamento de Evola esclarecedor. Os idiotas bêbados do movimento nacionalista branco eram mutantes, talvez possuindo um corpo ariano, mas com espíritos corrompidos. Assim como os nazistas de outrora, sua obsessão política pela cor da pele revelava que eles haviam assimilado os valores modernos: eram materialistas, incapazes de ver além do corpo físico, cúmplices da decadência e equivalentes às castas mais baixas da humanidade. John sentia mais afinidade com seus companheiros devotos no *ashram*. Eles compartilhavam o mesmo arianismo, nascido de um núcleo que havia muito tempo servira de fonte para ambas as suas linhagens. E o racismo que prevalecia na Índia era para eles muito mais palatável, muito mais Tradicional. O hinduísmo, muitas vezes implícita ou informalmente, associava cor da pele, posição social e oportunidade espiritual. As castas inferiores, comprometidas com o trabalho físico, eram frequentemente de pele escura, enquanto as superiores, especialmente os brâmanes, autoridades religiosas históricas, tendiam a ter a pele mais clara. Essa maneira de pensar deu aos ocidentais obstinados a chance de conjugar seus valores aos deles e também de se elevarem. A pele pálida podia ser uma característica tediosa e pouco atraente em seu país. Ali, contudo, podia ser um sinal de santidade.

Aquela manhã, aliás, foi dedicada à celebração do sagrado. O ritual todo obedece a um roteiro ascendente. Os textos e as canções de abertura são entoados com força, mas em ritmo lento, para criar um ambiente sombrio e contemplativo, muito parecido com o de uma missa cristã. Conforme o ritual vai se desenrolando, no entanto, a atmosfera muda: o ritmo torna-se acelerado e os movimentos dos devotos ficam mais arrebatadores. Um dos parceiros de John sempre achava essa parte alienante e estranha – *é assim que você se conecta com o divino?*, perguntava-se. Para John, sim. Ele cantava a música final ao som das batidas cada vez mais rápidas do tambor *mridangam*, e as vozes iam ficando mais altas. As risadas ecoavam quando o clima atingia um nível febril. Os devotos levantavam as mãos e começavam a pular e girar em uma dança extasiada. John flutuava.

Havia comentários a respeito de John no *ashram*, porque logo seria hora de ele tomar uma decisão, de escolher seu caminho. Os devotos em seu estágio seguiam o caminho do chefe de família (*grihastha*), o que acarretaria um casamento arranjado e filhos, ou seguiam um caminho rabínico comprometido com o ritual e o estudo das escrituras. John chegou a considerar, sinceramente, o caminho rabínico. Os sacrifícios seriam desafiadores, mas factíveis, exceto um. Tornar-se monge significaria não poder mais trabalhar, nunca ter um emprego comum, de nenhum tipo. Teria, então, que desistir da editora.

O trabalho, por outro lado, estava indo bem. A editora de livros demorara a se firmar como tal. Suas operações de varejo consistiam, em grande parte, de produtos que eles não produziam, sobretudo um grande catálogo de CDs de um gênero musical obscuro, chamado *neo-folk*, popular entre os Tradicionalistas. Mas, agora, tendo se mudado para a Índia, eles estavam promovendo alguns lançamentos empolgantes. Haviam publicado *Metafísica da guerra* em 2007 e, em breve, finalizariam *O Caminho do Cinábrio*, ambos de Evola. O primeiro era uma compilação de ensaios e artigos que o filósofo italiano escrevera durante os primeiros estágios de sua carreira e o segundo era uma espécie de autobiografia. John havia trabalhado incansavelmente em ambos, escrevendo prefácios e adicionando notas de rodapé por toda parte. A *Metafísica da guerra* fora uma iniciativa particularmente emocionante. Seus capítulos incluíam alguns dos únicos textos produzidos por Evola sobre sua misteriosa teoria racial a serem publicados em inglês. Certamente alcançaria as mentes mais sofisticadas da direita radical europeia e americana.

As oportunidades de negócios também estavam se expandindo. Os parceiros de John logo iniciariam negociações com um sueco chamado Daniel Friberg, saído diretamente do mundo de *skinheads* e supremacistas brancos da Suécia. Ele era durão, com experiência de briga, tendo enfrentado grupos antifascistas em confrontos de rua. Como eles, Friberg estava descontente com o estado do nacionalismo branco e foi atraído pela perspectiva de construir um movimento mais intelectual. Ele tinha uma agência de publicação e tradução, a Nordic League [Liga Nórdica], especializada em produções em língua sueca – livros, revistas, *blogs*, enciclopédias *on-line* e música – e estava em busca de sucesso. Talvez as editoras pudessem unir forças? Friberg era um pouco menos dedicado ao Tradicionalismo. Se houvesse uma fusão, eles provavelmente teriam de abandonar a exigência anterior de que todos os membros da equipe praticassem uma religião Tradicional. Mas continuariam concordando no tocante às grandes questões.

No final do ano seguinte, a fusão tornou-se realidade, e uma nova empresa, a Arktos, nasceu. Não demoraria muito para que seu modelo de negócios – baseado na publicação sob demanda e operando em economias de baixo custo, como a Índia – fizesse a produção crescer significativamente.

Eles logo se tornaram os maiores editores do novo Tradicionalismo de língua inglesa e do intelectualismo de extrema direita do mundo, o que lhes permitiu não apenas lançar novas traduções da obra de Evola, como também investir em autores Tradicionalistas contemporâneos. Um autor em particular estava pronto para expandir seu horizonte. Ele era russo, e, em 2012, a Arktos iria publicar a primeira tradução para o inglês de uma de suas principais obras, além de trabalhar para promovê-lo em conferências e palestras. Seu nome era Aleksandr Dugin, e ele viria a se tornar o maior sucesso comercial e intelectual da Arktos.

9
O HOMEM CONTRA O TEMPO

Dizem que Bannon já se identificou como leninista em uma festa: "Lênin queria destruir o Estado, e esse é também o meu objetivo. Eu quero derrubar e destruir todas as instituições de hoje".[1] Quem narrou esse fato foi uma pessoa que esteve presente à festa, mas Steve afirma não se lembrar de haver dito isso.

Independentemente da veracidade do fato, é o tipo de coisa que posso facilmente o imaginar dizendo. Não destoa de seu pensamento, pelo menos não daquele que ele expôs para mim, vários meses depois de nosso primeiro encontro, quando conversamos sozinhos, tarde da noite, em um quarto de hotel em El Paso, no Texas.

Ele parecia fazer questão de me olhar nos olhos quando afirmou que Lênin não era seu herói, que a maneira como os comunistas russos haviam desmontado sua sociedade estava longe de ser um exemplo a ser seguido. Mas é verdade, disse ele, que a destruição tem uma função na política em geral e em nosso tempo em particular. A destruição "faz parte do ciclo".

Steve acredita nos ciclos do tempo. Considera que as sociedades humanas passam por uma série de idades que vão do colapso à regeneração, depois ao colapso novamente, e assim sucessivamente. Algumas pessoas sabem que ele pensa assim. No início de seu período na Casa Branca, jornalistas tomaram conhecimento de que ele admirava um livro originalmente publicado em 1997, intitulado *The forth turning* [*A quarta virada*][2] – uma obra popular que defende que a história moderna percorre quatro estágios de aproximadamente 20 anos, dos quais o último sempre traz crise e desconstrução, quando então se inicia um novo período de renascimento. Steve, no entanto, chama esse livro de versão "simplista" de Guénon e Evola, ou do material mais profundo que só se vê publicado por editoras como a Arktos: verdadeiros textos Tradicionalistas, cujas descrições de um ciclo de quatro idades que termina com uma idade sombria – a *Kali Yuga* – são repletas de justificativas religiosas ecumênicas e análises espirituais. Não que

Steve dê muita atenção aos detalhes dos ensinamentos do Tradicionalismo. Para ele, essas minúcias são apenas uma tentativa inspirada de explicar algo incognoscível, devendo ser abordadas apenas como diretrizes.

Não se trata de diretrizes particularmente cristãs, ele admite ao me falar sobre uma vertente da teologia cristã que acredita que o mundo costumava obedecer a uma ciclicidade, até que a chegada de Jesus quebrou esse padrão e então teve início o progresso – a história linear apontando para a salvação final e definitiva. "Ainda preciso ser convencido disso", ele me disse com um sorrisinho, mais uma vez questionando os dogmas da fé que afirma seguir. "Não tenho certeza se acredito nisso. Ainda acho que é possível ver os ciclos."

Mais do que isso, afirmou que, atualmente, estamos na fase terminal de um ciclo. O que o fazia pensar assim? Ele mencionou tanto observações concretas quanto vagas. "Eu acho que você vê isso um pouco todos os dias. As coisas estão... Parece que estão ficando mais difíceis, não?". Também falou sobre a crescente imprevisibilidade da vida social e política e sobre como certas pessoas parecem ser guiadas a posições de influência política não com base em seus anseios e conquistas individuais, mas graças a forças invisíveis operando ao seu redor. Citou Donald Trump e Alexandria Ocasio-Cortez como exemplos: fora uma inversão do *status quo* anterior que permitira sua ascensão. Mas ele também admitiu ver um movimento mais amplo em direção ao conflito; já percebera vestígios disso antes. Como explicou:

> Há certos momentos na história em que não importa o que os homens bons digam ou façam, pois, inexoravelmente, você é atraído por algo que acaba virando um conflito. Isso aconteceu antes da Segunda Guerra Mundial, antes da Guerra Civil. Sabe, as pessoas esquecem quantas conferências de paz já foram organizadas, quantas tentativas de acordos já foram feitas, e tantas outras coisas – nada importa. Inexoravelmente, você é atraído por algo que precisa ser feito. E é para lá que estamos indo, é isso que estamos fazendo hoje.

A violência estaria no horizonte global, ele achava. Steve me garantiu que, se uma única potência ou coalizão de potências tentasse obter o controle do território eurasiano, desafiando um antigo princípio da política externa americana, um conflito seria gerado. Internamente, porém, ou seja, dentro dos Estados Unidos, não precisaria ser assim. Não haveria necessidade de nosso conflito interno ser tratado militarmente ou por meio da violência, ainda que demandasse destruição, sobretudo a destruição de nossas instituições públicas, muitas das quais, acreditava Steve, teriam que ser revitalizadas ou, como sugeriu, "explodidas". Ele mencionou a noção de "destruição criativa" de Joseph Schumpeter e a ideia de elã vital de Henri Bergson, além de Tradicionalistas. "É por esse tipo de coisa que você tem que passar, você tem que destruir para reconstruir."

Parece a receita do caos. Steve queria ver o desmonte em massa das nossas maiores agências governamentais, e tudo isso junto com seus outros planos de desintegrar a União Europeia e interromper o livre fluxo internacional de pessoas, de bens e de dinheiro. Mas um arqui-Tradicionalista nos moldes de Julius Evola não necessariamente veria isso como caos. Lembre-se, as trevas da idade sombria são a erradicação da hierarquia – e a hierarquia é uma forma de ordem. Elimine a hierarquia e você estará no caos, nascido da incapacidade de qualquer um de nós de se distinguir vertical ou horizontalmente. Em termos gerais, isso equivale à substituição de uma sociedade segmentada por uma massa indiferenciada: o caos e a confusão entram em nossas vidas à medida que a população aumenta, colocando-nos em contextos grandes demais para refletir algo genuíno sobre nós ou nossos anseios. A mudança da tribo para a chefatura e depois para a nação, portanto, constitui um movimento da ordem em direção ao caos, sem falar da mudança de entidades nacionais para supranacionais. A diferenciação é o que se perde nesses casos. Pode ser necessário um ato caótico para destruir a entidade de massa, mas, se for mesmo destruída, produz um campo fragmentado de entidades variegadas, e teremos passado do caos de volta à ordem.

A vidraça intacta é uma loucura; a harmonia está nos cacos espalhados pelo chão.* Na política moderna, isso equivale a perseguir o colapso – o desmonte dos "Estados administrativos" inchados, como tanto repete Bannon. Uma maneira de fazer isso é começar pelo topo, colocando pessoas

---

*   Provavelmente, uma referência à parábola conhecida como "falácia da janela quebrada", usada pelo economista francês Frédéric Bastiat em 1850 no ensaio *O que se vê e o que não se vê*. A mensagem da parábola é a de que a destruição não representa um benefício de longo prazo para a sociedade. (N. da T.)

em posições de poder que sejam hostis às instituições às quais elas mesmas servem, que trabalharão para impedir o funcionamento normal da própria instituição. *Tudo isso faz sentido*, pensei enquanto ouvia Steve, relembrando uma série de ações que ele realizara alguns anos antes.

$$\sim$$

Nas semanas que se seguiram à sua vitória sobre Hillary Clinton, Donald Trump começou a escolher gente para trabalhar em seu governo. Ele não tomava as decisões sozinho. Steve estava fazendo a transição de seu antigo papel de diretor de campanha para conselheiro-chefe do presidente, e sua função principal àquela altura era ajudar Trump a compor seu novo governo.

Em 23 de novembro de 2016, Trump nomeou Betsy DeVos para secretária de Educação. Meses antes, naquele mesmo ano, DeVos havia sugerido o desmantelamento da rede de escolas públicas em Detroit e sua substituição por um sistema de *vouchers* por meio do qual os alunos teriam acesso a uma parcela de dinheiro público para pagar uma escola particular de sua escolha.[3] Ela era defensora do ensino religioso (presumivelmente cristão, não islâmico) e acreditava que o enfraquecimento da educação pública permitiria uma diversificação da cultura e da espiritualidade transmitidas aos estudantes americanos. Em 2001, ela e seu marido, Dick DeVos, falando em uma reunião privada, haviam admitido pretender infundir mensagens cristãs na educação e derrubar o que consideravam uma hierarquia de instituições na sociedade. Como disse Dick naquela ocasião, "a Igreja – que deveria ter, a nosso ver, um papel muito mais central na vida da comunidade – foi substituída pela escola pública como centro de atividades, o centro do que acontece na comunidade". E, para os DeVoses, reverter tal desequilíbrio não significava eliminar totalmente as escolas públicas, na medida em que essas instituições apresentavam oportunidades para ativistas como eles, como explicara Betsy. Forneciam um canal para "confrontar a cultura em que todos vivemos hoje". As escolas públicas eram um campo de batalha atraente para o guerreiro cultural conservador – um espaço para a metapolítica. Eles haviam feito um apelo aos cristãos no sentido de que se infiltrassem nesses canais da corrente cultural dominante, "não permanecendo em [seu] pequeno território seguro".[4] Cerca de 75% das escolas que Betsy DeVos supervisionaria no Departamento de Educação eram públicas.

Em 7 de dezembro de 2016, Trump anunciou que nomearia Scott Pruitt para chefiar a Agência de Proteção Ambiental. Essa escolha foi muito comentada: durante os estágios iniciais da campanha presidencial, Trump dissera sobre a Agência: "Vamos nos livrar dela em quase todas as suas formas". Pruitt servira como procurador-geral de Oklahoma e, durante sua permanência no cargo, processara a Agência de Proteção Ambiental 13 vezes. Seu desejo era firmar parcerias com empresas privadas, que eram o principal alvo da regulamentação ambiental. Com efeito, a colaboração entre ele e as empresas era tão próxima que porta-vozes destas lhe enviavam argumentos para quando discutisse políticas ambientais em público. Talvez isso o tenha levado a se rotular como "um dos principais militantes contra o programa ativista da Agência".[5] Ele era a pessoa ideal para chefiá-la, caso o objetivo fosse desconstruí-la.

Em 13 de dezembro de 2016, Trump anunciou que nomearia Rex Tillerson, um político desconhecido e ex-executivo da Exxon Mobil, para ser o novo secretário de Estado. Suas opiniões a respeito de política externa pareciam convencionais – surpreendentemente, dado o desejo expresso por Trump de transformar o papel geopolítico dos Estados Unidos. Bannon, contudo, pressionara o presidente a fazer essa nomeação, e a razão para isso ficou clara durante as audiências de confirmação de Tillerson, nas quais ele esclareceu os seus planos: "É da minha natureza procurar ineficiências e agilizar processos, e isso começará, caso confirmado, isso começará no Departamento de Estado". E acrescentou: "Acho que, naturalmente, vamos aproveitar algumas eficiências e poupar custos". De fato, no início de seu mandato, Tillerson disse à equipe que planejava cortar o orçamento do departamento em um terço, eliminando milhares de empregos e cortando bilhões em ajuda externa.[6] No final da primavera, impôs um congelamento quase total das contratações. Em outubro, ofereceu a mais de dois mil funcionários do Departamento de Estado um bônus de US$ 25 mil em troca de sua aposentadoria em até um ano. A Casa Branca, por sua vez, não havia indicado pessoas para cargos importantes na equipe de Tillerson. Da mesma forma, o atraso usual no preenchimento de cargos diplomáticos e de embaixadores americanos após uma mudança de governo estendeu-se de modo alarmante. Quase um ano após a eleição de Trump, 48 postos de embaixadores ainda estavam vagos. A missão diplomática dos EUA no mundo estava diminuindo.

Em 16 de dezembro de 2016, Trump nomeou Mick Mulvaney para liderar o Escritório de Gestão e Orçamento, órgão que cuida do orçamento da Casa Branca. Mulvaney, contudo, foi escolhido para outra função, a saber, a chefia do Departamento de Proteção Financeira do Consumidor, criado em 2011 com o objetivo de permitir que pessoas físicas fiscalizassem melhor a atuação de grandes empresas. Mick Mulvaney, um ex-representante do Congresso, era um crítico feroz desse Departamento, supostamente por causa da ausência de supervisão política. Em uma entrevista de 2014, ele dissera: "É um exemplo maravilhoso de como uma burocracia funciona sem prestar contas a ninguém. Acontece que é uma piada, é isso que esse departamento tem sido, de uma forma doentia e triste", acrescentando que era "extraordinariamente assustador" e precisava de uma reforma. *Que tipo de reforma?*, perguntou o entrevistador. "Alguns de nós gostaríamos de nos livrar dele."[7] Foram necessárias uma batalha judicial prolongada e uma campanha de pressão pública, mas, em novembro de 2017, Mulvaney assumiu a liderança do Departamento. E começou seu trabalho dispensando grande parte dos funcionários, praticamente não contratando ninguém, congelando todos os casos que já estavam na fila de adjudicação e apresentando um orçamento planejado de US$ 0. Outra instituição liderada pelo próprio inimigo.

Eram *kamikazes* ocupando cargos de liderança – cada qual visivelmente se esforçando para minar o feudo que presidia, todos contribuindo para a desconstrução mais ampla do Estado administrativo. No entanto, seus planos seriam frustrados por uma falha no sistema. Eles podem ter desestabilizado e enfraquecido suas respectivas agências, mas estavam sujeitos ao mesmo tipo de ação vindo de cima. Trump também prejudicava o funcionamento da instituição que presidia. A rotatividade de pessoal na Casa Branca tornou-se pronunciada, e pessoas como Tillerson e muitos outros membros da equipe cumpriram mandatos relativamente breves, entrando em conflito com Trump e sendo muitas vezes substituídos por figuras com mandatos igualmente efêmeros. Gerar discórdia entre seus subordinados imediatos, aqueles em quem confiara para dar vazão a seus planos, certamente não era um objetivo consciente. Steve não me deu nenhuma evidência do contrário. Ao que parece, o conflito interno era uma consequência da natureza de Trump, um infeliz dano colateral causado pela introdução de uma força com rara capacidade destrutiva.

Mas essa força tinha de estar lá, Steve pensava, especialmente se Trump ascendesse e encontrasse o seu destino.

A perspectiva de haver não apenas um plano, mas uma agenda teológica elaborada por trás do aparente caos do início da administração de Trump desviou minha atenção para a frase definidora de sua campanha: "Tornar a América grandiosa outra vez". O *slogan*, que Trump patenteou em 2012, era uma expressão sucinta da vontade de renascimento nacional, o que o historiador e teórico político britânico Roger Griffin chama de *palingênese*.[8] Refere-se a um momento não especificado da grandeza que ficou perdida no passado; proclama, portanto, o contexto atual como um tempo de declínio. É uma frase facilmente mal interpretada como expressão de nostalgia,[9] de anseio por um passado mais virtuoso. Uma coisa que ela anuncia, no entanto, é que a grandiosidade americana não pertence ao passado; é algo a ser reativado para viver no aqui e agora. Sua vida não é linear – não tem começo nem fim. O *slogan*, portanto, não é uma chamada para retroceder e recuperar o passado, nem é uma promessa de algo novo no futuro. Ele tenta recuperar uma eternidade.

Eis um paradoxo do conceito de ciclo do tempo: ele não reconhece nenhum passado, presente ou futuro. Explica, em parte, por que Bannon gosta dessa ideia; é isso, de certa forma, que torna a noção de tempo cíclico tanto uma ferramenta descritiva para entender como o mundo é quanto uma ferramenta prescritiva para transformar o mundo naquilo que ele deveria ser. "Os políticos falam que temos que pensar nos nossos netos; sim, temos que pensar neles", disse-me Steve. "Mas é igualmente importante pensarmos no que devemos àqueles que vieram antes de nós."[10] Aqueles que estão sintonizados com o tempo cíclico não tentam progredir em direção a um estado de virtude anteriormente não adquirido, condenando o presente e o passado. Eles descansam em comunhão com seus parentes atemporais, unindo-se em torno da Lua, do Sol e das estrelas, e não da última camada de pedra ou pavimento. A eternidade – a suposta percepção que levaria um líder político a canalizar a vontade dos netos e ancestrais de uma só vez – é algo que podemos ter ou não. O ciclo também envolve um movimento a partir de um núcleo central, que vai para longe, até sua borda, e depois volta – um movimento centrípeto e centrífugo. Acarreta o abandono da ilusão de tempo e progresso, e um retorno ao âmago da verdade eterna, continuamente. Mas tudo isso acontece de acordo com um cronograma definido, uma ordem durante a qual diferentes idades se desenrolam. Ou será que não?

Mais de uma vez, pensando em Steve, ocorreu-me a lembrança do Julius Evola dos anos 1930. Foi nessa década que Evola começou a suspeitar que o ciclo do tempo era algo que a sociedade podia controlar, algo que ele podia controlar. Julius esperava ver uma mudança da idade de bronze, do comerciante, para a idade sombria, do escravo. Mas um guerreiro apareceu na forma de Benito Mussolini, sinalizando um potencial de mudança nas correntes cósmicas e a possibilidade de experimentar a virtude máxima sem ter de passar primeiro pela morte e pela destruição. Como o jovem Evola, Steve também pode alegar ter testemunhado uma reversão no tempo. Pois ele também passou a exercer influência durante uma revolução encabeçada por um arquétipo ostensivo de uma das castas Tradicionalistas. Só que, para ele, a figura não era a de um guerreiro, mas a de um comerciante – um ícone não dos *kshatriyas*, mas dos *vaishyas*.* No entanto, para Steve, Trump não sinalizava uma reversão nas correntes temporais da forma como Mussolini pareceu indicar a Evola. A direção do tempo permaneceu intacta. Como ele me disse, "para tornar a América grandiosa outra vez, você precisa... Você tem de desagregar antes de reconstruir".

Aos olhos de Bannon, Donald Trump é "o Desagregador". Eu o ouvi dizer "destruidor" também. Pelo menos no seu entendimento. Ele mencionou uma rápida conversa com Trump sobre isso na Casa Branca em abril de 2017, após cobertura da mídia sobre sua leitura de *A quarta virada*. O presidente não achou graça. Via seu papel mais como o de

---

* De acordo com o hinduísmo, a sociedade é dividida em quatro *varnas*, que podem ser entendidas como classes ou ordens: *shudras*, de trabalhadores; *vaishyas*, de comerciantes e agricultores; *kshatriyas*, de guerreiros; e *brahmins*, de sacerdotes. (N. da T.)

um construtor do que de um destruidor, e não gostou daquela conversa esquisita de condenação, destruição e colapso.

Steve não insistiu. Foi apenas uma conversa rápida. E, além disso, não havia necessidade de fazer Trump ver o mundo da maneira como ele via. O presidente pode pensar o que quiser. "Lembre-se", disse Steve sobre Trump, "ele é um homem de ação. O poder dos homens de ação é que muitos homens de ação não são... Sabe, você não precisa ler livros e pensar sobre os ciclos do tempo. Você só age".

~

Em 20 de janeiro de 2017, no mesmo dia em que tomou posse como presidente dos Estados Unidos, Donald Trump assinou uma ordem executiva. Ordens executivas e memorandos presidenciais são declarações emitidas pelo presidente, em geral relacionadas ao funcionamento do governo dos Estados Unidos, que têm força de lei. E, naquele dia, Trump decidiu emitir uma ordem, a 13.765, intitulada "Minimizando o ônus econômico da proteção ao paciente e ato de assistência médica acessível pendente de revogação". Seu objetivo era fazer com que as agências federais começassem a deixar de cumprir aspectos-chave da legislação de reforma da saúde implantada por Barack Obama, e esse pareceu ser o primeiro passo do plano de Trump para revogar o programa por completo.

Isso aconteceu na sexta-feira. Na segunda-feira seguinte, 23 de janeiro, o presidente Trump emitiu uma série de memorandos, um dos quais retirava os Estados Unidos de um acordo comercial entre 12 nações na região do Pacífico. Outro proibia o envio de qualquer dinheiro federal – mediante ajuda a países estrangeiros ou por outros meios – a organizações que prestassem serviços de aborto.

Na terça-feira, assinou a ordem executiva 13.766, "acelerando as análises e aprovações ambientais para projetos de infraestrutura de alta prioridade". Ele também emitiu uma enxurrada de memorandos promovendo a construção de uma série de oleodutos – incluindo um que cruzava importantes hidrovias e que, de acordo com indígenas nativos americanos, ameaçavam a integridade ambiental de seus locais sagrados – e facilitando as regulamentações para a manufatura.

Por meio de uma proclamação presidencial, logo no dia seguinte Trump estabeleceu que a semana toda seria o que batizou de "Semana Nacional de Escolha da Escola", em reconhecimento às escolas não públicas e às escolas *charter*.* Também emitiu a ordem executiva 13.767, "Melhorias na segurança das fronteiras e na fiscalização da imigração", pedindo a construção imediata de um muro físico ao longo da fronteira sul dos EUA com o México e a aceleração do processamento e da deportação de imigrantes ilegais. Isso foi acompanhado por uma segunda ordem executiva, a 13.768, "Melhorando a segurança pública no interior dos Estados Unidos", buscando bloquear o financiamento federal para cidades que deliberadamente limitassem a interferência do governo no cumprimento da lei de imigração (as chamadas cidades-santuário), dando permissão a oficiais para que iniciassem procedimentos de deportação contra indivíduos apenas suspeitos de representar um risco à segurança.

Na quinta-feira, ele descansou.

Na sexta-feira, emitiu um memorando intitulado "Reconstruindo as Forças Armadas dos EUA", orientando uma reformulação da capacidade nuclear e de defesa antimísseis e traçando um plano para aprimorar o estado de alerta do país. No mesmo dia, assinou outra ordem executiva, a 13.769, "Protegendo a nação da entrada de terroristas estrangeiros nos Estados Unidos", que reduzia o número de refugiados admitidos e bloqueava a entrada de refugiados sírios no país por tempo indeterminado. Também suspendia os vistos para cidadãos da Líbia, da Somália, do Sudão, da Síria, do Iêmen, do Iraque e do Irã. Em referência aos comentários feitos por Trump durante a campanha eleitoral, a imprensa apelidou essa medida de "banimento muçulmano".

Trump estava prestes a assinar mais ordens executivas em seus primeiros cem dias do que qualquer outro presidente dos EUA desde a Segunda Guerra Mundial. Steve Bannon não era apenas o autor intelectual de algumas dessas medidas – inclusive da do "banimento muçulmano" –, como também o idealizador da estratégia usada pelo presidente de emitir uma declaração atrás da outra. Alguém poderia pensar que, tendo vencido

---

* As *charter schools*, ou escolas *charter*, recebem financiamento do governo americano, mas operam de maneira independente, fora da rede pública de ensino. (N. da T.)

a eleição com uma parcela minoritária dos votos e em meio a protestos públicos retumbantes e ao medo sobre os rumos do novo governo, Donald Trump evitaria provocar a oposição. Bannon, porém, disse a mim e a outros interlocutores que defendia esse método para desorientar os inimigos do presidente – e o principal deles, em sua opinião, era a mídia. A ideia era centrar fogo nos temas que mais lhes interessavam: saúde, meio ambiente, aborto, imigração. Atacar tão rápido que eles mal conseguissem entender[11] o que estava acontecendo. Isso paralisaria a oposição, permitindo que o presidente avançasse seu programa sem obstáculos.

~

Havia ordem, direcionamento e propósito na destruição promovida por Trump. Pelo menos era nisso que Steve acreditava. E, quando falávamos sobre seus primeiros tempos na Casa Branca, lembrei-me de algo que ele dissera em uma de nossas primeiras conversas informais, uma expressão peculiar que poderia ser uma mera coincidência ou uma caracterização deliberada, derivada dos recônditos mais sombrios do Tradicionalismo. Em um discurso verborrágico, ele se referira a Trump como "um homem no tempo".

O uso desse termo em círculos Tradicionalistas de direita tem origem em uma mulher chamada Savitri Devi. Nascida Maximine Portaz em Lyon, em 1905, ela assumiu o nome de Savitri Devi (Deusa do Raio Solar) depois de se converter ao hinduísmo como parte de sua busca por uma tradição ariana viva. Savitri Devi foi uma devota nacional-socialista durante a guerra, a ponto de espionar forças britânicas na Índia para as potências do Eixo. Mas seu verdadeiro trabalho começou depois de 1945, quando tentou forjar uma nova religião com base nos destroços do Terceiro Reich. Ela se comparava a São Paulo, que construiu uma nova fé a partir de uma figura cuja vida na Terra terminara em derrota política. O ensino que Devi produziu, entretanto, veio a ser chamado de hitlerismo esotérico. Ela raramente dizia isso, mas, por mais que fosse seguidora de Hitler, seu pensamento também refletia a influência de Guénon e Evola.[12]

Devi acreditava na noção Tradicionalista de tempo cíclico, mas enfatizava algo diferente ao refletir sobre ela. De acordo com essa concepção

Tradicionalista, conforme o tempo avança e a ordem social se desintegra, a violência e a destruição aumentam. Isso torna a violência um mal que vem para o bem. Assim como os incêndios na natureza anunciam um recrescimento, a agressão humana destrutiva é necessária para abrir caminho à renovação social e espiritual. Tempo *é* violência. Ambos implicam dor e sofrimento, mas também promessa de salvação.

Alguns indivíduos influentes desempenhariam um papel relevante nesse processo. Devi afirmava que eles existiriam em três formas: homens no tempo, homens acima do tempo e homens contra o tempo. Tudo que ela via como evidência da passagem do tempo – e que acarretaria decadência gerada por egoísmo, caos e violência – estaria encarnado nos homens no tempo. Savitri Devi argumentava que esses homens não estariam cientes de seu papel em um ciclo de tempo cósmico. Desprovidos de reflexão e curiosidade, cairiam no espírito sombrio de sua época, perseguindo o prazer corporal e a riqueza material com tal crueldade que se tornariam distintas forças do mal. E deveríamos lhes agradecer por isso. Devi descrevia-se como "oprimida por um sentimento de sagrado temor ao pensar nos exterminadores em massa sem ideologias".[13] Eles seriam chamas de fogo que nada criariam, apenas destruiriam: seriam como raios.

Se os homens no tempo estão totalmente absortos pela violência, outra categoria – a dos homens acima do tempo – escaparia a essa escravidão por meio da iluminação, obtendo *insights* sobre a verdade do tempo e a fragilidade humana em sua jornada rumo ao progresso, entendendo, assim, que a salvação existiria na eternidade, e não no "futuro". Seria possível encontrá-los entre os estetas que rejeitam o mundo e os místicos loucos que optam pela vida na natureza selvagem, mas eles também poderiam desempenhar papéis dificilmente reconhecidos como espirituais. Durante a idade de ouro, essas mesmas figuras seriam dignas da maior reverência e consideradas autoridades espirituais. Mas, em idades posteriores, a sociedade as ignoraria como irrelevantes ou invisíveis, embora isso não significasse que não causavam impacto. Poderiam funcionar como salvadores para aqueles à sua volta – redimindo não grupos ou sociedades, mas almas individuais que seguissem seu exemplo. Sua sabedoria nunca seria divulgada por meio de proselitismo ou força; assim como o Sol, que seria seu símbolo, ela irradiaria de seu ser, sem direção específica.

Mas o clímax do pensamento de Devi é sua descrição de uma terceira figura, nascida entre os detentores de uma visão dos mistérios do universo e da verdade do tempo, mas dotada da natureza da casta guerreira. Sabedores de que as correntes do tempo apontam para a destruição, esses homens, contudo, veriam também a glória que viria em seguida. Longe dos cavalgadores de tigre recomendados por Evola como um recuo no pós-guerra, eles seriam munidos de uma ambição fanática e inspirados pelos mais elevados ideais, não pelo egoísmo, assumindo a responsabilidade de conduzir o mundo para e pela escuridão. Isso os tornaria ao mesmo tempo raios e Sol, homens "contra" o tempo.

Verdadeiros homens contra o tempo não seriam bem humanos, mas avatares.* Como escreveu Devi,

> o último Homem "contra o Tempo" é, com efeito, ninguém menos do que Ele, cujo nome, na Tradição Sânscrita, é Kalki – a última Encarnação do divino Sustentador do universo e, ao mesmo tempo, Destruidor do mundo todo; o Salvador que colocará um fim à atual "yuga" com uma formidável exibição de incomparável violência, de maneira que uma nova criação floresça na inocência e no esplendor da "Idade da Verdade".[14]

Savitri Devi descreveu Adolf Hitler como um homem contra o tempo, graças ao seu vigoroso comprometimento e à sua devoção ao que ela considerava serem ideais arianos. Mas, claro, Hitler foi derrotado. E, para ela, isso significava que o verdadeiro homem contra o tempo ainda estava por vir.

De volta ao quarto de hotel de Steve em El Paso, perguntei-lhe se já ouvira falar de Savitri Devi. Ele disse conhecê-la de nome. Expliquei que era a ela que eu relacionava a expressão "homem no tempo" – que Devi a usara para descrever personalidades cujos comportamentos avançavam no tempo, ou seja, perpetuavam a violência e a destruição. Essas pessoas não tinham noção da própria importância e de seu papel na história – não precisavam *saber*, apenas *agir*. O que eu estava descrevendo combinava

---

* No hinduísmo, o avatar é um ser imortal em sua manifestação corpórea. (N. da T.)

com sua caracterização de Trump ("você não precisa ler livros e pensar sobre os ciclos do tempo; você só age"), embora eu não tenha mencionado esse detalhe. "Ela traçou toda uma teoria para explicar isso", prossegui. "Uma teoria de homens no tempo, homens acima do tempo e homens contra o tempo."

"Ok, mas aqui... Só um segundo..." Ele ia responder, mas foi interrompido pelo telefone. Respondeu à mensagem de alguém, depois continuou: "O que é mesmo que Savitri Devi dizia?".

"Ela acreditava que havia três tipos de avatares na história, homens que estavam em..."

"Como assim, três tipos de avatares?"

Apesar do uso que fizera da expressão "homem no tempo", ele não parecia familiarizado com as ideias de Devi, então continuei: "Conforme o ciclo do tempo avança, aparecem figuras históricas que promovem destruição, o que acelera esse ciclo". Depois, comecei a explicar os homens acima do tempo: "Há os que conseguem se retirar do tempo, porque são iluminados e alcançam a transcendência, portanto deixam, em sua essência, de se submeter ao tempo e à degradação. Não precisam...".

"Bem, mas quem na história fez isso?", Steve parecia animado com as ideias. Percebi que ele queria que eu continuasse. "Jesus Cristo, Buda?"

"Ela menciona os reis adoradores do Sol no Egito."

"Ah, então ela busca exemplos lá atrás."

Ele estava gostando. "Bem lá atrás", eu confirmei. "Sim. Genghis Khan seria um homem no tempo. Não tinha ideais elevados, mas colaborava para o progresso do tempo porque destruía coisas, aproximando-nos, assim, do renascimento após a *Kali Yuga*. Savitri fala, ainda, do 'homem contra o tempo', do 'homem...'".

"O que é o homem contra o tempo?", ele interrompeu, ansioso.

"O homem contra o tempo é aquele com um ideal elevado *e* que, ao mesmo tempo, está disposto a promover destruição."

Ele se recostou, cruzou as mãos atrás da cabeça e olhou para o teto. "E por que – se ele tem um ideal elevado...". Parou para refletir, depois continuou: "Porque ele entende que deve destruir para que haja renascimento?".

"Sim."

Steve deu de ombros, olhou para a janela e não disse mais nada.

10
Reuniões esotéricas

Passei dezembro de 2018 em casa, em Boulder, tentando atualizar-me sobre o que acontecera no mundo político naqueles últimos meses. Era a época das eleições legislativas de meio de mandato nos Estados Unidos, e os democratas haviam conquistado a Câmara dos Representantes, mas não tinham conseguido tirar o controle do Senado da mão dos republicanos. *O resultado poderia ter sido pior*, pensava Steve, embora antecipasse que os democratas usariam seu poder para pedir o *impeachment* de Trump. Havia vários mecanismos de defesa possíveis, mas não deixava de ser um revés. Altos e baixos – Steve estava de olho no longo prazo, em ganhos maiores do que as eleições para o Congresso, maiores do que Trump, maiores ainda do que o destino dos Estados Unidos.

Eu já sabia que o Tradicionalismo o motivara a entrar em contato com outro figurão global – Aleksandr Dugin – e que seu acesso às ideias de Dugin se dera por vias alternativas da extrema direita do Tradicionalismo, por meio da produção editorial da Arktos. Eu estava à procura de detalhes sobre isso, mas Steve dissera que não estaria disponível para entrevistas nas próximas semanas. Foi quando algo inesperado aconteceu. Estavam ocorrendo conversas *on-line* entre os Tradicionalistas a respeito de mais alguém com influência em governos poderosos, alguém que eu não conhecia, mas que tinha ligação com a turbulência política que ocorria no Brasil.

Político renegado, Jair Bolsonaro, apelidado de "Trump dos Trópicos", acabara de virar presidente do Brasil. Sua vitória representava mais um trunfo surpreendente da onda populista de extrema direita que avançava no mundo. Ele chamava atenção de observadores internacionais por suas declarações sobre violência de Estado, violência política e consolidação do poder executivo, expressando, ainda, desprezo pela mídia, pelo sistema político, pelo socialismo, pelo islamismo, por pessoas LGBTQ e por outras minorias. E mais: enquanto populistas de outros países procuravam aliar o conservadorismo cultural com o favorecimento de políticas de bem-estar social, a hostilidade de Bolsonaro para com os socialistas levava-o a exigir reformas de livre mercado no Brasil. Seu programa e seu comportamento eram impensáveis mesmo no cenário turbulento da política brasileira; a oposição à sua candidatura fora feroz (ele sobrevivera a uma facada um mês antes do primeiro turno), mas ele conseguira vencer, apoiado por um profundo ressentimento contra o sistema político e os movimentos progressistas. Ele também havia contado com um ideólogo proeminente que costumava instigar esses sentimentos por meio das redes sociais.

Fui atrás de seu discurso da vitória,[1] postado *on-line* apenas algumas semanas antes, em 29 de outubro. Nele, Bolsonaro optou pela informalidade, fazendo a transmissão de sua casa via Facebook Live, em uma afronta à mídia convencional brasileira. Agiu como se não estivesse seguindo um *teleprompter* nem anotações. Em vez disso, posicionou quatro livros sobre a mesa à sua frente, usando-os como dispositivos mnemônicos para ajudá-lo a organizar o discurso aparentemente improvisado. *Um gesto teatral*, pensei, *que o retrata como um líder cheio de convicções, que segue a marcha regular das palavras registradas em papel, como quando Napoleão posava para retratos ao lado de papéis oficiais.*

Ele colocou as mãos sobre a *Bíblia* e sobre a Constituição brasileira – dois dos quatro livros – ao reiterar suas mensagens de campanha a respeito de honestidade e anticorrupção. "E conhecereis a verdade, e a verdade vos libertará" – o verso de João 8:32 abriu seu apelo a uma nova era em que os brasileiros promoveriam uma revolução de realismo e transparência.

"O que eu mais quero é seguir os ensinamentos de Deus, junto com a Constituição brasileira..." Bolsonaro pegou a Constituição e colocou-a novamente a seu lado. Ergueu, em seguida, o terceiro livro, um dos volumes de *Memórias da Segunda Guerra Mundial*, de Winston Churchill, e, acenando para a câmera, falou que se inspirava "em grandes líderes mundiais". Imediatamente, colocou o livro de Churchill sobre a mesa e continuou: "e com a boa assessoria técnica e profissional ao meu lado, isenta de indicações políticas de praxe, começar a fazer um governo". Enquanto ele falava, seus olhos vagavam pela mesa à procura do quarto livro, aparentemente fora de sua vista, escrito por Olavo de Carvalho, o homem que seria seu conselheiro: *O mínimo que você precisa saber para não ser um idiota*. Eu pausei o vídeo.

Olavo, como é conhecido. Era dele que meus contatos vinham falando. Eu estava cada vez mais certo de que era a Olavo que Steve se referira casualmente, naquele dia em que entramos juntos no hotel em que se hospedara, como sendo o grande "teórico" do regime de Bolsonaro, com quem, inclusive, ele estava tendo contato por meio de um dos filhos do presidente. (Steve conhecera Eduardo Bolsonaro,[2] o mais proeminente, politicamente falando, dos herdeiros do novo presidente brasileiro, na cidade de Nova York, no verão de 2018.) Pouco depois daquele encontro, a mídia brasileira noticiara que Steve Bannon assessoraria a campanha eleitoral de Bolsonaro.[3]

Enquanto isso, Olavo estava causando apreensão mundo afora. Comentaristas liberais lamentavam que no Brasil tivesse sido eleito presidente alguém não apenas desqualificado e hostil ao meio ambiente, às minorias e à educação, mas também que tinha a seu lado um pseudofilósofo louco. Olavo morava na zona rural da Virgínia, o que, por si, já compõe uma parte bizarra dessa história. Ele e Bolsonaro eram próximos havia anos. Em 2014, tinham começado a transmitir bate-papos *on-line*, nos quais fofocavam sobre política e cultura. Olavo era excêntrico de uma maneira que o futuro presidente e sua família de fanáticos por futebol não eram, mas ambos comungavam o mesmo desprezo pela mídia e pelas universidades. As críticas ardentes de Olavo à política brasileira contemporânea, somadas a seu apelo por uma nova honestidade cristã, logo ganharam a admiração de Bolsonaro. Olavo, por sua vez, gostava da natureza não refinada do futuro presidente, o uso que fazia de termos grosseiros e a tendência que tinha a polvilhar seu discurso com referências a Deus e a Cristo. *Ele entende que a sociedade precisa de uma base espiritual*, pensava Olavo, *e que as pessoas reais deste país são cristãs*.

À primeira vista, Olavo não parecia ser diferente dos nacionalistas cristãos que eu estava acostumado a ver no mundo anglo-americano, do tipo que prega sobre o fogo do inferno, mas as aparências enganam. Eu logo descobriria que Olavo, como Bannon e Dugin, era uma espécie de Tradicionalista, e que suas credenciais no movimento em muito ultrapassavam as de seus colegas americano e russo. Steve tinha uma longa história de leitura do Tradicionalismo e de interação com alguns de seus principais intérpretes. Aleksandr Dugin também havia tido contato com seus seguidores atuais, incluindo aqueles da direita radical. Olavo, ao contrário, *vivia* a Tradição, nos modos e até na linha institucional de seus fundadores originais. Entre os três, a jornada de Olavo rumo ao poder e à influência parecia a mais inacreditável, especialmente quando se sabe como ela começou.

Olavo de Carvalho nasceu em Campinas (SP), em 1947, e, em seus anos de faculdade, foi comunista. Esse era o comportamento-padrão dos jovens rebeldes durante a vigência da ditadura brasileira, apoiada pelos EUA. Contudo, a inclinação de Olavo à dissidência não se limitava à política. Em meados da década de 1970, ele mergulhou na alquimia e na astrologia e pôs-se a frequentar círculos ocultistas em São Paulo. Logo começou a escrever para a revista ocultista francesa *Planète*.[4] Não praticava jornalismo, exatamente: entrevistava extraterrestres, pessoas mortas e assim por diante. Paralelamente, passou a lecionar, dando aulas de astrologia em livrarias e, mais tarde, ensinando astrologia na Pontifícia Universidade Católica de São Paulo. O esoterismo era sua grande paixão.

Era tudo muito divertido. Mas, em 1977, a namorada de Olavo trouxe para ele um livro que mudaria sua visão: *The sword of gnosis* [*A espada da gnose*], uma antologia de ensaios de escritores Tradicionalistas, entre os quais René Guénon. Tinha sido editado pelo americano Jacob Needleman – o mesmo Needleman que anos depois seria mentor de Steve Bannon. O texto inspirou Olavo a ler todos os livros de Guénon. Depois de ter dominado as fontes primárias do Tradicionalismo, concluiu que não precisava mais estudar. Desejava, agora, encontrar uma maneira de começar a praticar.

E foi assim que Olavo foi parar em uma cerimônia inusitada nos arredores de Bloomington, no estado americano de Indiana, em 1986, hipnotizado por um conjunto de vozes, corpos e tambores. Eu tinha ouvido falar desse lugar – qualquer um que tenha estudado a história do Tradicionalismo já ouviu falar dele. Com base em documentos *on-line* e, por fim, conversando com o próprio Olavo, pude imaginar quão bizarro era o ambiente. E pensar que alguém possa sair dali e ir parar nos altos escalões do poder brasileiro e americano...

~

A baqueta bate com toda força no couro esticado, fazendo reverberar o som do tambor pelo ar denso de Indiana. Cada erguida da baqueta é uma fuga; cada batida, um reencontro. Não há nenhum outro movimento senão este: indo e voltando ao núcleo – centrípeto e centrífugo. Nenhum movimento, exceto o dos dançarinos. As batidas do tambor fazem com que eles girem em círculo sem parar. Faixas brancas de tecido e borlas de contas vão deixando um rastro atrás de seus corpos conforme giram. Somente mulheres dançam no círculo externo, usando apenas esses adereços, expondo assim seus corpos e a força vital que carregam. Sua coreografia circular simboliza a extensão do universo, seus limites e sua corrente. Encontram-se em um estado de ser, não efêmero, permanente e eterno. E todos cercam a força criativa, o eixo alto e imóvel, cuja natureza não pode ser feminina – a árvore e o homem ao lado dela usando um adereço de cabeça com chifres.[5]

Olavo de Carvalho estava ali ao lado, observando a dança. Baixo e um pouco rechonchudo, cabelos escuros penteados para o lado e óculos grossos redondos, vestia uma camisa risca de giz abotoada. Sua aparência fazia com que parecesse normal, talvez até enfadonho – um contador ou vendedor, algo assim.

A comunidade, aninhada em uma floresta frondosa a cerca de 30 quilômetros ao norte de Bloomington, tinha cerca de cem membros permanentes, quase todos ocidentais brancos, e autodenominava-se *tariqa* – uma escola ou ordem do sufismo. Certamente não houvera muitos grupos como aquele na zona rural do Meio-Oeste americano. Os iniciados do sexo masculino tratavam uns aos outros com o respeitoso título *Sidi* (Senhor). A organização e suas ramificações haviam sido estruturadas seguindo as ordens sufistas de *muqaddam*, *shaykh* e *khalifa*. Os participantes – às vezes vindos secretamente do mundo exterior – consideravam-se muçulmanos. Tais práticas, contudo, eram relíquias de alguns anos atrás, quando a comunidade seguia as leis islâmicas com mais rigor. Desde que a *tariqa* chegara a Bloomington, em 1980, seus rituais vinham gradualmente se afastando de suas raízes – incorporando outras religiões Tradicionais além do sufismo, embora nunca se misturando com elas oficialmente. Olavo estava pensando em abrir uma filial em seu país. Para isso, precisaria da aprovação do líder daquela *tariqa*, o *shaykh*, em cujos livros ele havia mergulhado no Brasil; era o homem com chifres no centro do círculo de dançarinos, naquela reunião no meio da floresta.

Frithjof Schuon não se parecia com ninguém. Seu longo nariz aquilino aparentava puxar todo o rosto para baixo, forçando uma distância entre a boca e os olhos fundos. A barba deixava o rosto ainda mais comprido. Estendia-se por centímetros abaixo de sua mandíbula e era quadrada nas bordas. Um halo de cabelo rebelde brotava de trás de sua cabeça, e ele vestia-se de modo excêntrico.

Naquele dia, ele estava no centro do círculo ao lado da árvore, com o ciclone de corpos girando ao seu redor. Usava um manto esvoaçante de couro de animal, um adereço peitoral decorado com contas brancas e vermelhas e uma espécie de cocar com chifres de búfalo nas têmporas e penas que iam do alto da cabeça até os ombros e, nas costas, até o chão. Sua vestimenta cerimonial não era a de um sufi, mas de um indígena da tribo Oglala Sioux, que, na década de 1960, adotara-o e dera-lhe o nome de Wicaphi Wiyakpa (Estrela Brilhante) para acompanhar seu nome sufista, *shaykh* Isa Nur al-Din. A dança era baseada na Dança do Sol dos Sioux,[6] apesar de também se parecer com as danças circulares embaladas pelo *dhikr* sufista[7] e com as do *bhakti* do vaishnavismo hindu. A vestimenta Sioux prestava homenagem ao caminho Tradicional da tribo, embora ele não cultivasse nenhuma especial lealdade a ela, nem ao traje de inspiração islâmica com que era visto com mais frequência. Como as crenças que representavam, as vestimentas eram apenas invólucros, coberturas diferentes para um mesmo núcleo manifestado e expresso não por meio de roupas, mas do corpo nu do próprio Schuon.

Os pais costumavam alertar os filhos sobre o tipo de lugar onde Olavo de Carvalho se encontrava. Os cultos religiosos como o realizado ali haviam começado a assombrar os Estados Unidos nos anos 1960, graças a uma série de acontecimentos sensacionalistas: Jim Jones, David Koresh, Bhagwan Rajneesh. Nenhuma religião detinha o monopólio nesses casos. O ponto comum era a presença de líderes carismáticos que afirmavam ser os únicos canais de comunicação com a divindade, tornando-se indispensáveis para as necessidades espirituais e sociais de seus discípulos. O bom senso ensinava que o envolvimento em seitas religiosas separatistas como aquelas levava a lavagem cerebral, extorsão e abuso.[8] Bom senso, porém, era a última coisa na qual Olavo estava interessado.

Frithjof Schuon acenava, empunhando um cetro de penas na mão direita; a dança prosseguia. Embora mantivessem os olhos voltados para ele, como era esperado que fizessem, seus seguidores também se controlavam mutuamente. A concorrência interna naquele lugar era inacreditável. A *tariqa* adotava vários níveis de iniciação, acarretando diferentes graus de acesso ao próprio Schuon, e todos pareciam fazer o possível para galgar mais um degrau.

Muita coisa estava em jogo naquela hierarquia. Muitos dos homens iniciados podiam falar diretamente com o *shaykh* e ver as pinturas mais sagradas e reveladoras que ele fazia de si mesmo; talvez um deles pudesse ser nomeado seu sucessor quando chegasse a hora. Às mulheres em posições mais altas na hierarquia da *tariqa* era permitido liderar danças, cantar durante as cerimônias, facilitar a comunicação para os outros e, talvez, entrar em contato com o núcleo de uma forma inacessível aos homens.

Nascido na Suíça, filho de pai alemão e mãe alsaciana, Schuon passou a se ver como herdeiro aparente de René Guénon. Ele se tornara um seguidor um tanto incontrolável do patriarca do Tradicionalismo no início dos anos 1930, atendendo relutantemente ao conselho direto de Guénon para que se convertesse ao islamismo e trilhasse o caminho do sufismo, apesar de seu interesse original pelo hinduísmo. O sufismo, porém, provou ser uma boa opção para Schuon. Depois de ter sido iniciado em uma ordem na Argélia e de se declarar um líder – *shaykh* – com base em uma visão, não na escolha de um ancião, ele fundou uma *tariqa* em Basel e passou a iniciar outras pessoas. Quando Schuon e sua primeira esposa transferiram sua *tariqa* para Indiana, em 1980, eles já tinham seguidores[9] em todas as Américas e na Europa, e até mesmo alguns muçulmanos de nascimento no Oriente Médio.

Àquela altura, Schuon também representava um líder não oficial de indivíduos em todo o mundo que quisessem aprofundar sua compreensão do Tradicionalismo. René Guénon morrera paranoico e envolvido em conflitos com ex-seguidores em 1951, enquanto Julius Evola passara seus últimos anos enfurnado em seu apartamento em Roma com um pequeno grupo de radicais e desdenhado por muitos Tradicionalistas. Schuon conduziria a empreitada espiritual dali por diante, mas não sem promover, por conta própria, grandes modificações.

Essas alterações não foram feitas no sentido da moderação: ele celebrava a hierarquia de castas indo-europeias (acreditando que estas deveriam ser baseadas em qualidades "naturais", não "institucionais",[10] nem baseadas em relações). E, como Julius Evola, ele também tinha uma teoria racial aliada ao seu Tradicionalismo, que via a extensa mistura das raças "branca", "negra" e "amarela"[11] como um produto da falta de contornos e do caos da modernidade. "Branco" era uma raça, em sua visão, proveniente do mundo indo-europeu mais amplo (abrangendo a Índia e o Oriente Médio, bem como a Europa).

Mas ele também era mais aberto ao chamado universalismo do que os Tradicionalistas do passado. De acordo com Guénon, já que a antiga religião original estava perdida, quem buscasse a espiritualidade teria de se contentar com uma única forma religiosa exotérica, na esperança de descobrir vestígios do que um dia existira. Escolher esse caminho era admitir uma derrota: o que, no passado, havia sido um todo unificado, ao longo do tempo, fora sendo dividido entre várias crenças e, para obter sua modesta parcela de religião original, seria preciso ser totalmente devotado a somente uma. Schuon, entretanto, não faria tal concessão. Ainda que tivesse aderido ao sufismo, ele foi gradualmente se interessando por outras religiões – entre as quais, a espiritualidade nativo-americana e o cristianismo ortodoxo –, sugerindo que estava acima da necessidade de se limitar a um só caminho, podendo abraçar todos de uma vez. A lógica implícita nessa sua atitude indicava uma rejeição ao ciclo de tempo do Tradicionalismo e ao seu fatalismo: Schuon poderia reconstruir a religião original no aqui e agora.

∽

Acabou a dança. As pessoas dispersaram-se – algumas foram para casa, outras trataram de trocar de roupa para o evento seguinte. Olavo tentou aproximar-se de Schuon. Desde sua chegada a Bloomington, não havia conseguido falar diretamente com o *shaykh*. Frithjof estava rodeado por seu círculo interno, que o acompanhava aonde quer que fosse e controlava quem podia se aproximar dele. Olavo ainda não tinha escalado a hierarquia a ponto de obter acesso a Schuon, ou ao menos era essa a explicação oficial.

Guerra pela eternidade | 125

Mas, para ele, não passava de burocracia. E era frustrante. Será que o *shaykh* não sabia de quão longe ele viera, nem que trazia consigo uma rara recomendação?

O caminho de Olavo para Bloomington começara com uma desilusão. Em São Paulo, em 1982, descobrira uma *tariqa* local, graças à sugestão de um de seus alunos. Fazia parte de uma ordem sufista internacional chefiada por Omar Ali-Shah e seu irmão Idries – ambos muçulmanos britânicos de origem indiana, escocesa e afegã. Ao chegar à sua primeira sessão de oração, Olavo ficara surpreso ao encontrar, basicamente, todos os seus alunos. Eles haviam sido recrutados sem seu conhecimento, graças à ligação com ele. Mas Olavo de Carvalho foi encorajado a ficar, e ficou. Com o tempo, até levou outros alunos: em 1983, uma jovem – Roxane, uma ex-comunista católica de cabelos ruivos, que frequentava suas aulas – foi à *tariqa* especificamente para passar mais tempo com ele.

Ainda assim, Olavo participava dos encontros e rituais com certa hesitação. Quanto mais se aprofundava na comunidade, mais passava a ver seu líder, Omar Ali-Shah, como um vigarista que usava a *tariqa* para enriquecer e adquirir influência. Seu irmão Idries chegara a afirmar ser herdeiro do projeto espiritual de George Gurdjieff, e Olavo via isso, sobretudo, como um estratagema para ganhar dinheiro. Não era essa a experiência de transcendência que imaginara. E poderia ter saído completamente de cena, não fosse a dica de um amigo[12] para que escrevesse diretamente a um proeminente Tradicionalista sufi a fim de pedir conselhos.

O nome do sufi era Martin Lings. Ele liderava uma *tariqa* nas proximidades de Londres enquanto trabalhava como pesquisador do islamismo para o Museu Britânico. Lings não só era conhecido por sua escrita e sua cordialidade, como seu círculo de contatos incluía pessoas como o compositor John Tavener, que escrevera peças dedicadas a Schuon e Guénon, e Charles, príncipe de Gales – futuro rei da Grã-Bretanha. Além disso, ele tinha viagem marcada para um local "perto" de Olavo – quem sabe os dois pudessem se encontrar? "Prezado Senhor Olavo", escreveu Lings em 2 de junho de 1985, "recebi sua carta e espero que possa vir a Lima".

Em uma manhã fria de agosto daquele mesmo ano, os dois de fato se encontraram pessoalmente em Lima, no Peru.[13] *Um cara gentil, doce e honesto*, Olavo pensou, sentindo-se imediatamente à vontade na presença de Lings. Eles falaram sobre os irmãos Ali-Shah. Lings sabia tudo sobre eles. E tinha uma solução. "Você tem uma experiência com falsos sufis", disse ele a Olavo. "Para restaurar a sua espiritualidade, precisa ver verdadeiros sufis."

Olavo precisava encontrar uma nova *tariqa* para se filiar, uma que estivesse ligada à linhagem Tradicionalista de René Guénon, com um mestre espiritual autêntico em sua liderança – bastava de vigaristas. Lings não estava se autopromovendo; ele se referia a uma *tariqa* nos Estados Unidos. Seu *shaykh* era também o *shaykh* de Lings, e ele lhe disse:

> Em sua presença, sei que estou na presença de um verdadeiro santo e do mestre espiritual que eu procurava. E quando digo verdadeiro santo, não me refiro apenas a um homem santo. Quero dizer um santo de primeira grandeza,[14] alguém que eu não poderia esperar encontrar no século XX.

Lings sugeriu que Olavo concluísse o processo de conversão ao islamismo antes de ir ao encontro do grande *shaykh* Isa Nur al-Din. Algo aconteceu depois, porque, quando Lings escreveu novamente, em 8 de setembro daquele ano, com instruções adicionais a Olavo sobre como marcar uma visita a Bloomington, ele iniciou a carta: "Caro Sidi Muhammad...".

~

Agora, em Bloomington, Olavo sentia-se novamente enganado. O jogo de políticas pessoais mesquinhas, que ele já conhecia, parecia reinar naquela ordem também. Talvez devesse ir embora mais cedo.

Então, uma surpresa. Uma comunicação do *shaykh*: ele, Olavo, seria nomeado *muqaddam*. Já. Logo depois de chegar. Isso significava que teria permissão para operar sua própria *tariqa*. Olavo de Carvalho: Sidi Muhammad, *muqaddam* da *tariqa* Maryamiyya do Brasil.

Ele ficou animado, claro, embora tivesse que admitir que tudo era um pouco estranho. O lugar, as regras, os métodos e o próprio *shaykh*. Mais uma vez, ele havia aprendido a não questionar muito e, em vez disso, ser paciente, sabendo que as verdades mais importantes – verdades ocultas – requerem tempo e devoção para se revelarem. Esse é o caminho do esoterismo.

Esotérico. Em sua definição mais limitada, o termo descreve um conhecimento rejeitado,[15] na maioria das vezes, *em favor* da razão e da ciência, e que, portanto, não é aparente para a maioria das pessoas na sociedade moderna ocidentalizada. Em contextos religiosos, também pode descrever uma inefável sensação pessoal de espiritualidade, em contraste com as armadilhas "*exot*éricas" externas que podem acompanhá-la – os rituais, os nomes, os lugares e as histórias que cercam a experiência interior. Para quem busca discernimento esotérico ou espiritualidade, as fontes tendem a ser marginalizadas ou ocultas. O conhecimento rejeitado pode ser acessado por meio de uma Igreja ou de livros em uma biblioteca pública. Mas também pode estar escondido nos códigos e rituais de uma organização clandestina. Em alguns casos, a fonte do esotérico é uma única pessoa que o compartilha da maneira e sob as condições que bem entender.

O Tradicionalismo é um dos exemplos mais claros de esoterismo religioso. Opõe-se à modernidade e à ciência do Ocidente. Em sua forma doutrinária, repudia a esperança de integrar a corrente dominante e mudar o conjunto da sociedade, movendo-se em direção a um corpo de conhecimento indefinido e inexplicável (a religião nuclear, seja ela qual for). Além disso, embora Tradicionalistas escrevam, eles incentivam seus seguidores a se dedicarem a uma prática relevante, enviando-os para o mundo alternativo dos círculos espirituais iniciáticos, nos quais o inarticulado e o não especificado seriam esclarecidos para alguns escolhidos. Era uma questão de tempo até que o Tradicionalismo se manifestasse como se manifestou em Indiana.

~

Olavo tinha sido nomeado *muqaddam*. Qual fora o processo para isso? Nem pergunte – eles não contariam a ninguém. Mas, imediatamente após sua iniciação – depois de entrar em um círculo –, ele testemunhou outro grupo se formando, do qual estava excluído.

Um seleto número de membros reuniu-se em outra parte do complexo para participar de uma chamada "Reunião Primordial".[16] Esse círculo era formado, principalmente, por mulheres. Ninguém que tenha lido Schuon a fundo ficaria surpreso ao saber que tantos de seus rituais tratavam homens e mulheres de forma diferente. Os sexos eram, para ele, manifestações de diferentes forças cósmicas que haviam moldado o cosmos. Ele via o feminismo modernista como uma tentativa de despojar as mulheres dessa força e de suas características: beleza, passividade, pureza, bondade, amor e lógica. Como escreveu: "O feminismo, longe de ser capaz de conferir à mulher 'direitos', que são inexistentes porque se opõem à natureza das coisas, só pode remover dela sua dignidade específica; é a abolição do eterno feminino, da glória que a mulher obtém de seu protótipo celestial".[17]

O fato de ele ter passado muito mais tempo escrevendo sobre mulheres do que sobre homens pode estar relacionado a uma série de visões que teve ao longo de sua vida, as mais notáveis envolvendo encontros semissexuais com divindades femininas: a Virgem Maria, em um caso, e a mitológica Pte-San-Win, dos Sioux, em outro. Um resultado dessas visões foi a insistência de Schuon em incluir a oração a Maria em sua rotina de práticas sufistas e de acabar chamando sua ordem *tariqa* de Maryamiyya – uma forma árabe adjetivada do nome dela. Mas, antes da escolha do nome, os encontros haviam dado a Schuon, em suas palavras, uma "necessidade de estar nu como seu bebê".[18] A nudez tornou-se uma expressão da divindade para ele, "um retorno à essência, à origem, ao arquétipo, portanto, ao estado celestial".[19] Sua própria nudez, além disso, também podia pretender traçar uma associação entre ele e Jesus, assim como sua posição no centro do círculo, girando ao embalo dos tambores, ligava-o ao Sol, a Krishna, a Deus e à eternidade.

Algumas coisas preocupantes estavam acontecendo em Bloomington. Pelo menos um membro da comunidade denunciaria os rituais praticados pelo círculo interno de iniciados, que pareciam ter um intuito exotérico, mas, na verdade, concentravam-se em colocar participantes em contato com a verdade esotérica, ou seja, promoviam rituais que posicionavam mulheres iniciadas em contato com o corpo nu de Schuon. Ele tinha 79 anos à época, e rumores espalhavam-se sobre a idade dos outros participantes envolvidos.[20]

~

Olavo voltou ao Brasil e começou a organizar sua *tariqa* – ou de Schuon. Com certeza seria um sucesso; seus alunos o seguiriam, ele sabia. Roxane, a ex-estudante comunista, era uma aposta certa.

Havia muitos detalhes técnicos para resolver; por mais disciplinado e estudioso que fosse, ele ainda não sabia muito sobre o sufismo e o funcionamento de uma *tariqa*. Pior ainda, não havia manual escrito descrevendo o funcionamento de uma *tariqa*, pois isso era determinado pelo *shaykh*, e Schuon nem sempre respondia. Felizmente, Martin Lings, de Londres, gostava de se corresponder com Olavo sobre esses assuntos, no papel de uma autoridade aprovada segundo as regras do *shaykh*.

Encontrei a cópia de uma carta que Martin Lings enviou a Olavo. Não tinha data escrita pelo remetente, mas deve ter sido enviada logo após o retorno de Olavo de Indiana. A única data no papel era de muitos anos depois – no carimbo do Tribunal de Justiça de São Paulo, de 27 de janeiro de 2014.

"Caro Sidi Muhammad", escreveu Lings. "Obrigado por sua última carta. Aqui estão as respostas às suas perguntas." Lings então respondeu às perguntas de Olavo com eficiência profissional.

Olavo havia perguntado com que valor os membros da *tariqa* precisariam contribuir financeiramente (*zakat*) para ficar em dia com suas obrigações. Cada um deveria contribuir com 2,5% de sua renda anual, Lings respondeu, embora houvesse muitas exceções. Olavo perguntara sobre o canto da *shahada*, o testemunho de fé muçulmano – quem deveria liderá-lo, quantas vezes precisaria ser repetido e como os membros da *tariqa* teriam de se organizar durante o processo. Você os lidera, respondeu Lings, e pode entoá-lo até mil vezes. Os sexos deveriam ser segregados, com as mulheres atrás dos homens, como era feito em Bloomington. Ah, e sobre elas – as mulheres –, uma questão final: Olavo havia perguntado sobre como elas seriam iniciadas na *tariqa*. A resposta de Lings a essa pergunta final foi curta e direta: "A mulher é iniciada pelo homem durante o ato sexual – sem interferência de dispositivos contraceptivos. Não há outra forma de iniciação, exceto por esse contato".

Contribuições financeiras, o canto da *shahada* – essas eram práticas sufistas bastante comuns. Mas aquela última parte? Isso era coisa de Frithjof Schuon, da ordem Maryamiyya, com todas as suas intrigas sectárias. E ela estava se espalhando para os trópicos por meio de Olavo de Carvalho, que mais tarde se tornaria conselheiro do presidente do Brasil, colaborando com poderosos Tradicionalistas ao redor do globo.

11
Vamos transcender a modernidade

Durante nossas entrevistas no inverno de 2018, fiquei surpreso com a abertura de Steve Bannon ao falar comigo sobre suas incendiárias influências intelectuais. Mas fiquei de fato pasmado quando ele casualmente me disse que tinha se encontrado com Aleksandr Dugin. Afinal, estávamos em um período de intensa investigação sobre a influência russa na campanha de Trump e nas eleições de 2016. O que não mencionei a Steve foi que, anos antes, eu também conhecera Dugin. Ele e eu havíamos nos cruzado em um ambiente em que o Tradicionalismo e a política nacionalista de extrema direita estavam começando a se encontrar e a se misturar.

Lembro-me vividamente da ocasião. Daniel Friberg, o *CEO* da Arktos, apresentou-nos no saguão de uma sala de conferências em Estocolmo, em 28 de julho de 2012. Alto e de cavanhaque, Daniel fez as honras com sua voz excepcionalmente profunda: "Professor Dugin, Ben é um doutorando da Universidade Brown, certo? Ele está escrevendo uma tese sobre nosso movimento aqui na Suécia. Ele fala sueco muito bem".

Palavras surpreendentes, pensei. Aquele também tinha sido meu primeiro encontro com Daniel. À época, ele estava refletindo sobre a transferência da Arktos da Índia para a Hungria, mas, naquela ocasião, estava apenas de visita à sua Suécia natal. O professor, por outro lado, era um mistério para mim. Eu sabia que ele tinha visitado John Morgan na Índia no início daquele ano. Por um segundo, pensei em experimentar meu russo medíocre com ele, mas, após nosso breve cumprimento, Dugin voltou-se imediatamente para Daniel – ele não estava interessado em mim: "Tenho alguns futuros livros sobre os quais gostaria de falar com você. Talvez vocês queiram continuar publicando...".

Voltei a me misturar à multidão que entrava pelo corredor do Museu do Exército em Estocolmo. Havia cerca de 90 pessoas reunidas para ouvir os discursos de abertura de uma conferência chamada Ideias Identitárias, sendo "identitarismo" o apelido de uma facção ainda pequena, mas inovadora e robusta, de nacionalistas europeus anti-imigração, mais propensos a conhecer o Tradicionalismo do que outros grupos. Na verdade, minha pesquisa de doutorado era na área de etnomusicologia – o estudo da música e da cultura; por mais de um ano, eu havia acompanhado e entrevistado ativistas nacionalistas da Escandinávia, e até mesmo vivido entre eles, todos democratas suecos da extrema direita populista, membros do Movimento Nacional de Resistência Nórdica Socialista. Esses grupos costumavam ser tão envolvidos com música quanto com política, e foi isso que me atraíra como etnomusicólogo. Desde os anos 1980, a música *skinhead white power* havia sido a principal manifestação contra a imigração, o multiculturalismo e os grupos minoritários não brancos em toda a Europa. Isso era especialmente verdadeiro no caso da Suécia progressista, um país que mantivera o nacionalismo e o sentimento anti-imigração fora de seu governo até recentemente e que confinava, portanto, esses sentimentos no *underground*, onde a música de protesto juvenil prospera. Também ajudava o fato de que as pessoas daquele mundo pareciam muito mais dispostas a falar comigo, um estudioso de música, do que com outros pesquisadores ou jornalistas. Afinal, eu não estava interessado em nada "sério".

Não haveria música naquele dia, porém. Eu vinha acompanhando o nacionalismo escandinavo no exato momento em que ele parecia ganhar terreno na corrente de pensamento dominante, graças ao sucesso eleitoral dos partidos políticos anti-imigração e ao crescente alcance da mídia de extrema direita. A música nacionalista, teorizei, estava desaparecendo ao longo daquele processo. Aquelas pessoas estavam à beira de trocar o poder simbólico por um poder real, e isso mudava sua forma de se apresentar, organizar e socializar.

O objetivo do movimento identitário na Suécia era estimular um novo intelectualismo na extrema direita. O público naquele dia estava longe de ser composto por convertidos. Olhei ao redor, na sala, enquanto as pessoas encontravam seus assentos, e reconheci quase todas as principais figuras locais do nacionalismo branco e do nacional-socialismo. É verdade que aqueles homens – havia apenas meia dúzia de mulheres – estavam vestidos de acordo com a ocasião. Muitos tinham os cabelos cortados bem curtos, prova de seus antigos gostos pela moda *skinhead*, mas ali estavam eles, de terno e gravata.

Trajes explicitamente inspirados em nazistas ou *hooligans* ficariam fora de contexto. A manchete anunciando o evento na mídia simpatizante da extrema direita local dizia: "Pensadores nada modernos[1] se reunindo em Estocolmo", e essa linguagem refletia os desejos dos organizadores. A editora Arktos e Daniel Friberg eram os principais patrocinadores do evento. Desde sua fundação em 2009, a Arktos havia aumentado sua produção em mais de dez vezes. Eles continuavam a vender parafernália: adesivos feitos para ativistas de rua, roupas e itens diversos, como a insígnia neonazista *Blood-Soil-Faith* [Sangue-Solo-Fé] e uma boa variedade de CDs de *neo-folk*. Seu catálogo de livros crescera significativamente, sobretudo de obras de Tradicionalistas e de seus fãs contemporâneos. E eles estavam se aventurando em um novo território com seu último lançamento, *A quarta teoria política* – a primeira tradução para o inglês de um livro de Aleksandr Dugin, que também seria o palestrante principal naquela noite.

A rede política e de comunicação com o poder de Dugin vinha mudando nos últimos anos, mas também parecia estar crescendo. Em meio à turbulência violenta durante a guerra no Cáucaso em 2008, ele ganhara o cargo de professor de relações internacionais na Faculdade de Sociologia da Universidade Estatal de Moscou. Uma vez lá, imediatamente fundara o Centro de Estudos Conservadores,[2] inaugurando-o com uma conferência da qual participara o francês Alain de Benoist, ícone da Nova Direita. No currículo do Centro, Dugin incluíra tópicos como etnossociologia, processos geopolíticos e estudos religiosos – todos ministrados com uma boa dose de Guénon. Essa era a sua marca de metapolítica.

Embora tudo isso pudesse ser produto da intervenção do Kremlin em favor de Dugin, foi só em 2012 que o governo explicitou seu apoio a ele, o que alavancou sua exposição na mídia estatal. Naquele momento, Putin buscava criar para si uma marca ideológica definitiva como conservador antiocidental e antiliberal, após ter demonstrado tendências opostas no início de seu governo. Inserir Dugin no debate público, de maneira a despertar simpatia e atacar opositores, parecia ser parte desse esforço de reformulação de sua marca. (Como Charles Clover notaria, a visibilidade de Dugin na Rússia sempre parecia aumentar quando as relações do Kremlin com o Ocidente pioravam, e vice-versa.) Dugin e Putin não tinham um relacionamento oficial, apesar das afirmações exageradas dos comentaristas ocidentais. Ainda assim, as reuniões de Dugin com funcionários do alto escalão turco continuavam acontecendo, e ele estava se tornando um dos convidados preferidos da mídia iraniana,[3] propondo parceria com a Rússia e rejeição aos Estados Unidos. Em março de 2012, ele começara a atuar como consultor de Sergey Naryshkin,[4] à época porta-voz da Duma e futuro chefe do Serviço de Inteligência Estrangeiro.

Ter acesso a líderes políticos em qualquer função separava Dugin não apenas dos outros autores contemporâneos publicados pela Arktos, como também de todos os demais presentes naquela sala em Estocolmo. Fazer parte da direita radical na Europa Ocidental era sinônimo de impotência política e irrelevância. Mas a influência de Dugin crescera, em parte, graças à sua capacidade de acobertar seu ocultismo, seu misticismo e seu Tradicionalismo. Os textos que ele injetara no sistema educacional russo e a maioria de seus encontros com legisladores tinham como foco a geopolítica – uma geopolítica fanática pela reformulação da ordem global, mas apresentada em termos totalmente pragmáticos. No entanto, o livro que ele acabara de publicar pela Arktos e o discurso que faria em Estocolmo colocaram o misticismo de volta em sua agenda. Sua mensagem às pessoas reunidas na conferência Ideias Identitárias seria um amálgama de conhecidos gritos de guerra e provocações desconfortáveis. Mais do que abraçar o que corretamente identificara como uma força política em ascensão no Ocidente, ele estava tentando influenciá-la. Eu nunca tinha ouvido nada parecido: seu estilo contrastava com o dos militantes neonazistas presentes; naquele contexto, ele é quem se destacava como o mais radical.

~

"Tudo que é antiliberal é bom."[5]

Foi uma das declarações mais contundentes de seu discurso. Graças a Deus por ela. O vocabulário em inglês de Aleksandr Dugin era impressionante, mas seu sotaque pesado e sua pronúncia afetada faziam com que seu discurso de uma hora soasse como um balbucio sinuoso e bêbado. Não ajudou, certamente, o fato de uma porção considerável do público diante dele estar, de fato, embriagada. A bebida vinha do bar instalado na conferência Ideias Identitárias. Ela fora concebida como um evento acadêmico, mas é difícil livrar-se de velhos hábitos, e, quando Dugin subiu ao palco, às 20 horas, muitas pessoas da plateia já haviam passado horas bebendo vinho e cerveja. Isso não teria sido um problema caso o plano fosse pular ao som de música *white power*, mas, para uma palestra acadêmica, e para aquela em particular, seria exigido um esforço maior de concentração.

As referências frequentes de Dugin ao liberalismo podiam ser confusas. Americanos como eu costumam pensar no liberalismo como um lado de nosso espectro político, como sinônimo de esquerdismo e do Partido Democrata. Os europeus usam o mesmo termo para descrever o oposto – uma política de direita de livre mercado e governo reduzido. Mas, para Dugin, como para a maioria dos historiadores profissionais e cientistas políticos, o liberalismo era algo mais: o terreno comum entre a esquerda e a direita em todo o Ocidente – os valores compartilhados por um sobrevivencialista* cuidando de sua propriedade em Montana, um manifestante dos direitos dos imigrantes em Paris, um banqueiro de investimentos em Frankfurt e uma ativista feminista no Brooklyn. Trata-se do conceito central de liberdade, da necessidade urgente de ser libertado de algo. Libertado do governo. Libertado de sua classe. Libertado das circunstâncias de seu nascimento, sejam elas econômicas, políticas ou sociais. O destino desse exercício é o individualismo, na medida em que reivindica o *status* e os produtos resultantes da essência e dos esforços particulares de um indivíduo.

O individualismo é a chave da forma liberal de governo conhecida como democracia, cuja validade repousa na noção de que eleições representam a liberdade de pensamento e a ação de cada cidadão. O que Dugin desprezava, no entanto, era a forma como o individualismo definia os seres humanos. Ele explicou que, nas sociedades liberais,

---

* Entende-se por sobrevivencialista (*survivalist*, em inglês) a pessoa que se prepara para possíveis emergências e catástrofes futuras, seja armazenando comida e outros itens de primeira necessidade, seja fazendo treinamentos para a vida ao ar livre. Nos Estados Unidos, sobrevivencialistas também são conhecidos como *preppers* e podem organizar-se em grupos. (N. da T.)

não há nada acima do indivíduo. O indivíduo é o eixo. Nenhuma identidade coletiva pode ser reconhecida no liberalismo. Pedro é Pedro, nada mais. Ele não é cristão, nem muçulmano, nem europeu, nem negro, nem branco. E isto é importante: o liberalismo levado ao extremo de sua lógica não pode reconhecer nem gênero. Porque sermos mulher ou homem significa que temos uma identidade coletiva.

Essa forma de pensar sobre as pessoas, definindo-as como idealmente desconectadas (libertadas) da religião, da família, da nação e até de seus próprios corpos, é historicamente exótica e insidiosa, ele afirmou. E, como até mesmo um defensor do liberalismo como Francis Fukuyama[6] entendeu, ela nos deixaria ansiosos por comunhão.

Esse problema, argumentou Dugin, deu origem aos dois principais desafios ao liberalismo do século XX: o comunismo e o fascismo. Ambas as ideologias aspiravam a promover uma entidade alternativa – não o indivíduo, mas duas coletividades, classe e raça, respectivamente. E cada qual reivindicou a universalidade de sua visão para toda a humanidade, o que significa que as duas nunca poderiam coexistir.

Tendo descrito as diferenças entre essas três ideologias, Dugin afirmou que elas tinham um ponto comum. No século XX, todas haviam tentado mobilizar massas de pessoas em torno de uma narrativa de progresso. As três concordavam que o passado era algo a ser superado e que, com a ajuda de suas reformas, um futuro melhor poderia surgir – não apenas nos confins de uma vila ou de sua casa, mas em escala global. Ele poderia ter incrementado esse argumento, pois, em seus escritos, descrevera também as três como materialistas – o liberalismo (capitalismo) e o comunismo obcecados por dinheiro, e o fascismo, por corpos. Em outras palavras, as três ideologias eram modernistas,[7] competindo pela chance de modernizar o mundo.

O liberalismo venceu, é claro. Associou-se ao comunismo para derrotar o fascismo em 1945 e, em seguida, deixou o comunismo morrer de velhice em 1991.

O ar da sala ficou pesado quando ele se dirigiu àqueles que achavam que compreendiam – aqueles que sabiam quem eram os inimigos históricos do liberalismo e que se haviam unido em apoio a esses inimigos. Identificar--se com o comunismo ou com o fascismo, afirmou Dugin, é identificar-se não apenas com os perdedores da história, mas também com os perdedores *modernistas* da história. Aquele não era o mesmo Dugin que, na década de 1990, combinara as flâmulas nazista e soviética para compor a bandeira do Partido Nacional-Bolchevique. Não que ele fosse desdenhar daqueles que estavam sentados diante dele, cujas camisas escondiam tatuagens de suásticas e águias imperiais alemãs. Qualquer oponente ao liberalismo era seu amigo, e ele ficaria mais do que feliz em ver qualquer avanço do comunismo ou do nacionalismo radical em todo o mundo. Mas pertencer à vanguarda de uma causa antiliberal e antimoderna e ser parte não apenas da destruição, mas também da criação do mundo pós-liberal exigiria mais que isso.

~

O discurso de Dugin, embora amplo e às vezes difícil de compreender, indicava determinada direção. Ele pegou os dois extremos do espectro político – comunismo e fascismo, da maneira como são entendidos pela maioria dos ocidentais –, juntou tudo em um bolo só e atirou longe... Como assim?

Lembro-me tão claramente: conforme Dugin fazia a transição da crítica para o delineamento de sua visão de futuro, sua linguagem foi se tornando cada vez mais vaga, mas ao mesmo tempo ele subiu o tom:

> A modernidade está nas mãos dos liberais – que esteja nessas mãos. Vamos transcender a modernidade. Vamos além, rejeitemos não apenas seus resultados, mas também as fontes e as raízes de sua base, a base intelectual e pragmática da modernidade... Não devemos lutar pelos valores do passado moderno, devemos lutar pelos valores do passado pré-moderno, que podem e devem ser tomados como valores futuros... Não devemos lutar pelo passado que passou, mas pela eternidade que era refletida na sociedade Tradicional!

Por um momento, quase pareceu um comício político. Pensei ter ouvido uma nota de irritação em sua voz, um eco do manifestante que um dia gritara "Tanques para Tbilisi!" nas ruas de Moscou. Mas Dugin ainda teria de fazer um trabalho intelectual maior.

Se o liberalismo promovia e protegia o indivíduo, o comunismo concentrava suas energias na classe trabalhadora e o fascismo priorizava raça e Estado, Dugin queria que a política se voltasse para outra coisa, para algo mais difícil de compreender: a comunidade espiritual e cultural. Ele imaginava uma política que honrasse e preservasse os valores que distinguem uma sociedade ou tribo de outra, permitindo que elas deem sentido ao mundo à sua maneira e deem significados próprios e um modo particular de ser. Para tanto, Dugin emprestou, do filósofo alemão Martin Heidegger, o conceito *Dasein*.

Contra sua visão de mundo, não havia apenas o individualismo – pois indivíduos isolados não conseguiriam criar e manter valores de forma divorciada da comunidade e da história –, mas também a imposição dos significados de uma sociedade a outra por meio do imperialismo e da globalização. *Dasein* só existe no plural: não pode haver um único *Dasein* para todo mundo, nem um padrão universal para julgar diferentes modos de ser, porque os humanos, em sua totalidade, não compartilham a história em nenhum sentido significativo. Na verdade, em alguns aspectos, o que ele estava dizendo soava muito como uma espécie de relativismo cultural, para usar a terminologia dos antropólogos culturais.

Planeje um sistema político cujo objetivo principal não seja a criação de riqueza, o avanço tecnológico ou a conquista militar, mas sim a independência e a liberdade de cada cultura espiritual, e você verá um mapa político muito diferente. Dugin explicou:

> Chegaremos a um ponto em que não haverá mais Estados-nação, [...] mas civilizações. Civilizações como fronteiras de um tipo particular de *Dasein*. [...] Cada *Dasein* é particular, é desigual, diferente dos outros. E não existe uma escala comum, com base na qual poderíamos simplesmente dizer que este é melhor do que aquele. Assim alcançamos o conceito de multipolaridade, o mundo organizado em civilizações.

Para que houvesse variação cultural e espiritual no mundo, o poder também precisaria ser dispersado. Essa seria uma das razões pelas quais a pressão por uma ordem mundial protegendo o *Dasein* – a pressão por um mundo multipolar no qual a diferença, não a homogeneidade, prosperasse – representaria um desafio para os Estados Unidos. Como nação de imigrantes que abrem mão da fidelidade às suas comunidades históricas para abraçar valores supostamente universais, como democracia e igualdade, os Estados Unidos poderiam produzir apenas um *Dasein* distorcido e altamente volátil, sem raízes históricas reais. Apenas uma grande força impediria o país de tentar transbordar, de tentar cobrir o mundo com seu senso de existência. Uma Rússia forte poderia amortecer a expansão americana sem se impor às culturas e às espiritualidades locais que tocasse.

À época, pensei que o que ele tinha dito era inesperado, peculiar e provocador. Mas haveria alguém ouvindo naquela sala? Alguém de fora da Rússia leria seu livro?

~

Seis anos depois, eu voltaria a falar com Dugin. Eram 3h50 da manhã de 27 de dezembro de 2018 quando meu despertador soou. Apressei-me a desligá-lo e levantei-me lentamente, olhei pela janela e observei as árvores lá fora. A neve estava caindo, certamente aumentado ainda mais os já enormes montes de gelo formados ao redor da casa.

Eu precisaria me agasalhar bem: roupa de baixo quente, calça térmica, um suéter grosso, uma jaqueta, botas, luvas e um gorro de pele. Desci as escadas na ponta dos pés e atravessei o corredor, tentando não acordar minhas filhas nem minha sogra, que estava dormindo no sofá da nossa sala. Depois de pegar meu *laptop*, saí de casa, abrindo caminho na neve para chegar até meu carro a cerca de 30 passos de distância. Parecia um iglu por dentro, protegido do vento, mas minha respiração ainda congelava no ar.

Abri meu *laptop* e liguei o vídeo. Eu me vi na tela. Com todas as minhas camadas de roupas, eu é que parecia ser o russo. Mas, pelo menos, ali eu poderia falar sem acordar ninguém.

Meu contato com Steve Bannon dera-se, principalmente, graças à sorte e à persistência. Eu havia obtido alguns endereços de *e-mail* e números de telefone e trabalhei com eles obsessivamente por um ano. A conversa que eu estava prestes a ter naquele momento, por outro lado, viera direto da minha rede de contatos formada por anos de pesquisa etnográfica com a direita radical da Europa. Meu pedido de entrevista fora acompanhado por várias apresentações e referências que atestavam o fato de que eu era responsável, profissional e não trabalhava secretamente para ninguém.

Cliquei no botão verde, ouvi o toque e escutei alguém do outro lado da linha atender.

"Olá? Aqui é Ben Teitelbaum. Consegue me ouvir, Sr. Dugin?"

"Sim, sim. Consigo ouvi-lo", ele respondeu.

Reconheci a voz e o sotaque imediatamente. Eu estava falando com ele no meio da noite, desde as Montanhas Rochosas, a 2.500 quilômetros acima do nível do mar, e tinha respostas para as perguntas que me fizera anos atrás. Alguém de fora da Rússia havia lido seus livros – e era alguém importante.

12

O PICO

Na minha entrevista com Dugin em dezembro de 2018, semanas depois de seu encontro com Bannon em Roma, perguntei educadamente se "ele conhecia Steve". Foi insincero de minha parte, mas também não queria assustá-lo e comprometer meu acesso a ele. Na verdade, ele já vazara a notícia do encontro para um obscuro meio de comunicação, a revista *Reset DOC*, mas parecia que ninguém havia notado.[1] Sua resposta para mim foi enigmática: "Não", disse ele, "mas gostaria de conhecê-lo". Steve já me dissera que os dois haviam prometido manter a reunião em segredo, ainda que tudo indicasse que nenhum poderia cumprir totalmente essa promessa.

Depois de negar o encontro, Dugin começou a falar não apenas sobre suas impressões a respeito de Steve, mas também sobre o que lhe diria em uma *hipotética* conversa. Depois eu me daria conta de que a memória de Steve – que, a pedido meu, viria a relatar de novo o encontro – e a conversa hipotética de Dugin coincidiam vastamente. Isso me permitiu arriscar um relato do que acontecera em Roma em novembro de 2018.

Mais tarde, apresentei a Dugin um rascunho desse relato e um pedido para falar sobre ele. Ele respondeu com uma fuga filosófica. "Benjamin", escreveu ele, "não desejo falar de nada, exceto de ideias, teorias e assim por diante. Prefiro não discutir fatos [...]. Certamente não quero comentar [sobre] o texto que você me enviou. De jeito nenhum. [...] Para mim, real e imaginário, aliás, são a mesma coisa. Porque o mundo é nossa imaginação".

O relato que apresento é, portanto, mais de Steve, que me mostrou anotações que afirma ter feito durante a sessão, bem como diagramas que teria desenhado na frente de Dugin enquanto conversavam. No entanto, as citações mais longas – ligeiramente reformuladas de acordo com o que me disse o interlocutor – vêm de Dugin, do que ele falou em seu diálogo imaginário, mas que Steve mais tarde (quando mostrei a ele) leu como um registro da conversa que ocorrera após seus assistentes os deixarem sozinhos no quarto de Steve, no hotel de Russie, perto da piazza del Popolo, a alguma quadras do antigo apartamento de Julius Evola, em Roma. "Eu sabia à época que era um encontro histórico", Steve me diria mais tarde. O que ele e Dugin pareciam não saber era que cada um deles estava sendo discretamente financiado ou patrocinado por interesses chineses opostos.

~

Eles se sentam no sofá macio enquanto lhes é servido o café; em seguida, os assistentes saem.

Por onde devemos começar, Sr. Bannon?

"Estou morrendo de vontade de ouvi-lo falar sobre Heidegger. Sabe, o *Dasein* ainda é uma grande parte daquilo em que acredito, esse conceito de ser."

Foi um começo seguro. Heidegger é um célebre filósofo sobre o qual Dugin escreveu extensamente. Parece uma entrevista, com o russo fazendo o que faz de melhor – palestrando, em seu inglês com sotaque carregado, mas eficaz. Bannon, por sua vez, sai de seu personagem e permanece quase sempre quieto, incentivando o monólogo com perguntas pontuais enquanto faz anotações rápidas. Seu interesse é genuíno. Ele estudou Heidegger por anos e tinha chegado ao filósofo por meio dos livros de Dugin, que eram seu principal interesse. Mas ali também havia estratégia. *Deixe-o falar*, Bannon pensa. *Depois será a minha vez de confrontá-lo. Temos tempo.*

As horas passam. Ao meio-dia, uma batida na porta interrompe a concentração, as portas se abrem e os funcionários do hotel entram com o almoço. O banquete é feito para impressionar. De fato, Bannon está bem de vida. Apesar dos notáveis reveses – ter sido demitido de seu cargo na Casa Branca e perdido o controle de sua empresa de mídia Breitbart –, vive com luxo e compartilha-o com as pessoas ao seu redor. Ele não conta a Dugin sobre o salário de um milhão de dólares que recebe de Guo Wengui para desafiar o Partido Comunista da China de todas as maneiras e em todos os momentos.

"E quanto a você?", Bannon pergunta a Dugin. "Você meio que perdeu a cabeça alguns anos atrás, certo?"

A sorte de Dugin realmente tivera seus altos e baixos nos últimos tempos. Quando as forças pró-ocidentais haviam tomado o controle da

Guerra pela eternidade

143

Ucrânia em 2014, ele dera início a uma campanha muito parecida com a anterior, na Geórgia, para estimular a intervenção militar russa. Ele tinha de agir, pois o levante no Leste da Ucrânia contra o novo governo pró-ocidental em Kiev era baseado não apenas em ideais políticos, mas também na língua e na etnia: a população no Leste do país identificava-se como russa, portanto tinha um *Dasein* diferente. Romper com a Ucrânia marcaria uma posição do Oriente em oposição ao Ocidente, a favor da identidade e contra a burocracia do Estado, a favor da Tradição e contra a modernidade.

Os esforços de Dugin tinham envolvido a arrecadação direta de fundos destinados às milícias separatistas no Leste da Ucrânia, bem como à propaganda para gerar simpatia pública. Enquanto investia nessa última estratégia durante uma entrevista à mídia pró-separatista, ele convocara os ouvintes a "matar, matar, matar" aqueles que fossem leais a Kiev no Leste da Ucrânia – a "Nova Rússia", como chamara. O resultado fora um protesto massivo contra sua empregadora, a Universidade Estatal de Moscou, e Dugin perdera o cargo de professor. Seguiu-se a isso uma postagem bizarra em seu *blog*, na qual culpara o "Putin Lunar" – uma referência ao Tradicionalismo evoliano, o que os observadores não perceberam, ou seja, ao *alter ego* liberal e supostamente mais fraco de Putin – em oposição ao "Putin Solar",[2] que certamente teria salvado o emprego de Dugin. Mas a demissão não sinalizou que Dugin havia sido completamente abandonado pelo Kremlin, pois, nos bastidores, ele ainda parecia estar servindo como um embaixador de Putin no cenário mundial.

Está tudo bem, responde Dugin. Tenho estado muito ocupado.

Turquia, Sérvia, China, Paquistão, Irã – Dugin estava em constante movimento. Visitava esses países para falar com oficiais do governo, opinar na mídia estatal ou dar aulas. Já havia garantido um novo lar acadêmico como bolsista sênior no Instituto da China da Universidade Fudan, em Xangai, onde ministrava palestras sobre as glórias da Rússia e da China, a virtude do Eurasianismo e da multipolaridade e a depravação dos Estados Unidos. A seleção dos países que frequentava não era aleatória.

"Falar com qualquer um que nos odeie", diz Bannon com uma risadinha.

Dugin lança um olhar sério de volta e não diz nada. Ao longo de sua carreira, ele estabelecera parcerias entre a Rússia e os *mujahidin*, o Irã e a

China – não importava. Quem quer que lutasse contra o mal americano, o mal de nosso tempo, seria um amigo de Dugin.

~

Após o almoço, eles se revigoram com um café e voltam ao sofá. A entrevista de Bannon continua. Mais filosofia, mais Heidegger. Mais Dugin. Ainda bem que seus assistentes estão se dedicando a outras tarefas. A maioria das pessoas acharia aquilo entorpecedor.

Mais horas correm antes que Bannon interrompa o assunto: "Este é um grande privilégio, Aleksandr. Estou realmente fascinado por você. Eu poderia sentar aqui e ouvi-lo o dia todo...". É sua maneira de dizer educadamente o contrário – que eles não têm o dia todo para falar sobre Heidegger, e que é hora de se aprofundarem em outros tópicos. Dugin aproveita a deixa e defende que eles estão testemunhando o surgimento de um mundo multipolar.

Steve entende exatamente o que Dugin quer dizer com isso: um mundo que não é dominado por uma única força, no qual as potências regionais são exercidas apenas em locais que têm permissão histórica e cultural para isso, no qual os valores ocidentais são tratados simplesmente como ocidentais e não universais – não como o destino de todos. Muito disso está de acordo com os ideais de Steve.

Bannon sorri para Dugin e não diz nada. Há um longo silêncio. Bannon dá um último gole em seu café e coloca a xícara de volta no pires sobre a mesa.

Você e eu nascemos no nada, Sr. Bannon, diz Dugin.

Bannon assente: "E, mesmo assim, nós dois encontramos os nossos caminhos para isso. Para a Tradição".

Sim, sim. Incrível. Para mim, o comunismo tinha acabado com ela. Perdemos tudo, todos os laços com ela. Criamos uma sociedade inteiramente nova, a sociedade comunista. A perda de absolutamente tudo, o puro nada no sentido Tradicionalista. Dugin agora fala com cautela, analisando as palavras como se as estivesse traduzindo em sua cabeça em tempo real: E, para você, a América – o único Estado criado na modernidade. O resto da sociedade europeia tem instituições, rituais, ligações com o passado, a vontade de preservar. Tudo isso foi destruído na sociedade americana. Ela foi criada do zero, totalmente do zero. Evola escreveu sobre homens como nós, aqueles que não pertencem à Tradição por laços históricos. Comunismo e América. Pelo menos ele tinha a Rússia, explica Dugin, ainda que enterrada nas ruínas. Contanto que ele estivesse disposto a cavar para recuperá-la, tudo bem. Steve não tinha nada, nem mesmo no solo debaixo de seus pés.

Essa foi a deixa para Bannon, e ele começa suavemente: "Sim, Aleksandr, mas acho que você está deixando passar algumas coisas".

Dugin parece pronto para isso. Ele pergunta se Steve leu seus livros.

Claro que Bannon leu – todos os que foram traduzidos para o inglês.

Com um aceno de cabeça, Dugin continua: O papel da América na globalização, essa hegemonia, essa pressão pelos direitos humanos, pela democracia e assim por diante. Todas as piores coisas do mundo. É modernismo atrás de modernismo.

"Isso é liberalismo", responde Bannon. E continua:

Modernidade liberal. Não é um povo. É um conjunto de ideias – perigosas – apresentadas por pessoas de todo o mundo. Quando as pessoas dizem que a América é uma ideia, é disso que estão falando, esses chamados valores universais que acabam infectando tudo. Mas aí é que está o ponto – a América não é uma ideia. É um país, é um povo, com raízes, espírito, destino. É a classe trabalhadora e a classe média, é aquele grupo perene de pessoas, daquela porra toda de peregrinos e puritanos em diante. E isso de que você fala, o liberalismo e o globalismo da América, o verdadeiro povo americano é vítima disso. Estamos falando da espinha dorsal da sociedade americana, das pessoas que conferem ao país seu espírito – elas não são modernistas. Não são elas que gastam trilhões de dólares tentando impor a democracia em lugares que não a desejam. Não são elas que tentam criar um mundo sem fronteiras. Elas estão se ferrando por causa de tudo isso, por causa de uma elite que não se importa com elas e que *não é* elas.

Dugin sorri para ele e olha por baixo de suas sobrancelhas grossas. Diga--me, como foi que você chegou ao Tradicionalismo?

"Gurdjieff. Foi porque o li que iniciei minha jornada para..."

Dugin interrompe. Um armênio! Que fez parte da idade de prata russa. Você não encontrou o seu caminho como americano – isso seria impossível.

Você o encontrou como você mesmo. E que situação radical. Pois você defende a Tradição na pura, pura noite – na meia-noite da civilização, no reino da meia-noite, nos Estados Unidos da América.

Bannon responde:

Veja, a América faz parte do Ocidente judaico-cristão. A modernidade avançou mais conosco, assim como com a Escandinávia. Mas nossas raízes ainda existem e podem ser revitalizadas, e estão sendo revitalizadas. É isso que se está vendo hoje com o movimento Trump. É a América se levantando contra seus senhores. Não é uma guerra civil. Ah, não. É a América lutando contra o globalismo e o liberalismo, assim como a Rússia luta contra eles também.

Dugin começa a falar, mas Bannon o interrompe:

E aí é que está o ponto. A América – a verdadeira América – não é sua inimiga. É sua aliada, e nem estou falando de política. Nossos povos compartilham a mesma alma e os mesmos valores. Em nosso âmago, não somos comunismo e liberalismo, somos Rússia e América, ambas do Ocidente judaico-cristão. É por isso que estão caminhando juntas, em direção ao nacionalismo, ao populismo e ao Tradicionalismo. Há uma luta mais profunda acontecendo no mundo hoje – nós dois sabemos disso – entre espiritualismo e materialismo. Retire as camadas da superfície que nos separam e você verá que somos iguais – a essência de nossas nações é a mesma. Vocês e a Igreja Ortodoxa Oriental – vocês podem até mesmo nos ensinar a sermos versões melhores de nós mesmos. Nossos povos estão mostrando sua vitalidade agora. Eles podem liderar essa luta.

Bannon recosta-se na cadeira com um sorriso presunçoso. Ele não interromperá mais.

Dugin repete que não se trata de uma diferença de grau. Ele não está tão interessado em mobilizar pessoas dentro de uma dada espiritualidade – reunindo Oriente e Ocidente no cristianismo, por exemplo –, mas empenhado em unir espiritualidades de todos os tipos contra a antiespiritualidade. Essa postura é que levara Dugin a idolatrar a teocracia mais robusta do mundo: o Irã. E a nutrir raiva contra a grande guia do secularismo liberal – ou seja, a América.

Mas, quando Dugin começa a falar novamente, Bannon levanta um dedo, corre a uma sala adjacente e retorna com um caderno preto. Voltando ao seu assento, ele o abre e desenha três pequenos quadrados dispostos em um triângulo. Aponta para cada um:

Quatro mil anos, três mil e quinhentos anos, três mil anos. China, Pérsia e Turquia. Diante disso, esses são os países que poderiam formar o bloco mais Tradicional. Eu entendo por que você pensa que caras como nós deveriam olhar para eles em busca de libertação, mas este bloco é o centro do modernismo. De um lado, você tem o islamismo xiita e sunita, ambos com ambições expansionistas. E, depois, você tem a China...

Bannon havia chegado à nação cujo governo abrigava Dugin em sua universidade pública de maior prestígio, e contra o qual ele, Bannon, secretamente trabalhava. Continuou, tentando ignorar a noção de Dugin de que os chineses eram inimigos do liberalismo global:

Os globalistas estão totalmente ligados ao sistema mercantilista totalitário dos chineses. A China é o motor econômico que move tudo. Sem a China, o sistema não funciona; é ela que o impulsiona. Todo o sistema é um passo para maximizar os lucros e sua consequente geração de riqueza por meio da China.

Bannon inclina-se para trás, cruza os braços atrás da cabeça e continua, sabendo que tem mais munição: "O que temos agora é um sistema em que escravos na China fabricam bens para os desempregados no Ocidente. Este é o sistema que configuramos. E, Aleksandr, você acha que os chineses, você acha que o Partido Comunista é apenas um jogador passivo em tudo isso, cumprindo as ordens dos globalistas?". Aleksandr nem se dá o trabalho de tentar responder, enquanto Bannon se inclina para frente em seu assento.

Não, não. Você vê o que eles estão fazendo na África, vê seu projeto da nova Rota da Seda e suas tentativas de transformar o mundo em uma série de redes intercomunicadas. Você vê como eles têm verdadeiro pavor do populismo – falaram comigo sobre isso em Mar-a-Lago, estão morrendo de medo! Brexit, a ascensão do nacionalismo –, isso é o caos para eles, porque eles não podem controlá-lo. E aí você olha o que eles estão fazendo com a robótica, tentando atomizar e controlar a sociedade, a ponto de colocarem *chips* nos corpos das pessoas.

Ele respira fundo. Prossegue:

Estamos falando de um regime maníaco, hostil à nossa visão de um mundo de nações independentes, à sua visão de um mundo multipolar. Um regime que quer que todos sejam assimilados a um único sistema. E é ele que está tentando sugar – agora mesmo – a humanidade e a alma de todos nós com uma tecnologia na qual não podemos confiar. Eu sei o que você pensa da América. Mas a história está nos mostrando algo.

Bannon argumenta por meio de termos e valores que ambos compartilham. Apresenta uma história de inversão – aquela em que a modernidade havia realmente embaralhado a geopolítica de um Ocidente liberal e de um Oriente tradicional: a vanguarda da *Kali Yuga*, do globalismo, do liberalismo e da modernidade está na Ásia.

Dugin sorri e olha demoradamente pela janela, na direção Sul, quando Bannon termina. O Corso Vittorio Emanuele fica a apenas alguns quarteirões de distância. Ele não diz nada. Mais de um minuto se passa. Esquisito. Que diabos está pensando? Está embriagado de Heidegger? Bannon não sabe. Mas suspeita que Dugin esteja surpreso com o que ele acabou de dizer. Pode até ter gostado.

A voz de Bannon torna-se mais profunda: "Como um Tradicionalista, Sr. Dugin, é imperativo que se junte a nós contra eles. Como um Tradicionalista, Sr. Dugin".

13
Jantar na embaixada

Eu cheguei atrasado, pouco antes das 5 da tarde, porque, na caminhada entre a estação de trem e o meu destino, demorei a atravessar as hordas de jovens usando bonés com o emblema "Tornar a América grandiosa outra vez" e seus acompanhantes clericais, que lotaram o centro de Washington D.C. na Marcha pela Vida, uma manifestação contra o aborto, em janeiro de 2018. Ao dobrar a esquina e subir na calçada, avistei Andy Badolato parado do lado de fora da casa, repreendendo alguém pelo celular, suando bastante apesar de estar vestindo bermuda e camisa polo no frio de menos de zero grau. Ele estava lá para me receber. Steve sabia que eu estava chegando e pediu ao seu mais famoso colaborador para me conduzir ao térreo do que ele ainda chamava de "a embaixada Breitbart".

Como um navio de cruzeiro, a casa de Steve Bannon em Washington vai de despojada a suntuosa conforme você sobe os andares. Você entra no térreo e dá para uma sala de TV mal iluminada, com tetos baixos e um grande sofá de couro desgastado, ao lado de uma mesa de aço e cadeiras que parecem tiradas de um bar esportivo dos anos 1990 – um espaço que é, em parte, apartamento decadente de homem solteiro, e, em parte, salão de guerra. Conforme você segue adiante, portas francesas abrem-se para uma sala de conferências cheia de papéis e *laptops*, todos voltados para um monitor instalado na parede e um pôster da capital americana que poderia facilmente ser confundido com um mapa de guerra.

Afundei-me confortavelmente no sofá. Eu já tinha passado por aquela rotina várias vezes e começava a suspeitar que o exercício de espera era uma estratégia deliberada para me acanhar antes de cada reunião. Enquanto isso, Andy ligava e desligava o telefone com uma garrafa de cerveja na mão. Ele passou de uma proposta de negócios para um advogado a uma conversa com alguém interessado no famoso muro de Trump na fronteira com o México (será que também era uma proposta de negócios?).

Depois de mais de uma hora, fui chamado: "O jantar está começando, e o chefe quer você lá em cima".

Quando entrei, Steve cumprimentou-me com um aperto de mão e um abraço: "Bem-vindo, Ben". As paredes do segundo andar são decoradas com cenas da Antiguidade grega pintadas em tons pastel, enquanto o carpete – azul *royal* com estrelas brancas – indica "Lar". Uma dúzia de outros convidados entrou e misturou-se com Steve diante de um minibar. Darren Beattie, ex-redator de discursos de Trump que fora demitido havia pouco tempo, quando se tornara público o fato de ter se apresentado, anos antes, em uma conferência patrocinada pelo controverso H. L. Mencken Club, fez uma entrada silenciosa. Os demais participantes eram brasileiros. Então chegou a atração principal, o convidado homenageado para o qual Steve havia organizado o jantar.

Todos abriram espaço e comemoraram quando ele e Steve atravessaram a sala para se cumprimentarem. Um dos brasileiros mais jovens, que estava ao meu lado, pareceu ficar com lágrimas nos olhos. Com sorrisos e risadas, dirigimo-nos para a longa mesa impressionantemente paramentada. Sentamo-nos e recitamos o Pai-nosso de cabeça baixa, respeitando o costume do convidado brasileiro. Claro que me juntei a todos na oração.

O clima só voltaria a ficar descontraído alguns minutos depois, quando um banqueiro de investimentos americano-brasileiro, de meia-idade, chamado Gerald Brant, bateu em sua taça para propor um brinde: "Este é um sonho que se tornou realidade", disse ele. "Trump na Casa Branca, Bolsonaro em Brasília. E aqui estamos em Washington: Bannon e Olavo de Carvalho, cara a cara. Este é um novo mundo, amigos!".

Eu sabia que o Tradicionalismo motivara Bannon a conectar-se com outro influenciador poderoso – Aleksandr Dugin. Mas a história tornara-se ainda mais complexa, pois ali estava outro grande Tradicionalista global. Em várias ocasiões, eu havia perguntado a Steve se ele poderia me ajudar a falar com Olavo, ou se eu poderia assistir a uma de suas reuniões, e ele sempre fora evasivo – até aquele momento.

Após as eleições de 28 de outubro de 2018 no Brasil, o novo presidente, Jair Bolsonaro, oferecera a Olavo o cargo de ministro da Educação. Ele recusara, alegando seu desejo de continuar escrevendo e provocando agitação livremente, de seu trono nas redes sociais. O ex-*muqqadam* da *tariqa* de Frithjof Schuon servia agora de conselheiro do presidente, todos sabiam, embora permanecesse em sua casa na zona rural da Virgínia, onde vivia sem retornar ao Brasil havia mais de uma década.

Como de praxe, no entanto, Olavo fizera indicações de nomes que o presidente poderia considerar para cargos no governo. Financiamentos culturais e universidades seriam alvos-chave da reforma, então Olavo entendeu que o futuro ministro da Educação precisaria de credenciais robustas e uma paixão, a seu ver, pela luta contra a infiltração marxista. Sugeriu Ricardo Vélez Rodríguez, um filósofo conservador. E aproveitou para fazer uma segunda recomendação: Ernesto Araújo, talvez para ministro das Relações Exteriores. Araújo havia estudado as palestras de Olavo e era, ele mesmo, um escritor habilidoso. Mantinha um *blog*, "Metapolítica: contra o globalismo", e, em 2017, publicou um ensaio, *Trump e o Ocidente*, fazendo referências a Dugin, a Guénon e ao livro *Metafísica da guerra*, de Evola. Mais tarde, Olavo me disse que considerava Araújo mais Tradicionalista do que ele próprio. Araújo aceitou o convite de Bolsonaro e, como ministro das Relações Exteriores, nomeou para um cargo relevante César Ranquetat – o principal discípulo de Evola no Brasil.

Steve colocou-me sentado de frente para Olavo à mesa de jantar, enquanto ele ocupava a cabeceira. Darren Beattie estava à minha esquerda e, entre brindes e monólogos, ele e eu conversamos sobre filosofia e sobre o mundo acadêmico. Beattie recebeu uma enxurrada de elogios durante a refeição depois de Steve dizer que ele desempenhara um papel fundamental ao escrever um discurso que o presidente Trump fizera em Varsóvia em julho de 2017, enaltecendo a Polônia e a América como membros de uma união cultural e política no Ocidente. "Nós escrevemos sinfonias. Buscamos inovação. Celebramos nossos antigos heróis, abraçamos nossos costumes e tradições atemporais" – esse fora um de seus trechos principais, bem como a declaração de que "nossa própria luta pelo Ocidente não começa no campo de batalha: começa em nossas mentes, nossas vontades e nossas almas". Mais tarde, Beattie me disse que não fora de fato um dos redatores principais do discurso, mas, para não causar constrangimento, havia assentido em sinal de agradecimento.

Conversamos muito sobre Bolsonaro. Alguns dos brasileiros pareciam ter comparecido ao jantar com a intenção de propagandear aquela nova administração para Steve. Olavo e um punhado de outros convidados haviam ido ao Departamento de Estado dos EUA no início daquele dia, no que parecia ter sido uma visita oficial, embora um tanto misteriosa: nem Olavo, nem ninguém de sua comitiva imediata detinha um cargo oficial no governo Bolsonaro. Olavo estivera lá a fim de expressar sua condenação da China e a urgência em resistir à disseminação de sua influência global: ao contrário de Aleksandr Dugin, Olavo era um forte aliado Tradicionalista de Steve a esse respeito. Os funcionários do Departamento de Estado pareceram concordar com essa avaliação da China, para grande surpresa dos brasileiros.

Steve não parecia tão surpreso quanto eles. Ele queria, agora, saber mais sobre a composição do governo Bolsonaro. Olavo e Gerald Brant revezaram-se na descrição da nova administração como faccionada. Lamentavelmente, continha elementos da velha-guarda militar, que com frequência eram o alvo das arengas de Olavo sobre corrupção, mas, pelo menos, todas as partes envolvidas pareciam sérias no que dizia respeito ao estabelecimento da lei e da ordem no Brasil. Havia os capitalistas do livre mercado, representados pelo ministro da Economia de Bolsonaro, Paulo Guedes, formado pela Universidade de Chicago. Ele se opunha ao socialismo – o que era bom –, mas parecia ser um globalista. Isso o tornava diferente dos membros do último grupo de apoiadores do governo: os patriotas e nacionalistas personificados por Olavo e pelos filhos de Bolsonaro – nenhum deles com cargo oficial no governo, mas confidentes do presidente e detentores de uma grande massa de seguidores nas redes sociais. Steve perguntou qual era o ponto de vista dessa facção, e os brasileiros ao redor da mesa pareceram responder em uníssono: "Alinhamento com o Ocidente judaico-cristão".

Olavo afirmou estar em contato direto com o presidente. Recentemente eles haviam conversado sobre a China e a CNN, que se instalara no Brasil com o propósito, pensava Olavo, de se contrapor à máquina de mensagens do novo presidente. A conversa com Bolsonaro deixara Olavo preocupado, porque o presidente não via o perigo que a CNN representava para seu governo. Mas a ameaça chinesa e a necessidade de o Brasil reorientar-se em direção aos Estados Unidos – com isso Bolsonaro concordava totalmente, mesmo que fosse apenas por razões econômicas.

Steve ficou animado ao ouvir isso. O Brasil havia muito agrupava-se com a Rússia, a Índia e a China no chamado Bric, de economias ascendentes poderosas e não aliadas à Otan. Isolar a China, desfazendo essa aliança, seria bastante atraente, mas, como Steve certa vez argumentou comigo, o Brasil também tinha dons metafísicos para oferecer aos Estados Unidos. Não apenas o Ocidente judaico-cristão persistia na América do Sul por meio do Brasil, como o Brasil iniciara o processo de modernização mais tarde do que a Europa Ocidental e os Estados Unidos. Isso significaria que sua autêntica cultura ocidental seria mais profunda e menos corrompida. Era possível ao Brasil servir como uma reserva cultural à qual as nações deterioradas pela modernidade poderiam se apegar em sua luta pela revitalização.

Steve não chegou a tanto naquela noite. Em vez disso, concentrou-se em questões práticas à medida que a conversa ficava mais séria. Ele compartilhava da crença de Olavo de que a educação no Ocidente estava destruindo seu potencial para gerar um futuro conservador e de que sistemas de educação alternativos eram necessários como uma contramedida. Steve estava trabalhando para encontrar uma solução.

Em 2009, em sua então nova casa na zona rural da Virgínia, Olavo lançou o Seminário de Filosofia.[1] Tratava-se de uma escola *on-line*, uma maneira de ele aproveitar seus anos de palestras no Brasil agora que morava no exterior. Um cargo-padrão em universidade não o teria atraído. Ele sentia que os esquerdistas haviam se infiltrado no sistema educacional brasileiro em preparação para uma revolução comunista. Àquela altura, ideias conservadoras poderiam ser introduzidas na sociedade apenas por meio de canais alternativos – era preciso recorrer à metapolítica, e a internet era a ferramenta ideal para isso. O Seminário de Filosofia não fora projetado para que os alunos se encontrassem pessoalmente com Olavo. As mensalidades davam direito a uma série de videoaulas que abordavam tópicos como religião comparada, letras e artes, ciências humanas e naturais e comunicação e expressão. Mais de dois mil alunos matricularam-se, a maioria rapazes.

Steve queria alcançar um nível semelhante; também tinha planos de abrir uma escola com o propósito implícito de praticar metapolítica. Mas Olavo foi rápido ao pontuar que não tinha intenção de desenvolver uma metodologia. Ele ensinava as massas, mas não gostava de criar modelos; concentrava-se no indivíduo. Explicou que gostava de saber o nível de conhecimento de cada aluno e de ajudá-los a entender o que fosse necessário. Como ele conseguia fazer isso com tantos alunos ao mesmo tempo? Eu estava curioso para saber. Enquanto ouvia, queria perguntar a Olavo se era uma coincidência que alguém que se opunha ao globalismo também desaprovasse modelos educacionais universais, que não se dirigissem a um aluno em particular.

Nunca tive a chance de perguntar, porque a conversa mudou rapidamente de rumo. A escola de Olavo era uma escola de filosofia, e ele disse que sua definição de filosofia era "tentativa de alinhar a unidade do conhecimento com a unidade da consciência". Isso significava que estava interessado em compreender os limites do conhecimento de uma pessoa. Era um pouco enigmático – eu não entendi, e não acho que os outros à mesa tenham entendido. Mas me lembro de ter pensado que Olavo dava indicações de que definia uma pessoa pelo que ela sabia. As pessoas seriam conhecimento. Você mudaria quando tivesse aprendido algo. Steve, em seu papel de anfitrião, agia cortesmente, mas eu sabia que ele discordava disso. Para ele, possuímos um "ser" acima do conhecimento; na verdade, Bannon acredita que nossa economia e nossa sociedade são defeituosas porque só valorizam as pessoas com base em seu intelecto. Quando sua vida muda genuinamente, ele defende, é porque você mudou. É por isso que Steve adora o filme *O feitiço do tempo*.

Inquirido por Bannon a respeito de Guénon, Olavo respondeu: "Ele era louco. Ele disse muitas coisas loucas". Virou-se diretamente para mim pela primeira vez durante o jantar, olhou por cima dos óculos e completou, apontando o dedo: "Mas ele também disse muitas coisas verdadeiras". E quanto a Evola? – perguntei. "Evola era completamente insano. Ele queria derrubar a Igreja para que pudesse criar um novo paganismo europeu. Ah! Mas ele é tão divertido de ler... Seu livro sobre alquimia é ótimo. Todos eles sabiam escrever lindamente. Nenhum ateu poderia escrever tão bem quanto eles."

Perguntei-lhe se era coincidência que ele e Bannon tivessem sido influenciados pelos Tradicionalistas e se considerassem, de alguma forma, filiados a eles. "Não", respondeu Olavo. "Porque os Tradicionalistas criticam a ciência, a ciência moderna." Achei uma resposta intrigante. Ambos eram gurus por trás de grandes revoltas populistas. Isso tinha mesmo a ver com uma crítica à ciência? Steve questionava a veracidade do aquecimento global, mas não se posicionava contra a ciência moderna. E por que Olavo primeiro desdenhou dos principais pensadores Tradicionalistas e depois os elogiou? O que havia acontecido desde sua visita à *tariqa* de Schuon?

Essas eram perguntas às quais eu teria de responder mais tarde. Steve rapidamente finalizou o jantar e nós nos despedimos. Saí de lá me perguntando sobre o destino do relacionamento entre ele e Olavo. Steve mantinha uma infinidade de parcerias políticas – algumas superficiais, outras substanciais – na direita radical do mundo todo. Mas, mesmo se comparadas à sua ligação com aliados próximos, como Nigel Farage, defensor do Brexit, suas semelhanças com figuras como Aleksandr Dugin e Olavo de Carvalho eram mais profundas e deviam despertar uma sensação de excepcionalidade. Eles eram parentes políticos *e* espirituais, e só agora começavam a interagir.

~

Cerca de dois meses depois, vi imagens espalhadas pela mídia dos Estados Unidos que mostravam Steve participando, mais uma vez, de um jantar luxuoso em Washington D.C. – agora do outro lado da cidade, na residência do embaixador brasileiro, na avenida Massachusetts. À esquerda de Steve, o presidente Bolsonaro. À esquerda de Bolsonaro, Olavo de Carvalho. E, à esquerda de Olavo, o ministro das Relações Exteriores do Brasil, Ernesto Araújo. Era a primeira visita do presidente do Brasil a um governo estrangeiro; com ela, quebrava-se uma convenção. Em geral, a primeira visita estrangeira de um presidente brasileiro é a Buenos Aires. Mas Bolsonaro queria sinalizar para o mundo que a política externa do Brasil estava mudando.

Sua decisão de convidar Steve para o jantar também fora provocativa. Bannon não ocupava mais nenhum cargo oficial na Casa Branca ou no governo. E não era apenas isso – os comentários públicos mais recentes de Trump sobre o "Desleixado Steve" ["Sloppy Steve"], como passara a chamá-lo, haviam sido acidamente críticos. A lista de convidados da embaixada testemunhou, portanto, o *status* elevado de que Steve desfrutava aos olhos do governo brasileiro, mas também a confiança de Bolsonaro em seu relacionamento com Trump. Idolatrando o presidente dos Estados Unidos e nunca perdendo a oportunidade de elogiá-lo nas redes sociais, ele o encontraria no dia seguinte na Casa Branca com uma camisa de futebol brasileira estampada com o nome de Trump.

No entanto, o objetivo da visita era mais do que trocar gentilezas. Bolsonaro e Trump esperavam discutir acordos comerciais, o risco do governo antiamericano na Venezuela e talvez até a possibilidade de estabelecer uma estação americana de lançamento de foguetes no Brasil, embora todos esses fossem apenas elementos de uma mensagem mais abrangente: Bolsonaro estava lá para dizer a Trump que queria uma maior presença dos Estados Unidos no Brasil. Implicitamente, isso também significava que desejava afrouxar o controle chinês sobre seu país e sua economia. O encontro marcava, assim, o avanço de um plano da facção nacionalista de seu governo – a ala dirigida por Olavo, o Tradicionalista complicado que ansiava por ver o Brasil se livrando da geopolítica mercantilista que o ligava à China e priorizando as raízes espirituais que o tornavam parte do Ocidente judaico-cristão.

Era parte da visão de futuro inspirada pelo Tradicionalismo que unia Olavo e Bannon, agora em ação.

14
ALTERNATIVAS GLOBAIS

Ao longo do segundo semestre de 2018, consegui encontrar traços de uma rede de comunicação entre os Tradicionalistas com acesso a altos cargos do poder – Dugin, Bannon e Olavo. Eles tinham vários aspectos em comum: a chegada ao poder quase simultânea, sempre em associação com um líder do tipo "homem forte" antiliberal, todos eram Tradicionalistas em algum grau e desenvolviam formas de ativismo parecidas. Nenhum era político. Eles eram conselheiros, instrutores e estrategistas. Estavam jogando com vistas ao futuro (longo prazo) e a transformações maiores do que o mandato de um líder; organizando ferramentas políticas e metapolíticas em busca de seus objetivos. Tendo testemunhado o encontro entre Bannon e Olavo alguns dias antes, comecei a me perguntar o que tudo aquilo significava e qual era a relação de um com o outro. Eu só sabia que Steve estava conversando com Dugin e Olavo, em nome dos valores que tinham em comum, sugerindo que pressionassem seus respectivos governos a estabelecer um maior favorecimento aos Estados Unidos e uma maior rejeição à China. Ele estava cumprindo os acordos firmados com seu patrocinador anti-Partido Comunista Chinês, Guo Wengui.

Pude acompanhar o desenvolvimento dessas relações em tempo real – os contatos iniciais de Steve com Dugin e com Olavo ocorreram depois que comecei a entrevistá-lo. Os outros dois, entretanto, também não eram estranhos um ao outro. "Dugin e Olavo de Carvalho – eles não se odeiam?" Em um breve intervalo entre viagens e entrevistas, sentado em minha sala na universidade, eu estava conversando ao telefone com um contato de confiança: alguém que havia muito tempo estava com um pé dentro e um pé fora dos círculos que costumo estudar e que pode ser considerado um Tradicionalista eventual. "Eles se conhecem?" Fiquei surpreso e um pouco envergonhado.

Meu contato informou que, quase uma década antes, Dugin e Olavo haviam se enfrentado em um debate. Ele lembrou que o Tradicionalismo de Olavo parecia muito heterodoxo e que Dugin não se saiu muito bem nas respostas. Isso, porém, não pareceu ter importância, porque o mundo do Tradicionalismo de direita continuou apoiando as posições de Dugin após o debate. "Qual foi o tema da discórdia?", perguntei. Os Estados Unidos, respondeu ele. Olavo, na verdade, estava argumentando que o país é uma fonte de Tradição no mundo moderno e que os membros de sua população rural são os embaixadores globais da espiritualidade. Era o completo oposto do que os Tradicionalistas da direita costumam pensar, aqueles que com frequência idolatravam o Oriente ou a Rússia, em parte graças aos anos de influência de Dugin. Mas as ideias de Olavo relatadas pelo meu contato não pareciam tão excêntricas para mim. Pareciam-se com as ideias de Steve.

~

Em 2011, um ano antes de eu ser apresentado a ele em Estocolmo, e anteriormente à publicação de seus livros pela Arktos na Índia, Aleksandr Dugin havia saído da obscuridade para uma posição de poder político raramente alcançada por um autoproclamado filósofo. Partidos e grupos políticos estavam cada vez mais abertos às suas ideias, e ele usava esses contatos para promover a aliança entre geopolítica e espiritualidade. Quando um grupo de Tradicionalistas da América Latina o convidou para um debate com um de seus filósofos locais, ele agarrou a oportunidade, porque o assunto lhe pareceu feito sob medida. Ele iria discutir, de uma perspectiva Tradicionalista, a dinâmica atual do poder geopolítico no mundo e o papel dos Estados Unidos em particular. A logística do debate também lhe pareceu simples: ocorreria via internet, com uma troca de respostas a serem publicadas *on-line* e, talvez, transformadas em livro posteriormente. Ele concordou. Mas quem exatamente seria o outro participante? – ele se perguntou.

Àquela época, Olavo de Carvalho estava morando em Carson, na Virgínia. Ele trocara o Brasil pelos Estados Unidos em 2005 – alguns dizem que devido aos impostos, outros, por causa de ameaças que sofria. Se você perguntasse a ele, sua justificativa seria a política interna brasileira e a ascensão do Partido dos Trabalhadores ao poder em 2003. A mudança para os Estados Unidos pareceu sacrificar sua influência local.

Ao longo da década de 1990, Olavo alcançara uma série de sucessos como comentarista, principalmente por meio de livros bem recebidos e de artigos nos principais jornais. Ele se tornara um intelectual público, atuando mais como um comentarista divertido e articulado de política e filosofia do que como um Tradicionalista. Adepto do uso de palavrões, não projetava a imagem de um "professor celebridade" estudioso e erudito. Suas colunas apresentavam ataques infames a feministas e minorias sexuais. Em uma delas, escrita dois anos após sua chegada aos Estados Unidos, ruminou sobre a homossexualidade: "Não posso crer que meu pai teria agido melhor se, em vez de depositar seu esperma no ventre da minha mãe, ele o injetasse no conduto retal do vizinho, de onde o referido líquido iria para a privada[1] na primeira oportunidade".

Tanto de corpo como de mente, ele já estava bem longe da *tariqa* de São Paulo. No final da década de 1980, perdera a confiança em Frithjof Schuon. O *shaykh* não apenas instalara uma espécie de líder fantasma na *tariqa* de Olavo, como também endossara rumores de que práticas heréticas, como sacrifício de animais, estavam ocorrendo lá. Olavo queria largar. Mas não se pode simplesmente abandonar uma *tariqa*, eles é que devem dispensar você. Sendo assim, para provocar a desejada reprimenda, Olavo pôs-se a escrever cartas ofensivas a Schuon. Tenho certeza de que as cartas eram bem espirituosas.

Frithjof Schuon morreu em Bloomington em 1998, e, a partir daí, sua rede de ordens Tradicionalistas sufistas – cuja origem fora ideia do próprio René Guénon – espalhou-se. Entre os que persistiram nessa direção, houve os que se afiliaram ao Tradicionalista britânico Martin Lings e, outros, a um emigrado iraniano chamado Seyyed Hossein Nasr, que desde 1984 era professor na Universidade George Washington. Olavo não tinha nada contra nenhum deles, mas também não tinha planos de se tornar um de seus seguidores. Não queria mais gurus de nenhum tipo em sua vida. O que ele queria era se tornar guru, para si e para os outros.

Uma espécie de epifania colocou-o nesse caminho. Em 1990, aos 43 anos, barbeava-se diante do espelho quando pensou: "Sei tudo sobre mim – não sou mais o problema". Seu foco agora seria o mundo fora de si. O Tradicionalismo faria parte disso, mas ele não teria obrigações com essa ou outras doutrinas, exceto uma.

Ele havia se tornado católico enquanto ainda estava na *tariqa* – o sincretismo religioso do Tradicionalismo de Schuon[2] permitira isso –, e, com o tempo, tornara-se mais dedicado à Igreja. Tratava-se não apenas de uma mudança espiritual, mas social e política. O catolicismo era a chave para sua oposição cada vez mais intensa ao comunismo. Ao longo da vida de Olavo, o comunismo fora deixando de ser um veículo de protesto contra o regime militar do Brasil da década de 1960 para tornar-se uma parte aceita do sistema político local, ao menos no que dizia respeito às relações internacionais. No final do século XX, a elite militar do Brasil mostrara-se aberta a fazer parcerias com as atuais e as antigas ditaduras comunistas em todo o mundo. O anticomunismo virara, assim, a principal causa do dissidente Olavo.

O Tradicionalismo dera a ele uma linguagem adequada para criticar o comunismo como materialismo. E esse não seria o único vestígio de sua época de seguidor dos passos de Guénon. A comunidade que ele liderara na *tariqa* durante a segunda metade dos anos 1980 proporcionara-lhe uma nova parceria. Roxane, que, como mencionado anteriormente, era uma ex-comunista e aluna de Olavo, tornara-se sua esposa e, ao contrário de seus casamentos anteriores, este vinha resistindo.

Roxane Andrade de Souza e seus filhos mudaram-se com ele para os Estados Unidos em 2005. A visibilidade de Olavo no Brasil, paradoxalmente, aumentou com a mudança. Ele ainda escrevia colunas para veículos importantes, como o *Jornal do Brasil*, mas sua presença *on-line* foi a principal transformação. Em um ano, ele criou um *blog* e começou a produzir programas de rádio *on-line*. Também experimentou as redes sociais: Twitter, Facebook e YouTube. As iniciativas de Olavo deram frutos – sua produção midiática atingiu um número impressionante de espectadores –, ampliando o alcance gerado por livros e artigos em jornais brasileiros.

Olavo e Aleksandr Dugin vivenciaram um crescimento semelhante por meio da presença na mídia. Porém, uma coisa que o brasileiro não tinha em comum com o Tradicionalista russo era o acesso a políticos. Mas isso não incomodava Olavo. Como ele me diria mais tarde: "Não estou interessado em mudar situações políticas. Porque isso é impossível. Situações políticas dependem de tantos fatores e já têm a interferência de tantas pessoas". O futuro estava nas mãos de Deus, pensava ele, com um fatalismo típico dos cristãos, mas que, em seu caso, também podia ter raízes mais excêntricas, no Tradicionalismo clássico.

~

De volta à minha sala, agradeci ao meu contato pelo bate-papo, desliguei o telefone e abri o *laptop*. Queria ver o debate que ele mencionara, entre Dugin e Olavo, da mesma forma que fora ao ar originalmente: *on-line*.

Dugin abriu o debate,[3] publicando a primeira postagem em 7 de março de 2011, uma manhã ensolarada que se seguiu a três dias de neve em Moscou. Ele argumentava que o estado atual da geopolítica era aquele em que todas as forças que se opunham aos Estados Unidos haviam sido derrotadas ou marginalizadas. Os EUA estavam fazendo pressão para que houvesse um governo mundial unipolar, capitalista e defensor dos direitos humanos universais e da democracia, de modo a abrir caminhos para o seu domínio. Tudo isso era baseado no fato de que, para ele, os Estados Unidos viam seu destino como o ponto final da história, como um grande progresso que teria começado no Império Romano, passado pela Idade Média, pela modernização e pelo Iluminismo até, finalmente, chegar ao liberalismo e a uma sociedade de cidadãos cosmopolitas hiperindividualizados. Que essa história ocidental fosse considerada a história do mundo todo não passava de uma ofensa menor para Dugin. Como ele escreveu em seu inglês afetado, repleto de artigos definidos gratuitos que não existem em russo: "A Tradição e o conservadorismo são vistos como os obstáculos para a liberdade e, por isso, devem ser rejeitados".

Haveria alguma esperança de revolta? Potencialmente. Em todo o mundo existiam atores políticos que, coletivamente, poderiam juntar recursos suficientes para revidar. Entre eles, obviamente, aqueles que tinham ousado declarar uma oposição aberta aos valores ocidentais, aos EUA e à sua hegemonia global – isto é, Irã, Venezuela e Coreia do Norte. Poderiam, ainda, ser incluídos aqueles que, por razões estratégicas, pareciam concordar com os Estados Unidos em alguns aspectos e rejeitá-los em outros – Índia, Turquia, Brasil, Rússia, Cazaquistão, Arábia Saudita, Paquistão e China. Contudo, os Estados-nação não eram os únicos órgãos de resistência. Os interesses americanos também eram frustrados por forças extranacionais, como o islamismo e os movimentos de esquerda sul-americanos, apesar de não terem a estrutura formal de um Estado-nação moderno. Dugin corajosamente incluiu seu próprio Movimento Eurasiano nessa categoria.

Nações antiamericanas, Eurasianismo, grupos guerrilheiros marxistas, a Al-Qaeda – juntos, eles amealhavam recursos consideráveis, mas Dugin permanecia pessimista. "Todos esses grupos carecem de uma estratégia alternativa global que possa ser simetricamente comparável à dos americanos [...] e de sua visão de futuro", concluiu. "Todos agem por si mesmos e em nome de seus próprios interesses." Mas aquele encontro poderia ser a oportunidade de dois Tradicionalistas elaborarem uma estratégia ampla. Talvez seu parceiro de debate – esse tal Olavo de quem Dugin mal tinha ouvido falar – pudesse oferecer uma mensagem alternativa para unir os atores antiamericanos em uma luta contra a ordem mundial materialista.

Essas expectativas não foram atendidas.

Olavo via o mundo de forma diferente: não como uma divisão entre um Ocidente vilão e um restante virtuoso, mas sim como uma batalha pelo domínio entre três atores políticos, de nenhum dos quais ele gostava. Esses três atores eram a aliança Rússia-China, as finanças ocidentais e os islâmicos. Seria difícil compará-los porque seus objetivos, suas armas e até mesmo seus principais arquétipos variavam. A aliança Rússia-China era a única força propriamente geopolítica, olhando para o mundo em termos de Estados-nação amigos ou inimigos, sendo impulsionada, sobretudo, por agentes do setor militar e de segurança. As finanças ocidentais eram administradas por banqueiros e comerciantes que não obedeciam a nenhum Estado-nação ou princípio religioso, esforçando-se, apenas, para maximizar eficiência e lucros. A estrutura de poder islâmico, por outro lado, era essencialmente teocrática – invocando autoridade não militar, mas religiosa –, portanto, com ambições espirituais.

Olavo concluiu:

> Assim, pela primeira vez na história do mundo, as três modalidades essenciais de poder – político-militar, econômico e religioso – se encontram personificadas em blocos supranacionais distintos, cada qual com seus planos de dominação mundial e seus modos de ação peculiares. [...] Não é exagero dizer que o mundo de hoje é objeto de uma disputa entre militares, banqueiros e pregadores.

Uma análise Tradicionalista, ao que parecia. E, ao lê-la, Aleksandr Dugin esperava que Olavo chegasse a uma conclusão Tradicionalista. Afinal, diante de uma competição por poder entre as três castas superiores da hierarquia – a dos sacerdotes, a dos guerreiros e a dos comerciantes –, não deveríamos simpatizar com a mais virtuosa, a dos sacerdotes – isto é, com a espiritualidade e a teocracia? O ex-*muqaddam* da Maryamiyya do Brasil, que já respondera pelo nome de Sidi Muhammad, não deveria d(positar suas esperanças e seu apoio no islã e condenar os mercadores do Ocidente?

Essa estava longe de ser a avaliação de Olavo. Ele argumentou que condenar as finanças ocidentais não seria condenar os Estados Unidos, uma nação possuidora de uma Tradição e de uma herança anteriores ao liberalismo. A América real não era o centro do globalismo, mas seu alvo principal. A elite financeira ocidental "não é inimiga da Rússia, da China ou dos países islâmicos virtualmente associados ao projeto eurasiano, mas, ao contrário, sua colaboradora e cúmplice no empenho de destruir a soberania, o poderio político-militar e a economia dos EUA".

O desvio de Olavo da abordagem de Dugin foi mais profundo ainda, lançando um ataque direto ao antídoto escolhido pelo filósofo russo para a suposta decadência liberal:

> A Rússia não é de maneira alguma a "fortaleza da espiritualidade e da tradição", incumbida por mandato celeste de castigar, na pele dos Estados Unidos, os pecados do Ocidente materialista e imoral. É, hoje como no tempo de Stalin, um antro de corrupção e maldade como jamais se viu, empenhado, como anunciou a profecia de Fátima, em espalhar seus erros pelo mundo...

A escrita de Olavo tornou-se mais lúcida e vibrante quando ele chegou a esse tema, evidenciando que discutir isso era seu principal interesse e seu grande objetivo no debate.

Dugin ficou horrorizado. Faltava-lhe a retórica de Olavo, principalmente em inglês. Mas ele sabia que o que estava ouvindo do brasileiro contrariava a ortodoxia Tradicionalista. "Os Tradicionalistas ocidentais (R. Guénon, por exemplo) estavam do lado do Oriente. J. Evola era partidário da Tradição ocidental, mas em oposição absoluta à modernidade e aos EUA", escreveu, na abertura de sua resposta.

Dugin também viu sérios problemas na explanação de Olavo a respeito da dinâmica do poder no mundo. Você poderia realmente comparar o globalismo econômico e cultural que emana dos Estados Unidos com o que vem dos outros? Em outras palavras, existe realmente tanto militarismo russo-chinês e islamismo no mundo quanto há capitalismo clientelista? Claro que não, e qualquer opositor ao globalismo deve, portanto, definir suas prioridades. Além disso, embora ele entendesse as críticas contra o Estado russo, o que dizer dos crimes dos Estados Unidos? "Hiroshima e Nagasaki, a ocupação do Iraque e do Afeganistão, o bombardeio na Sérvia." Parecia absurdo separar esse legado e as "finanças ocidentais" dos Estados Unidos sob o pretexto de que sua cultura nativa seria uma vítima indefesa de tudo. "Conhecemos bem a verdadeira América." Ele argumentaria mais tarde que qualquer herança pré-liberal, pré-moderna americana dificilmente seria inocente: precisava ser vista como o solo em que o liberalismo globalista florescera.

Até aquele ponto, Olavo parecia ter se enrolado um pouco – primeiramente, alegando que havia três forças muito distintas cobiçando o poder mundial, depois dizendo em tom casual que as três estavam unidas em seu empenho para destruir a verdadeira América.

Era hora de fazer esclarecimentos. Os financistas do mundo, argumentou ele, estavam criando um sistema de proteção para si próprios – uma ditadura socialista mundial, na verdade –, centrado na consolidação do controle estatal das economias, na introdução de regulamentações e de esquemas fiscais nos quais apenas as maiores empresas poderiam prosperar. O resultado seria a criação de um sistema em que o governo e o "grande capital" seriam, ambos, bem-sucedidos. Os capitalistas mais ricos – aqueles que disputam o controle do mercado e driblam riscos financeiros – encontrariam um aliado ideal na forma mais poderosa de Estado: o comunismo. Bastaria transferir as linhas de produção das nações democráticas, nas quais o fluxo das forças de mercado gera incerteza, para as economias mais previsíveis do planeta. Na verdade, a capacidade da China de desafiar o domínio global da América "seria impensável sem os investimentos dos EUA e sem a autodestruição planejada do parque industrial americano". Some-se a isso o fato de que, afirmou Olavo, a Rússia e a China estariam entre as maiores fornecedoras de armas para organizações terroristas, que, por sua vez, estariam minando a vitalidade espiritual do islã. Pronto: dar-se-ia o surgimento de uma unidade entre as principais forças globais.

Nada seria o que parecia ser: nem capitalismo, nem comunismo, nem o suposto conflito entre a modernidade e o islã. Tratar-se-ia de simulações, nascidas do que os Tradicionalistas chamariam de mundo invertido e sem sentido, tudo redutível a um único sistema de massa.

O que, então, Olavo apoiava? Acima de tudo, cristãos de todos os países, Israel e o nacionalismo conservador americano. Os hábitos sociais dos americanos rurais, em particular, pareciam representar algo sagrado para ele: no clichê da linguagem conservadora dos Estados Unidos,[4] quanto mais o governo em Washington ficava afastado da sociedade americana, mais coesão, caridade e voluntariado ele via nela. Mas Olavo não desejava que fosse criado um globalismo competitivo inspirado nessas forças que tanto admirava: "Caso houvesse planos para a instauração de uma ditadura mundial cristã, judaica ou *redneck*,* eu estaria entre os primeiros a denunciá-los, como denuncio os militaristas russo-chineses, os oligarcas ocidentais e os apóstolos do Califado Universal".

$\sim$

Olavo foi assumindo o controle do debate à medida que este avançava para as conclusões. Suas ideias e seu curso imprevisível tornaram-se o foco da discussão. Quando li as respostas de Dugin, ele me pareceu exaltado e, talvez, um pouco irritado. Como quando escreveu: "Achei que encontraria em [Olavo] um representante dos filósofos Tradicionalistas brasileiros na linha de R. Guénon e J. Evola. Mas ele acabou se revelando algo diferente e muito esquisito". Dugin não comprou as ideias de Olavo: que os financistas ocidentais estivessem em um pacto com socialistas orientais, que, por sua vez, colaborariam com os islâmicos, e que tudo isso seria o cerne do globalismo contemporâneo – não passava de "pura fantasia". Nem havia necessidade de elaborar respostas, ao que parecia. Dugin apenas lembrou

---

* Diz-se, pejorativamente, da pessoa branca sem escolaridade, em geral conservadora, que vive na zona rural e/ou no sul dos Estados Unidos. (N. da T.)

aos que seguiam o debate que, ao vincular virtudes Tradicionalistas, como ordem, coesão social e hierarquia, ao Oriente, e decadência ao Ocidente, ele estava pensando de acordo com o estabelecido pela filosofia espiritual que tanto ele quanto Olavo apoiavam. Mas isso não pareceu perturbar seu parceiro de debate, cujas incursões estavam colocando em questão não se Dugin se opunha ao Ocidente, mas se, ao se opor ao Ocidente e promover o Oriente, o russo estaria mesmo lutando pela Tradição e contra o materialismo globalista.

Olavo, no fim das contas, estava guardando cartas na manga. Dugin vinha o tempo todo reafirmando sua fidelidade aos patriarcas do Tradicionalismo, e o brasileiro procurou se opor a isso, não com uma explicação sobre a história dos regimes governamentais no mundo, mas por meio de uma curiosidade sobre a geografia sagrada. Em textos menos conhecidos, René Guénon tinha escrito sobre centros de influência satânica – de "contrainiciação" –, que teriam o poder de afastar almas da Tradição. Seriam as Sete Torres do Diabo[5] ou as "difusoras da contrainiciação", e nenhuma delas estaria localizada no Ocidente. Como Olavo explicou com aparente deleite: "Uma no Sudão, uma na Nigéria, uma na Síria, uma no Iraque, uma no Turquestão (dentro da ex-URSS) e – ora, vejam! – duas nos Urais, em pleno território russo". Olavo omitiu que, nos últimos anos de sua vida, Guénon suspeitara da existência de mais um centro do mal, localizado na Califórnia,[6] mas isso teria complicado seu argumento seguinte – o de que, se alguém traçasse uma linha entre esses sete centros em um mapa, veria o contorno da constelação Ursa Maior.

Um urso – não apenas um símbolo da Rússia, como também um símbolo histórico da casta guerreira. Estaria Guénon a par dos antigos conhecimentos esotéricos que indicavam uma ascensão diabólica do militarismo na Rússia? Estaria Dugin correndo o risco de ser corrompido por forças espirituais em sua própria vizinhança?

Olavo via algum sentido nisso ou estava apenas jogando com Dugin?

O brasileiro era evasivo, e o que tinha a dizer dificilmente encontraria eco na pequena comunidade de intelectuais Tradicionalistas, poucos dos quais haviam considerado unir suas tendências espirituais e filosóficas a uma possível simpatia pelos Estados Unidos. E isso provavelmente o incentivava ainda mais; ele não se importava de ser um ponto fora da curva ou um iconoclasta. Nem temia acusações de irrelevância. Deixara isso bem claro no início do debate. "Para realizar seus planos", escreveu Olavo sobre Dugin,

> ele conta com o braço armado de Vladimir Putin, os exércitos da Rússia e da China e todas as organizações terroristas do Oriente Médio, além de praticamente todos os movimentos esquerdistas, fascistas e neonazistas que hoje se colocam sob a bandeira de seu projeto "Eurasiano". Eu, além de não ter plano nenhum nem mesmo para a minha própria aposentadoria, conto apenas, em matéria de recursos bélicos, com o meu cachorro Big Mac e uma velha espingarda de caça.

Dugin era um ideólogo e um mediador de poder. Olavo era apenas um cara se divertindo – ou era isso que ele queria parecer.

Enquanto eu lia essas falas finais no meu *laptop*, percebi que o uso do Tradicionalismo por Olavo não parecia tão excêntrico para mim àquela altura como teria parecido se eu o tivesse encontrado anos antes. A noção de que uma reserva oculta da força espiritual antimoderna da humanidade seria encontrada não em *ashrams* hindus nem em *tariqas* sufistas, mas entre os cristãos rurais dos Estados Unidos reapareceria no pensamento de Steve Bannon, um Tradicionalista cujo poder político ultrapassaria o de Dugin, pelo menos no sentido formal. Pensei na sequência das minhas entrevistas com Bannon e percebi que suas opiniões sobre os poderes metafísicos da classe trabalhadora branca rural da América haviam aparecido meses antes da eleição de Bolsonaro e da emergência de Olavo na cena pública. Ainda que Steve tivesse conhecido Olavo recentemente, intuí que, pelo pensamento do brasileiro, ele já transitava havia algum tempo.

15
FRONTEIRAS ENCANTADAS

O lobo libertar-se-á
E correrá...
Irmãos brigarão uns com os outros
E matar-se-ão,
e primos romperão a paz
uns com os outros,
o mundo tornar-se-á um lugar difícil de viver.
Será uma era de adultério,
Uma era de machado, uma era de espada,
Uma era de tempestades, uma era de lobos.[1]
Ragnarök, tal como descrito em *Völuspá**

No fim de uma noite de fevereiro de 2019, nos arredores de Tucson, no estado do Arizona, Steve Bannon encontra-se em seu *habitat*. Está cortando um bife com uma faca serrilhada quando a garçonete interrompe sua concentração: "Com os cumprimentos de outro cliente, senhor". Ela coloca uma garrafa de cerveja Coors sobre a mesa, à direita dele. Steve ri. Ele não bebe desde 1998. Mas ainda assim quer agradecer, então levanta-se e olha ao redor.

A churrascaria Li'l Abner's Steakhouse é composta por um conjunto de salões de teto baixo e paredes de madeira cobertas com bilhetes, guardanapos ilustrados e placas de carro – minimonumentos deixados por clientes ao longo de décadas. A maioria das mesas tem tampo de madeira – estilo mesa de piquenique – e é coberta com rolos de toalhas de papel. Costela, a estrela do cardápio, é comida com as mãos. Lotada naquela noite de sábado, a Li'l Abner's está barulhenta. Faz 30 anos que a banda se apresenta todos os

---

* O mito Ragnarök, da mitologia nórdica dos *vikings*, retrata os eventos apocalípticos que levariam ao fim dos tempos. Uma descrição do Ragnarök está na *Völuspá* (algo como "profecia da vidente"), poema de autoria desconhecida provavelmente composto na Islândia por volta do ano 1000. (N. da T.)

sábados à noite na casa, mas hoje é a estreia de um novo cantor, que está tocando música *honky-tonk* e fazendo alguns *covers* de Johnny Cash.

O artista, a equipe do restaurante e os clientes – todos parecem orgulhosos de sua modéstia. Vestem-se de forma simples, até mesmo desgrenhada em alguns casos, e Steve adota o mesmo estilo. Barba por fazer. Cabelo bagunçado. Bermuda e *mocassins* sem meia, camisa polo de manga comprida e um colete verde com uma mancha visível na altura do peito esquerdo. Pela maneira como ele aperta a mão do homem de meia-idade corpulento e barbudo que lhe havia enviado a cerveja e que agora se aproxima, os dois poderiam ser parentes. Mas um deles é um populista vindo da Goldman Sachs, acostumado a limusines, viagens em jatos particulares e aos hotéis mais luxuosos do mundo. De qualquer forma, é perceptível que eles se sentem à vontade um com o outro, trocando tapinhas nas costas.

"Eu realmente sou agradecido pelo seu trabalho, cara!"

"Obrigado, irmão. Olha, estamos aqui tentando entender como os objetos cruzam a fronteira. Drogas, cartéis, essas coisas. Faremos tudo que estiver ao nosso alcance para ajudar vocês, dar um jeito naquele espaço em Nogales que está totalmente aberto. Temos uma equipe indo para lá."

"Deus o abençoe, cara!"

"Deus o abençoe também, irmão."

Steve referira-se a um trecho do deserto a duas horas ao sul de Tucson e a cerca de 13 quilômetros a oeste de Nogales, no Arizona. Há uma característica marcante nessa área: em determinado ponto, duas cadeias de montanhas encontram-se, cercando uma pequena bacia abaixo. A terra lá é seca, e o meio ambiente, violento. Antilocapras, escorpiões, tarântulas, pumas, porcos selvagens e até onças-pintadas vagam por uma colcha de retalhos de areia, relva e cactos; acima, voam águias e abutres. As balas também cortam os ares. Migrantes jovens e velhos, agentes da Patrulha de Fronteira dos Estados Unidos, *federales* mexicanos, batedores, transportadores de drogas e militantes americanos armados participam de uma dança perigosa, uns ao redor dos outros, dia e noite. Mas deixam poucos rastros. Na verdade, exceto por postes instalados aqui e ali, dificilmente um objeto de fabricação humana pode ser encontrado na área – poucas construções, placas, estradas e cercas.

A região é, contudo, palco de uma grande proeza da imaginação humana. É ali que a fronteira nacional com o México faz uma curva abrupta, formando um ângulo de cerca de 130 graus, em direção à Califórnia. É fácil avistar esse ângulo no mapa: é o local onde a fronteira sul do Arizona – ou seja, um trecho da fronteira sul dos Estados Unidos – inclina-se no sentido noroeste de um lado e sudeste do outro. É parte do que dá ao Arizona um contorno pouco ortodoxo em uma região do país onde muitos estados são desenhados em linhas retas, em quadrados e retângulos. Diz a lenda local que a curva abrupta nasceu do desejo por bebidas alcoólicas. Segundo contam, ao chegarem a oeste de Nogales, os responsáveis pela demarcação da fronteira, após a Guerra Mexicano-Americana, mapearam o acesso mais fácil em direção aos bares de Yuma, a mais de 560 quilômetros a noroeste, atravessando o deserto.

Já fazia cerca de um ano e meio que Steve deixara a Casa Branca e assistira, com preocupação, à perda republicana da maioria dos assentos na Câmara dos Representantes, conquistada pelos democratas no ano anterior. O Partido Democrata também vinha expandindo suas investigações sobre os negócios nacionais e internacionais de Trump, o que com certeza atrasaria os planos do presidente – planos que Steve ajudara a elaborar. O não cumprimento das promessas de campanha certamente diminuiria o entusiasmo entre os principais apoiadores de Trump, colocando em risco a reeleição. Mas não era tanto com Trump como pessoa que Steve se preocupava, mas sim com o destino de suas propostas políticas, sobretudo da promessa de construir um muro na fronteira. Era hora, pensava ele, de resolver o problema com as próprias mãos, e ele tinha um plano para isso.

Grande parte da fronteira dos Estados Unidos com o México passa por terras de propriedade privada: o governo dos EUA pode não querer construir um muro, mas não pode impedir cidadãos de construí-lo em suas propriedades. Sendo assim, Steve juntou-se a participantes secundários da campanha de Trump, a "gangue original" do movimento Maga,* como

---

* Sigla em inglês do *slogan* "Make America Great Again", que pode ser traduzido como "Tornar a América grandiosa outra vez". (N. da T.)

ele apelidou o grupo. Eles se autodenominaram We Build the Wall [Nós Construímos o Muro] e saíram viajando pelo país para angariar dinheiro para o projeto.

As fronteiras são fenômenos essencialmente imateriais. É por isso que uma fronteira pode ziguezaguear pelo deserto do Arizona sem deixar vestígios físicos: as fronteiras representam uma imposição do invisível sobre o concreto. Mas, para que uma fronteira seja significativa hoje em dia, na era desalmada da *Kali Yuga*, ela deve ser traduzida para a linguagem da época. Deve ser materializada.

Steve concluí que Tucson é o destino mais conveniente para iniciar o projeto. Lá, mora seu irmão Chris com a família, incluindo seu sobrinho Sean, um de seus principais assistentes – uma versão americana e mais corpulenta do príncipe Harry. Tucson também é um ponto crucial no conflito de segurança da fronteira. E, assim, na noite anterior, We Build the Wall realizou um comício nas proximidades, para arrecadar fundos, para um grupo surpreendentemente barulhento de 280 espectadores, todos residentes em um dos muitos condomínios para aposentados de Tucson. Steve considerou o evento um sucesso, na medida em que não apenas gerou dinheiro, mas, principalmente, despertou a atenção da mídia.

A ida à churrascaria naquela noite não tem outra finalidade senão diversão. Todos os Bannons locais estão reunidos ao redor da mesa de madeira, além de alguns convidados, como eu. Estou sentado de frente para Steve, e seu irmão Chris encontra-se à minha direita. Chris bebe garrafas de Coors quase a noite toda, ajudando Steve com os presentes enviados por outros clientes. Sean Bannon, filho de Chris, está sentado à minha esquerda e, na frente dele, à esquerda de Steve, vê-se Darren Beattie. O lugar de honra da mesa, à direita de Steve, diante de uma cadeira vazia, está reservado para seus três celulares. Eles merecem mesmo um lugar próprio, pois estão muito vivos. Acendem e apagam durante a refeição inteira, lembrando-me das luzes coloridas do brinquedo "Genius" da minha infância. Por fim, Steve coloca um guardanapo sobre eles, mas às vezes o ergue para espiar. Uma estratégia de enfrentamento. Assim ficava mais fácil para ele conversar com os outros convidados e comigo.

"Foi muito fraco", diz Steve. "Não houve reflexão para o debate, não – não significou nada. Os republicanos não abordaram comércio, empregos e imigração em massa, nem como a imigração ilegal pode tirar a soberania e os empregos das pessoas. Não discutiram nada disso. Tinham só um argumento fraquinho sobre cortes de impostos. Foi o que eu chamo de fraco, sem substância humana, sem alma. Isso é o que Trump ofereceu. Ele ofereceu uma fala politicamente incorreta que, para a classe trabalhadora, foi como um..."

Tapa na cara, penso comigo enquanto concordo com a cabeça. *Algo forte para contrastar com a fraqueza da política republicana à qual ele estava se referindo.* Às vezes era difícil controlar meu impulso de terminar as frases de Steve. Já tinha ouvido isso antes e, pelas posturas dos outros Bannons à mesa, eles também.

"...soco no estômago, sabe?"

Imigração e segurança de fronteiras são as questões fundamentais de Steve, aquelas às quais ele atribui um potencial político inexplorado e uma ligação com diversos outros problemas. É por isso que, de uma forma ou de outra, Steve sempre fala sobre fronteiras. Ao longo da refeição, ele nos dá uma amostra disso. De início, sua narrativa parece voltada para o público em geral, uma espécie de versão apropriada para o horário nobre – de fato, é o que se ouviria dele em uma entrevista de TV ou em um debate. É simples e concreta, enfocando a suposta perda de empregos e de dinheiro entre os cidadãos devido ao fluxo de migrantes. Passa por temas mais abstratos apenas nos comentários sobre a perda de dignidade de indivíduos que se sentem impotentes diante da transformação de seu mundo econômico e social. Eu sabia que havia maior profundidade em seu pensamento: afinal, ele afirma que a estabilidade econômica da classe trabalhadora é o pré-requisito para seu avanço espiritual, que, por sua vez, é o pré-requisito para a revitalização da América.

Mas, quando sua fala se volta para a China, como é inevitável, o tema das fronteiras aparece de novo. Em sua opinião, as fronteiras são centrais para a visão de mundo chinesa e suas tentativas de dominá-lo:

O que os chineses têm em mente é antiwestfaliano. É por isso que Olavo e eu concordamos tanto. O sistema westfaliano é composto por Estados-nação –

Estados-nação individuais, independentes e robustos, dos quais os cidadãos podem desfrutar ao máximo e nos quais têm maior capacidade de controlar seus destinos. O que os chineses estão criando é um efeito de rede. Estão usando o modelo da Companhia Britânica das Índias Orientais de capitalismo predatório, espalhando-o por meio de iniciativas como "Cinturão e Rota" e "Made in China 2025",* que os tornarão uma espécie de *über*-União Europeia; ou seja, tanto faz ser África subsaariana, Europa, Estados Unidos, Brasil, não passaremos, todos, de unidades administrativas em uma única rede, entende?

O fortalecimento das fronteiras, nesse caso, seria menos uma questão de política interna e mais de resistência a um novo imperialismo globalista que emana da China. A soberania é o prêmio a ser ganho com tudo isso, tanto para o Estado-nação quanto para o seu cidadão, que, da maneira como Steve vê, tem mais possibilidade de moldar um governo local do que o inacessível governo de uma entidade supranacional.

Se defender fronteiras limita a expansão da China, isso também pode ocorrer com a América. Uma fronteira bem marcada traz um senso maior de singularidade e de limite, o que poderia ajudar os Estados Unidos a reprimir suas tendências globalistas. Assim, o conceito entra novamente na pauta quando Steve discute a política de identidade americana:

Eu acredito firmemente que somos um país com uma fronteira e um muro, e um país que tem uma cultura, uma civilização, cidadãos e americanidade, certo? Isso que é um país. Se isso se chama "sangue e solo", que seja. Mas somos um país, somos uma coisa, com um povo e um conjunto de costumes e tradições. Não somos uma ideia. Eu odeio o conceito de que a América é uma ideia.

"A América é uma ideia." Trata-se de uma noção defendida por Paul Ryan, congressista republicano anti-Trump, a quem Bannon notoriamente

---

* Essas costumam ser consideradas iniciativas chinesas com vistas a uma nova ordem econômica global. Por meio da "Cinturão e Rota", forma abreviada de "Cinturão Econômico da Rota da Seda e a Rota da Seda Marítima do Século 21" (e também apelidada de Nova Rota da Seda), iniciada em 2013, a República Popular da China tem por objetivo oficial melhorar a conectividade entre os diferentes continentes, investindo em pontes, ferrovias e portos, além de fontes de energia, em um grande número de países (inclusive o Brasil). Já a "Made in China 2025" é uma iniciativa lançada em 2015 para que a China passe a produzir mercadorias e serviços de ponta, além de investir na formação de profissionais, de modo a deixar seu posicionamento de "fábrica mundial" de produtos baratos para se tornar uma referência em tecnologia. (N. da T.)

chamou de "filho da puta broxa".[2] Para ele, essa é a marca registrada de uma visão de mundo que trata a América como a essência de todos, de modo que não possa ser reivindicada exclusivamente por ninguém.

> A América como uma ideia – isso se espalha por todo lado, isso nos leva a todas essas guerras por culpa dessa gente que quer andar por aí com uma ideiazinha romântica de democracia e enfiá-la goela abaixo no povo de Cabul, por 16 anos, a 2 trilhões de dólares; 3.500 mortes, 15 mil feridos e 2 trilhões de dólares – essa é a América como ideia.

Ouça Bannon falar por um tempo e verá que ele acredita que fronteiras bem delineadas trazem muitos benefícios: revigoram a dignidade dos cidadãos da classe trabalhadora, impedindo a expansão de impérios estrangeiros; estimulam a consciência de identidade de uma nação, ajudando-a a ver a si mesma como limitada e integral e evitando que desperdice seus recursos em empreendimentos globalistas. Mas ele também pensa nas fronteiras de maneira menos convencional, tratando-as não como instigadoras de uma nova ordem, mas como um registro de outra coisa, de algo maior.

As fronteiras "não convencionais" entraram no assunto tarde da noite, quando voltamos aos temas de costume das nossas conversas, muito depois de a maioria dos convidados já estar falando de outras coisas. Antes, passamos por alguns meandros. Um rápido comentário sobre livros esotéricos, como *A doutrina secreta*, de Blavatsky. Depois, opiniões sobre o mormonismo – ele não acha que Joseph Smith poderia ter inventado tudo sem a intervenção divina. Até mesmo algumas palavras sobre o sufismo (se todos os muçulmanos do Oriente Médio fossem sufis, não teríamos problema algum). Comecei a me perguntar o que as pessoas das outras mesas pensariam se ouvissem essa nossa conversa.

Por fim, voltamos às suas ideias mais esotéricas. Não que ele já não tivesse feito referência a elas. Até haviam aparecido veladamente em seu comentário sobre "imigrantes ilegais tirando empregos". O Tradicionalismo dera munição a Steve para julgar a incapacidade dos republicanos de abordar o tema de forma eficaz e de se aventurarem para além da promessa "fraca" sobre impostos. Aqueles eram republicanos convencionais atuando como agentes da modernidade, uma prova viva de que, na idade sombria, a existência humana é reduzida aos seus elementos mais básicos – ou seja, posses e dinheiro. Considerar pessoas como mais do que isso, assim como considerar nações como mais do que meras economias, requer uma fuga dos costumes empobrecidos da nossa época, uma fuga do nosso tempo. Bannon chama isso de transcendência.

> A poderosa mensagem deles para mim, dos Tradicionalistas, é a de que existe um caminho, você precisa ter imanência e a vida precisa ter transcendência. Se não tiver transcendência, será pobre. Será materialista. E a sociedade acabará entrando em colapso. Atualmente, em tudo que é canto da América, parece que perdemos nossos fundamentos morais.

~

Os Tradicionalistas argumentam que, na idade sombria, o volúvel desejo material está destinado a sobrepor-se a tudo que é imaterial. Em parte, isso ocorre porque não há meios de defesa. Se a sociedade se recusa a reconhecer o domínio do imaterial – um domínio de ideais e de crenças invisíveis –, há pouca esperança de que as iniciativas políticas o priorizem. E, uma vez que os princípios que transcendem o tempo e a fisicalidade podem ordenar nossas vidas, sua dissolução anuncia um período de confusão e ilegalidade, seja pelo colapso de castas, que o hinduísmo considera ser a grande marca da *Kali Yuga*, seja pela quebra de laços de parentesco e de limites entre humanos e animais selvagens predita nos poemas da mitologia nórdica.

A única imaterialidade valorizada pelo modernismo é a falta de limite, traduzida em ideais que são considerados válidos em todos os lugares e por todo o mundo. Consistem em: individualismo, igualdade, democracia, liberdade – todos na base do conceito de América que Steve Bannon tanto despreza.

O que seria, então, um princípio ou ideal autêntico? A religião e a fé são os principais exemplos, sobretudo por sua capacidade de infundir significado simbólico no mundo material e inspirar as pessoas a organizar e limitar suas ações. Os Tradicionalistas acrescentariam a isso que praticar a lealdade para com uma divindade – na verdade, praticar a lealdade para com qualquer ideal intangível além de si mesmo – é um comportamento antimoderno. Isso incluiria a constituição de uma família ou tribo, em parte porque se trata de instituições ininteligíveis de uma perspectiva materialista e também porque são marcadas pelo simbólico e pelo inquantificável (uma família é mais do que a soma de suas partes materiais). Se honrar os laços de sangue e de história é, contudo, um conceito abstrato demais para a modernidade, então os princípios sociais que regulam os desejos primitivos, tanto materiais quanto corporais, também o são. As proibições de atividade sexual com base em um ideal – digamos, relacionamentos heterossexuais monogâmicos vinculados ao casamento – dependem da fidelidade ao abstrato e ao intangível, que é capaz de aplacar desejos físicos momentâneos.

A falta de motivação das pessoas para seguir princípios espirituais e intangíveis tem múltiplas consequências. A partir do momento em que se mostram inúteis do ponto de vista materialista – da criação de riqueza, da satisfação dos desejos corporais –, esses princípios são deixados de lado. E, quando os valores transcendentes são enfraquecidos em um local, outro local é convidado a fazer o mesmo. Uma perda de fé religiosa, uma tendência à fragmentação de comunidades grandes e pequenas, a negligência com relação às normas sociais estabelecidas – cada movimento nesse sentido vai debilitando a autoridade do imaterial, tornando mais provável sua derrota no confronto seguinte.

Por outro lado, se conseguir apoiar a causa do imaterial, você a verá avançando igualmente em outros lugares. Trate seres humanos como se fossem mais do que corpos. Trate-os como almas moldadas pela história e pelos sonhos e inseridas em uma linhagem espiritual, frutos de um contexto com raízes profundas, não como tábulas rasas universais que podem ser transferidas para outro ambiente sem nenhuma consequência. Faça isso e talvez fique mais fácil despertar nas pessoas a compreensão de que há fronteiras que se movem invisivelmente pelo universo e de que até o espaço físico contém propriedades metafísicas às quais devemos nossa obediência. Como se um longo fio espiralado de luz de néon tivesse repartido e organizado nosso mundo, demarcando nações, separando homens de mulheres, famílias de tribos e comunidades religiosas, o certo do errado. Como se tudo tivesse a mesma fonte de energia, e esta estivesse ou ligada ou desligada, como uma coisa só.

Na sexta-feira, 6 de abril de 2018, menos de um ano antes do comício de Steve em Tucson, um membro do governo Trump emitiu a seguinte declaração:

> O procurador-geral Jeff Sessions notificou hoje todos os procuradores dos EUA que desempenham suas funções ao longo da fronteira sudoeste sobre uma nova "política de tolerância zero" para crimes sob o estatuto 8 USC § 1325 (a), que proíbe a tentativa de entrada ilegal e a entrada ilegal nos Estados Unidos por estrangeiros.

Na sequência, o procurador-geral esclareceu ainda mais a declaração:

> Para aqueles que desejam desafiar o compromisso do governo Trump com a segurança pública, a segurança nacional e o estado de direito, aviso: a entrada ilegal neste país não será vantajosa, mas recebida com todo o poder de acusação do Departamento de Justiça.

O aumento da violência e da pobreza na América Central e na América do Sul tem levado a um crescimento no número de migrantes que se aproximam da fronteira, inclusive ilegalmente. E, embora a nova política anunciada naquele dia fosse oficialmente voltada à interrupção do cruzamento ilegal da fronteira, ela também tinha uma vantagem oculta para o governo – um recurso nunca mencionado na declaração do procurador--geral. Desde pelo menos março do ano anterior, membros da Casa Branca vinham pensando em separar os filhos de seus pais na fronteira. Eles seriam enviados para diferentes centros de detenção enquanto seus casos eram analisados. Não era a primeira ocorrência de separações familiares na fronteira. Elas também haviam acontecido na administração anterior, de Obama. Algo, porém, estava diferente. Para os funcionários do governo, o trauma pelo qual as crianças passariam durante tal experiência não era um dano incidental ou colateral. Ele era, justamente, o objetivo: vários oficiais da Casa Branca descreveram a separação como uma estratégia para "impedir" as travessias ilegais da fronteira. Os laços familiares eram importantes – para aqueles que não se modernizaram totalmente, vindos do Sul do mundo –, e, graças a isso, talvez as pessoas fossem convencidas da seriedade de cruzar ilegalmente a fronteira dos Estados Unidos.

A aplicação da nova "política de tolerância zero" do governo era agora feita em maior escala sob um pretexto legal. Todas as tentativas ilegais de travessia da fronteira passariam a ser investigadas como crimes. O governo dos EUA consideraria réus criminais os adultos envolvidos, e não requerentes de asilo. E, como réus criminais, eles não poderiam ficar alojados com seus filhos. A política havia levado à detenção de mais de duas mil crianças em pouco mais de um mês, e a mais duas mil no mês seguinte. Quando confrontado sobre essas práticas por um repórter em 14 de junho de 2018, o procurador-geral citou Romanos 13, enfatizando:

> Todos devem sujeitar-se às autoridades governantes, pois não há autoridade que não venha de Deus; as autoridades que existem foram estabelecidas por Ele. Portanto, todo aquele que se rebela contra a autoridade está se rebelando contra o que Deus instituiu, e aqueles que assim procedem trazem condenação sobre si mesmos.

Suas palavras tiveram pouco efeito. Quando o clamor nacional e internacional atingiu seu auge, o presidente encerrou abruptamente as separações de famílias em 20 de junho de 2018, por meio de uma ordem executiva. Uma rendição desnecessária, Bannon me diria mais tarde. Se Trump tivesse aguentado apenas mais alguns dias, a atenção do público teria murchado e desviado para outra coisa, e as separações poderiam ter continuado.

$\sim$

De volta à churrascaria em Tucson, estou pensando sobre espaço e tempo, em limites e sinergias. E em inconsistências. *Seria Bannon um Tradicionalista tentando fazer o tempo avançar ou retroceder? Ele tem mesmo um plano, ou simplesmente muda de direção conforme o vento?* Enquanto isso, o jantar aproxima-se do fim. Darren Beattie e eu estamos conversando. Antes de seu período trabalhando com Trump, ele era professor de filosofia, e falamos de autores obscuros.

"Você conhece Michael Millerman? Um estudioso de Heidegger e de Aleksandr Dugin", Darren perguntou.

Respondi: "Sim, sim. Li as coisas dele. Outro cara que eu conheço por causa da minha pesquisa é Jason Jorjani, ele...".

Um estrondo. Steve tinha derrubado um talher? Foi o que pareceu, mas meus olhos estavam voltados para outro lugar.

"Como..." – Steve de repente entra na nossa conversa, encarando-me com intensidade – "Como você conhece Jason Jorjani?".

"Por causa da minha antiga pesquisa", eu digo, pego de surpresa. "Conheço muitos desses caras."

Bannon não diz nada e vira-se para espiar seus celulares. Como *ele* sabe quem é Jason Jorjani – um intelectual obscuro dos recônditos da extrema direita, ligado à editora Arktos? Daí eu me lembro de um momento do ano anterior. Um livro, um pedido, uma dedicatória; eu não tinha levado aquilo adiante.

A situação que eu estava acompanhando, envolvendo Bannon, Dugin e Olavo, tornara-se séria e perturbadora de uma maneira que eu não havia previsto. E agora é que ficaria estranha.

16
A DESINTEGRAÇÃO DO MUNDO

Em maio de 2019, eu estava de volta ao Colorado, em frente à biblioteca pública da minha cidadezinha, ao lado do riacho que se encontrava bem cheio, como em toda primavera. Decidi entrar em contato com Jason Jorjani.

"Jason? Aqui é Ben Teitelbaum. Eu sei que já faz um bom tempo, e sinto por não ter podido entregar o livro a Steve. Mas estou curioso para saber o que dizia aquela dedicatória. O que você estava querendo dizer a ele?"

Ao longo dos meses anteriores, vinha me concentrando nos principais figurões – Dugin, Olavo e Bannon – e no fato de que esses homens de inspiração Tradicionalista haviam influenciado consideravelmente governos de grandes nações quase ao mesmo tempo. Mas eu não havia pensado no que isso significava para a direita radical Tradicionalista. E é isso que Jason poderia esclarecer. A história dele, de seu empenho em tirar proveito da influência de Tradicionalistas no poder de grandes nações, é tão improvável quanto as outras.

Jason Reza Jorjani é filho de mãe americana de ascendência escandinava e irlandesa e de pai iraniano exilado. Ele foi criado com muito dinheiro em Nova York. A maioria das pessoas que conhecem Jason comenta como ele parece jovem para seus 38 anos. Seus olhos são brilhantes; seus cabelos são fartos e bem cuidados. Seu rosto evidencia a boa vida que leva.

Mas Jason tem uma visão de mundo e está disposto a se sacrificar por ela. Você poderia chamá-la de visão nacionalista iraniana, mas isso não daria conta de seu fervor ou de sua excentricidade. Ele sonha com um mundo ariano unificado, no qual sociedades com raízes espirituais indo-europeias se mobilizem como uma só, para assumir a liderança em uma nova ordem global. Isso incluiria budistas no Japão; hindus na Índia; a Europa e seus satélites na América do Norte; e os iranianos – a fonte do zoroastrismo e de suas variações islâmicas xiitas – no centro de tudo. Esses são os grandes povos, as civilizações superiores e mais bem posicionadas para lidar com os desafios que a humanidade e o mundo enfrentam. A unificação começa,

Jason acredita, com uma revolução cultural e política no Irã, visando devolver a nação às suas raízes e livrá-la da submissão aos pares islâmicos do mundo sunita. Depois, vem a união do Irã com seus verdadeiros irmãos espirituais, os outros Estados arianos, incluindo os EUA.

Jason tende a vangloriar-se. Às vezes parece fantasioso e pouco sério, especialmente considerando sua formação e sua falta de contato direto com o governo. Ele era professor de humanidades do New Jersey Institute of Technology [Instituto de Tecnologia de Nova Jersey] e filósofo (terminou seu doutorado em filosofia em 2013). Em outras palavras, é um escritor, não um legislador. No entanto, sua visão é Tradicionalista e evoliana, buscando uma formação de Estado e geopolítica baseada em essências históricas e raízes espirituais, com alusões nem sempre veladas ao determinismo racial (Jason já falou sobre o uso de programas de eugenia para livrar a população do Irã de seus traços genéticos mongóis[1]), sem mencionar a exaltação da espiritualidade indo-europeia e da hierarquia dos "arianos". E esses planos poderiam ser implementados no admirável mundo novo surgido após a ascensão de Trump e a chegada de um Tradicionalista à Casa Branca. Pelo menos Jason achava que haveria uma chance. É por isso que estabeleceu uma parceria ousada, que o colocou na mira do terrorismo parapsicológico e o envolveu com lavadores de dinheiro internacionais, além de colaborar para a transformação do nacionalismo branco organizado e, por fim, tornar-se uma pedra no sapato das relações públicas do governo Trump.

Jason começou a me contar a história pelo telefone. Explicou que, em fevereiro de 2016, bem antes da eleição presidencial nos Estados Unidos, publicara um livro argumentando que o Ocidente deveria aderir aos arquétipos espirituais de sua herança grega pré-cristã. O título era *Prometheus and Atlas* [*Prometeu e Atlas*] – o mesmo livro que, mais tarde, ele me pediria para entregar a Steve Bannon. Nele, Jason afirmava que reviver espiritualidades antigas permitiria ao Ocidente não apenas escapar do modernismo racional e árido, mas até mesmo liberar formas reprimidas de pensar e de saber – mais especificamente, a percepção extrassensorial e a psicocinese. O livro foi lançado por uma editora que ele acabara de conhecer: a Arktos. Era uma empresa não apenas polêmica, mas também instável. Seu então editor-chefe, John Morgan, o advertira, durante a fase de produção do livro, de que estavam surgindo conflitos interpessoais na

Arktos e que sua demissão parecia iminente. Ainda assim, a editora mostrou-se aberta a seus comentários sobre poderes psíquicos e telecinéticos, que se traduziram em ganho tanto para o autor quanto para o editor. O livro recebeu um prêmio da Associação Americana de Parapsicologia.

Contudo, quando se escreve sobre tópicos como esses, fatalmente aparecem aberrações. Em meados da primavera de 2016, Jason já havia recebido um sem-número de *e-mails* de pessoas fazendo comentários ultrajantes sobre suas habilidades psíquicas, afirmando terem desvendado os segredos do universo e apresentando-se como membros de sociedades ocultas. Algumas até ameaçaram atacar Jason por meios parapsicológicos.

Uma dessas figuras destacou-se. Não porque sua mensagem inicial se distinguisse muito das outras, mas porque, no fim das contas, revelou ser alguém de considerável poder econômico. "Quem é essa pessoa?", eu perguntei. Jason respondeu tratar-se de um homem de Londres, leitor assíduo dos livros da Arktos, com acesso a círculos Tradicionalistas ligados ao falecido Martin Lings. Perguntei, então, se poderia contatá-lo, mas Jason me desencorajou, sugerindo que o homem – vamos chamá-lo de Londrino – estava envolvido com ocultismo e era conhecido por toda a direita radical da Europa como produtivo, carismático e chocantemente bem relacionado. Sua rede de contatos havia se expandido muito, incluindo milionários iranianos e, possivelmente, membros do governo britânico. Ao ouvir isso, meu primeiro pensamento foi de que a tal figura mais parecia um agente federal disfarçado. Os governos britânico e alemão são particularmente agressivos quando se trata de infiltrar espiões nos círculos da extrema direita, às vezes levando a resultados trágicos.

Independentemente disso, o Londrino começou a dar conselhos a Jason. Ele sabia do conflito administrativo na Arktos. Talvez Jason quisesse assumir o cargo de John Morgan – afinal, ele era um falante nativo de inglês com formação universitária. Jason considerou aquela uma possibilidade atraente. Na verdade, ele vinha conversando com o *CEO* da empresa, Daniel Friberg, sobre isso. Quando a divergência entre John e Daniel se intensificou, Jason colocou-se à disposição para preencher a vaga, que acabou assumindo em setembro de 2016.

O que diferenciava o Londrino dos outros contatos da internet era sua oferta de ajuda a Jason para que este pudesse desenvolver seus interesses –

não apenas em relação à parapsicologia, mas também à implementação de sua visão de futuro para o Irã; isto é, o Londrino lhe oferecia apoio para pôr em prática uma revolução nacionalista de (re)união entre iranianos e seus parentes arianos. A oferta era provocante: ele talvez tivesse um plano de levar as mensagens de Jason ao Irã ou até a Casa Branca. E o Londrino parecia estar pronto para dar início a esse projeto imediatamente. Ele disse a Jason: "Nós trabalhamos com Michael Bagley na Jellyfish, e eles podem ajudar você. Aqui está o contato dele. Vou dizer a ele que você vai ligar".

Lembrei-me da dedicatória no livro que Jason me pedira para entregar a Steve e da misteriosa referência à Jellyfish. Perguntei: "Então era a isso que você estava se referindo no bilhete para Steve, aquela coisa toda da Jellyfish tentando marcar um encontro entre vocês dois?".

De acordo com o plano, pelo que entendi, Michael Bagley era a ligação entre o tal Tradicionalista obscuro e os poderosos de Washington D.C., o que é bastante notável. E, mesmo tão cedo – primavera e verão de 2016, antes da eleição presidencial –, ele parecia conhecer um alvo potencialmente receptivo e solidário com o qual praticar seu *lobby*: Steve Bannon. Jason não me diria quem era o Londrino. Mas, e esse outro cara – o elo entre os dois?

~

Michael Bagley é presidente da Jellyfish Partners. Descrita uma vez pela revista *Mother Jones* como "tirada diretamente das páginas de um romance de espionagem",[2] a empresa apresenta sua missão como "adquirir e vender inteligência política para clientes corporativos". Mas Bagley lançou uma campanha publicitária surpreendentemente eficaz retratando a Jellyfish como uma agente capaz de interferir e de moldar assuntos mundiais, além de estudá-los. Não é de espantar, dada sua origem. A Jellyfish foi fundada em 2011, tendo Keith Mahoney como *CEO* e Michael Yorio como vice--presidente executivo. Ambos eram ex-funcionários da famigerada empresa de segurança particular Blackwater. As Forças Armadas americanas e a Agência Central de Inteligência [CIA, na sigla em inglês] contrataram algumas vezes a Blackwater para proteger indivíduos, fornecer treinamento de combate e assassinar pessoas. Os homicídios não vieram a público até 2009, dois anos após uma série de escândalos envolvendo o assassinato de cidadãos iraquianos, por parte de funcionários dessa empresa, ter consolidado a fama da Blackwater como um bando de capangas armados com licença do governo dos Estados Unidos para matar. A má fama e os problemas legais fizeram com que as várias divisões da Blackwater se fragmentassem, formando novas firmas independentes – uma delas, a Jellyfish. Seus fundadores ficaram responsáveis pela divisão de obtenção de informações, chamada Total Intelligence Solutions [Soluções de Inteligência Total]; Keith Mahoney havia sido seu diretor. A Jellyfish representava uma tentativa de preservar e expandir a formidável rede de contatos e de *know-how* da Blackwater.

Michael Bagley já tinha bastante experiência ao chegar à Jellyfish. Ex-assessor legislativo da senadora democrata Patty Murray, foi escolhido para ser *CEO* depois de haver fundado, em 2009, uma empresa quase idêntica, chamada Grupo Osint [sigla para "inteligência de fontes abertas"], administrada por profissionais com vivência em trabalho sigiloso e legalmente duvidoso. Na prática, a Jellyfish absorveu essa outra empresa no início, junto com Michael.

E que início! Além de se gabar de suas raízes na Blackwater, a Jellyfish afirmou, em um documento enviado para a imprensa em 2011, ter mais de 200 "agentes de inteligência" em todo o mundo, "inclusive dentro da Irmandade Muçulmana no Egito, nos círculos clericais do Irã e entre as lideranças tribais no lado paquistanês da região de fronteira [Afeganistão-
-Paquistão]". Como observou o jornalista Shane Harris, do jornal *Washington Examiner*, em um texto que acabou servindo de divulgação para a empresa, isso tornaria a Jellyfish uma empresa do setor privado rival da CIA.[3] O dinheiro parecia estar lá: Michael Bagley declarou em entrevista à imprensa que a gigante Philip Morris[4] fazia parte da lista de clientes da empresa.

Mas parecia haver algo de errado com a Jellyfish. Michael Bagley era arrogante e tinha um quê de traiçoeiro – ao menos seus colegas achavam. E estes logo perceberam que ele não conseguiria obter uma habilitação de segurança do governo dos EUA. O fundador Keith Mahoney não sabia definir qual era exatamente o problema. Não só seu santo não batia com o de Bagley, como este de fato o assustava. Ele parecia ser perigoso.[5] Em um mês, Mahoney caiu fora, assim como a maioria dos outros. A Jellyfish logo se tornou o projeto de um homem só – pelo menos nos Estados Unidos.

No verão de 2016, quando Jason ligou para ele, Michael Bagley estava em busca de uma mudança política radical no Irã. Ou melhor, estava trabalhando para pessoas que buscavam mudanças políticas radicais no Irã; Jason chegou a pensar que Bagley estivesse seguindo diretrizes do Londrino, entre outros. Talvez o Londrino fosse cliente da Jellyfish... Talvez os dois trabalhassem para uma terceira entidade... Ou talvez a Jellyfish fosse apenas a fachada de algo maior... – Jason conjecturava. A despeito de tudo isso, em telefonemas e *e-mails*, Michael e o Londrino compartilhavam visões de mundo muito parecidas. Queriam a destruição da República Islâmica no Irã e sua substituição por um governo desvinculado de sua atual rede de alianças – com a Turquia, a China e a Venezuela – e integrado ao Ocidente.

Pretendiam conseguir isso por meio da prática de *lobby* interno, bem como de tentativas de manobra geopolítica. Os detalhes que Jason estava descobrindo sobre tudo isso eram espantosos. O Londrino, Jason acreditava, tinha um acesso mediado a Fethullah Gülen – um refugiado político turco que vivia nos Estados Unidos, acusado pelo governo da Turquia de ajudar a organizar um golpe fracassado contra seu presidente em 2016. Mais tarde, ele ficaria sabendo que o Londrino também tinha o intuito de causar turbulência governamental na Venezuela, e estava preparando-se para isso. Os governos de ambos os países, Turquia e Venezuela, mantinham uma relação favorável com o governo islâmico do Irã.

Mas onde Jason – um professor e colaborador de uma editora obscura – encaixava-se em tudo isso? A resposta: a Jellyfish via nele um potencial para propaganda e *lobby*, potencial esse que estava prestes a se concretizar com a ascensão de Steve Bannon.

～

Em setembro de 2016, Jason e Michael Bagley encontraram-se para almoçar no restaurante persa Persepolis, na região do Upper East Side de Manhattan. "Sabe, eu tive uma namorada persa uma vez. Conheci a cultura... Eu adoro *chelo kebab*",* declarou Bagley. Jason estava vestido

---

* Considerado o "prato nacional" do Irã, é composto por arroz, vegetais e um *kebab*, isto é, uma carne preparada à moda iraniana, em geral assada ou grelhada, com frequência em espetinhos. (N. da T.)

como de costume: terno e gravata com uma camisa branca e um único enfeite, um broche de ouro do Faravahar zoroastriano na lapela, parecido com uma águia. Michael, corpulento e de cavanhaque, em contraste, parecia ter acabado de sair de um bar esportivo – com uma camisa para fora da calça *jeans* e um casaco. *Mas a aparência não importa*, pensou Jorjani. Aquele era um encontro de negócios.

Bagley e companhia alegavam ter acesso a uma instalação de rádio na Croácia, com alcance para transmissão no Irã, e planejavam transmitir propaganda antigovernamental para o país. Será que Jason poderia ajudar com isso, fornecendo conteúdo para as transmissões? Claro. Jason disse que poderia até receber ajuda de uma organização solidária à causa à qual ele pertencia, a Renascença Iraniana. Ele conseguiria conteúdo para Michael até o final do mês.

Aquele prazo parecia bom. Bagley disse que planejavam lançar seus veículos de comunicação entre o meio e o fim de janeiro. Os fundos para isso viriam, por um caminho tortuoso, do governo dos EUA. Isso só seria possível, no entanto, se os burocratas rigorosos do governo Obama fossem substituídos por outros com um controle mais frouxo das finanças.

Sim, Bagley estava confiante – um mês antes da eleição presidencial – quanto à vitória de Donald Trump, e foi com base nisso que fez o segundo pedido.

Não seria suficiente colocarem seus planos em prática dentro do Irã e entre seus aliados – a Jellyfish queria mudar a política direcionada ao Irã também nos Estados Unidos. Para tanto, Bagley e seus colegas já estavam estudando o futuro governo Trump antes de ele existir. Sabiam, por exemplo, que o genro do presidente, Jared Kushner, seria o principal responsável pela relação com Israel. E disseram que o novo diretor da campanha de Trump, um homem chamado Steve Bannon, que poucos em Washington conheciam, certamente permaneceria no governo como uma influência poderosa sobre o presidente. Qualquer empenho no sentido de mudar a política dos EUA em relação ao Irã – afastando-a da dualidade arraigada de ou concordar com os mulás, ou marchar para a guerra, e trabalhando, assim, para uma revolução nacionalista – receberia um grande impulso caso Bannon o apoiasse. Bagley já tinha abertura nesses círculos,[6] e afirmava isso publicamente. Para fazer *lobby* com Bannon, porém, eles queriam uma abordagem mais dinâmica – persuadi-lo com base nos interesses dele. A Jellyfish, meses à frente da mídia americana, sabia não apenas que Bannon estava associado ao movimento nacionalista branco da direita alternativa, como também que era um Tradicionalista e leitor das publicações da Arktos.

Bagley não sabia nenhuma dessas coisas, mas o Londrino sim, e, juntos, eles viram em Jason uma possibilidade de abertura. Não apenas Jason era o editor-chefe da Arktos, a maior editora comercial de literatura Tradicionalista em inglês, como o realinhamento geopolítico que ele defendia também era de natureza Tradicionalista. Um Irã que retornasse às suas raízes e que permitisse que seu lugar no mundo fosse definido por sua essência espiritual certamente se voltaria para o Ocidente. Ademais, um Ocidente que abraçasse o Irã estaria, da mesma forma, priorizando sua identidade espiritual e sua ligação histórica com a comunidade indo--europeia. O fato de que o reposicionamento do Irã levaria a um maior isolamento da China – uma pauta importante para Bannon – tornava o plano ainda mais auspicioso.

Jason começou a intuir que um possível acordo com Bannon podia ter feito parte do motivo pelo qual o Londrino o encorajara, meses antes, a ocupar o cargo de editor-chefe da Arktos. Ele precisaria, provavelmente, de um perfil e de um *status* ainda mais fortes se quisesse ser ouvido por gente de dentro da Casa Branca. Os caras da Jellyfish tiveram uma ideia para isso. Por que não investir ainda mais no ponto de vista da direita alternativa, criando uma organização centralizadora para esse movimento com Jason no comando – algo com um poderoso componente de mídia, mas que também apelasse ao intelectualismo de Bannon? Apenas se certifique de que você, Jason, estará no comando, para o caso de conseguir um contato com Bannon e a Casa Branca – assim, a mensagem sobre o Irã será com certeza passada adiante.

∼

Jason estava me contando sobre o início de uma força-tarefa para ganhar influência, para fazer *lobby* junto ao poder executivo do governo americano e, com isso, promover uma mudança na política externa com base no Tradicionalismo. Se eu não estivesse ciente das atividades recentes de Dugin, Bannon e Olavo, provavelmente teria descartado o que Jason estava dizendo. Em vez disso, fiquei curioso e acreditei que ele estivesse descrevendo suas experiências com sinceridade. Quando refleti sobre sua história, porém, percebi que alguns detalhes não batiam. Será que Bagley e o Londrino poderiam ser mesmo reais e sérios, bem conectados ao mundo dos serviços secretos de informação e ao poder *e*, ao mesmo tempo, tolos o bastante para pensar que o pobre mundo do ativismo de extrema direita serviria para algo além de hooliganismo? Algo parecia errado. Mas, até aí, essa era uma nova era e uma nova extrema direita, e o próprio Jason era um personagem incomum.

Poucos meses depois de seu almoço com Bagley, Jason voltaria ao restaurante Persepolis. Dessa vez, porém, para se encontrar com o nacionalista branco Richard Spencer.

Jason acabara de voltar de uma viagem a Londres, onde falara para uma multidão de nacionalistas iranianos e encontrara o Londrino pela primeira vez. O Londrino recebera um relatório completo de sua reunião com Bagley e queria ajudar a desenvolver o projeto que os dois tinham engendrado, o de construir uma nova organização de direita. Deveria ser uma espécie de grupo de reflexão [*think tank*], insistiu o Londrino, que reunisse os melhores recursos da direita radical do momento. A Arktos poderia ficar responsável pelo aspecto intelectual mais profundo, enquanto a Red Ice – outra organização com sede na Suécia, chefiada por um homem chamado Henrik Palmgren e especializada na produção de vídeos e programas de rádio – poderia assumir a parte dos meios de comunicação. E talvez pudessem envolver uma organização americana também, como o National Policy Institute [Instituto de Política Nacional], de Richard Spencer, que por anos vinha promovendo grandes seminários e conferências para nacionalistas brancos. Eles poderiam chamar sua organização guarda-chuva de AltRight Corporation [Corporação da Direita Alternativa]. E, acrescentou o Londrino, ele se encarregaria de que fosse bem financiada.

Fora essa a conversa que trouxera Jason de volta ao Persepolis. Ele estava ali para consolidar a ala americana do novo projeto. Spencer fora projetado aos olhos do público como a cara do movimento da direita alternativa, em meio a alegações de jornalistas, especialistas e da própria Hillary

Clinton de que a direita alternativa estaria profundamente envolvida na então hesitante campanha de Donald Trump para a presidência dos EUA. Spencer não tinha certeza se essas alegações eram verdadeiras. Steve Bannon havia se referido publicamente à sua empresa de mídia Breitbart como um veículo para a *"alt-right"*[7] [apelido para "direita alternativa"], mas não ficara claro o que quisera dizer com isso (o termo *alt-right* ainda era novo, e seu significado, controverso). Ainda assim, durante a campanha, Trump demorou a rejeitar o endosso que recebeu do ex-líder da Ku Klux Klan, David Duke, embora o tenha feito, lá pelas tantas, emitindo uma nota de repúdio. Pequenas coisas, mesmo o mais leve indício de receptividade por parte de um importante candidato à presidência, eram motivo de euforia para gente como Spencer. Era algo com que eles apenas sonhavam – um momento oportuno e a possibilidade de que a causa política mais caluniada e rejeitada no Ocidente pós-Segunda Guerra Mundial pudesse ter conseguido progredir um centímetro que fosse rumo à relevância, talvez até mesmo à influência. Além disso, tratava-se de uma posição que haviam alcançado não por meio da camuflagem ou da infiltração clandestina na corrente de pensamento dominante, mas assumindo o que realmente eram – nacionalistas brancos sem remorso. A direita radical via nisso uma época de oportunidades, um tempo para inovação e ambição.

Talvez por isso Richard Spencer tivesse se mostrado tão ansioso por aceitar a proposta de Jason, de uma parceria tripla entre a Red Ice, a Arktos e a organização dele, o National Policy Institute. Essa sociedade marcaria a união dos principais movimentos transatlânticos, culturais e intelectuais associados ao nacionalismo branco de hoje. A AltRight Corporation viraria realidade.

O almoço no Persepolis foi apenas para comemorar. Jason e Richard já haviam chegado a um acordo no dia anterior e, em seguida, ido a um clube privado para uma noite de bebida e celebração. De manhãzinha naquele dia, os dois tinham posado para uma foto. Na parede atrás deles, havia uma estátua de Hermes – o deus grego da trapaça. Jason incluíra Hermes na foto de propósito.

17
ALT-RIGHT, INC.

No fim da primavera de 2019, Bannon estava enfrentando uma maré de azar. Seus planos de abrir uma escola na Itália haviam sofrido um golpe potencialmente fatal: após meses de protestos públicos, o mosteiro que abrigaria o estabelecimento, nas cercanias de Roma, decidira despejar Steve e seus parceiros. Ao mesmo tempo, porém, sua colaboração com Olavo parecia estar dando frutos. Os dois encontravam-se com frequência. Bannon patrocinava eventos em homenagem a Olavo e era convidado para solenidades oficiais do governo brasileiro, especialmente aquelas associadas ao ministro das Relações Exteriores do Brasil, Ernesto Araújo, ex-aluno de Olavo e também ele um Tradicionalista. Dugin, no entanto, não fazia parte desse grupo. Ele não chegou a se encontrar uma segunda vez com Steve, nem respondeu aos meus pedidos de novas entrevistas depois que lhe revelei que sabia sobre seu infame encontro em Roma.

Ganhei tempo para me aprofundar na história de Jason. Eu ainda não tinha certeza do que fazer com ela. Tanto poderia ser uma história de tolos tragicômicos, tentando a sorte por achar que sua hora finalmente chegara, como representar um elo realista entre a Casa Branca e o submundo da extrema direita.

Jason contou-me sobre Bagley e o Londrino e o empenho de ambos em ajudá-lo a assumir o cargo na Arktos e, depois, formar a AltRight Corporation em parceria com Richard Spencer. Era um caminho para chegar a Bannon e convencê-lo, com base em seu Tradicionalismo, a promover uma mudança na política dos EUA relativa ao Irã. Tudo isso seria possível, em parte, graças a injeções de dinheiro que fortaleceriam a editora e seus meios de comunicação parceiros, permitindo a Jason alcançar uma posição de liderança e, assim, transmitir *sua* mensagem, não os clichês do nacionalismo branco de seus parceiros – uma mensagem para que Bannon ajudasse a unir o mundo ariano, trazendo o Irã de volta à aliança com seus verdadeiros irmãos espirituais no Ocidente.

Mas, na esteira da eleição de Trump em 2016, quase imediatamente após Jason Jorjani, Richard Spencer e os suecos Daniel Friberg e Henrik Palmgren formarem sua parceria, pedras começaram a surgir pelo caminho.

∼

A AltRight Corporation havia se tornado realidade em 16 de janeiro de 2017 (no dia em que se celebra Martin Luther King Jr., mas Jason insistiu que não passava de uma coincidência), com um *site* elegante em branco e azul. A organização deveria ser administrada igualmente por todos os líderes – seguindo o modelo dos Cavaleiros da Távola Redonda. No entanto, Richard é que era publicamente reconhecido como representante da organização, gostasse ele ou não; havia se tornado famoso como ícone do novo nacionalismo branco. Tanto ele quanto sua ideologia eram fabricações da mídia, Jason acreditava. Mas a persona pública de Richard era uma desvantagem para eles. No final de janeiro, levou um soco no rosto durante uma entrevista filmada na rua, e o vídeo do ataque viralizou entre os liberais. Richard, então, passou a andar armado até para ir ao trabalho. Uma mitologia parecia estar se formando em torno dele, o que representava um problema para a imagem que a AltRight queria transmitir. Por causa do jeitão de Richard, o nome da organização estava começando a significar algo diferente do que Jason desejava.

Alt-right. O termo abreviado para "direita alternativa" fora originalmente cunhado não por Spencer, como a mídia insistia em dizer, mas por um professor e filósofo renegado chamado Paul Gottfried, que publicara livros pela Arktos. Ganhou atenção pública durante a eleição presidencial de 2016, em parte porque Steve Bannon foi citado descrevendo a Breitbart News como um "veículo para a *alt-right*". O termo consolidou-se ainda mais cerca de uma semana depois de Bannon assumir a campanha de Trump, quando Hillary Clinton dedicou um discurso em Reno, Nevada, à exposição da direita alternativa como uma causa nacionalista branca que – por meio de Bannon e da Breitbart News – tinha "efetivamente assumido o controle do Partido Republicano". Os direitistas alternativos ficaram animados com a atenção que estavam recebendo, embora também soubessem que estavam sendo descritos de maneira um tanto imprecisa.

Usava-se "direita alternativa" como uma espécie de termo guarda-chuva para uma gama de movimentos e ideologias diferentes, alguns incompatíveis entre si. O que tinham em comum era uma forte oposição à imigração, uma hostilidade ao conservadorismo convencionado no Partido Republicano (daí o "alternativa" do nome) e – a inovação principal, por isso a abreviação *alt-right* – um foco metodológico no ativismo *on-line*. Tudo isso, além de uma relativa falta de vergonha em dividir espaço com nacionalistas brancos. Os extremos políticos são nichos sectários, mas esse novo termo parecia reunir uma ampla coalizão.

Pensando retroativamente, agora que Richard estava à frente da organização, Hillary Clinton parecia ter sido correta em suas observações – a *alt-right* estava tornando-se sinônimo do antiquado nacionalismo branco. Daniel Friberg habitava aquele campo; o Tradicionalismo publicado pela Arktos parecia ser um interesse secundário para ele. Agora Jason também havia sido arrastado para esse nicho. Pouco depois da eleição de Trump, Richard organizou um encontro de nacionalistas brancos em Washington – basicamente, uma comemoração pela vitória – e, ao final, concedeu uma entrevista coletiva. Jason foi convidado a subir ao palco e obedeceu, sem dizer nada e parecendo um tanto desconfortável com aquele grau de visibilidade, sentado entre famosos ideólogos do nacionalismo branco, como Kevin MacDonald e Jared Taylor, diante de um mar de câmeras e de jornalistas internacionais.

Jason desejava que o termo *alt-right* tivesse mantido sua definição mais aberta – e ele apostava que Bannon concordaria com ele –, principalmente porque a associação com o movimento nacionalista branco estava ficando muito arriscada para ele do ponto de vista profissional. Já no final de 2016, seus colegas do corpo docente do New Jersey Institute of Technology começaram a observar suas aparições públicas. Mas Jason estava disposto a se sacrificar: a *alt-right* oferecia-lhe a oportunidade de disseminar sua mensagem.

Que inovação: ganhar influência na política dominante de uma democracia ocidental por meio do submundo da extrema direita. Alguns anos antes, isso teria sido impensável. Mas o avanço dos nacionalistas europeus, o Brexit e a vitória de Trump haviam modificado as coisas, e os ativistas sentiram essa mudança. Eles haviam assistido a Trump sofrendo os ataques de costume por parte do público em geral, sendo rotulado de racista, nazista e assim por diante. Trump, que sequer se esforçara para se adequar aos padrões liberais, vencera mesmo assim. *Eles* venceram. Isso assustava alguns, que mal podiam acreditar: em uma analogia tocante, um escritor nacionalista branco comparou a sensação[1] à de um jovem pouco atraente que se fecha às chances de romance por medo de ser rejeitado e que acaba se acovardando quando uma inesperada oportunidade finalmente bate à sua porta.

Poderia realmente ser verdade, o fim da ordem mundial liberal – os suspiros finais do tigre? Ousariam eles ter essa esperança? Será que a direita radical tinha deixado de ser uma pária e se tornado atrativa – um meio valorizado por pessoas sérias e poderosas com o qual elas gostariam de manter uma boa relação? Michael Bagley parecia pensar que sim. Ele bateu à porta; Jason estava pronto para abri-la.

～

Em 2 de janeiro de 2017, Bagley enviou um *e-mail* para Jason usando seu endereço da Jellyfish:

> Os fundos do governo dos EUA para atividades da Jellyfish devem ser alocados entre o meio e o fim de janeiro, com certeza até 1º de fevereiro, que é o prazo final para acertar a parte administrativa e lançar as plataformas de mídia. Estamos apenas esperando a transição oficial de Obama para Trump, que será, claro, em 20/21 de janeiro.

Estava assinado: "Saudações de Washington, Michael". Jason tranquilizou-se. Mas fevereiro chegou, e nenhum dinheiro havia sido depositado. Nenhum. E isso não era pouca coisa, porque esse financiamento era a chave para todo o plano de Jason. Dinheiro e influência iriam, para citar o Londrino, "lubrificar" as relações sociais difíceis dentro da AltRight Corporation e dariam a Jason o poder de assumir a liderança da organização, mudando, assim, seu perfil e chamando a atenção de Bannon.

Enquanto isso, Jason estava entendendo mais sobre como as coisas deveriam funcionar. Bagley tinha um projeto de criação de "microcidades" no norte da África. Eu ficaria sabendo mais tarde que ele tentara fazer algo semelhante durante o governo Obama, com interesse na fronteira EUA--México, mas fora censurado. Essas "microcidades" haviam sido projetadas para conter os migrantes que se dirigissem para o Norte. Supostamente, não seriam campos de refugiados, mas "cidades de reassentamento" no norte da África, nas quais estes teriam acesso a oportunidades de emprego na indústria do petróleo. Era um projeto multibilionário que exigiria investimento de vários governos e da iniciativa privada. Mas não deixava de ser uma solução para a crise dos refugiados na Europa. Um esforço humanitário. *Ou isso*, pensei quando fiquei sabendo sobre o projeto, *ou uma barreira inteligente para que migrantes do Sul não cheguem ao Norte global. Um muro de fronteira um pouco diferente.*

Michael afirmou que, sob a administração Trump, o dinheiro para isso poderia ser liberado mediante uma operação de "orçamento negro" – isto é, por meio de fundos alocados para fins de segurança nacional com propósito e uso confidenciais. Havia alguma razão para pensar que Trump alocaria esses fundos para o experimento de Michael Bagley? Bem, havia uma impressão geral de que o fluxo de dinheiro não seria monitorado com tanto rigor na nova administração. Uma quantia – não demoraria muito – poderia "escapar" para a Jellyfish e, em seguida, ser canalizada para Jason e seu trabalho com a Renascença Iraniana e a AltRight Corporation. Sim, eles usariam dinheiro do governo para fazer *lobby* junto a esse mesmo governo.

Enquanto isso, Michael explicou a Jason, a Jellyfish estava fazendo contatos com pessoas importantes do governo, que poderiam direcionar os fundos deliberadamente. De fato, em 2 de fevereiro de 2017, um comentarista político israelense pró-Putin, Avigdor Eskin, publicou um artigo na agência de notícias RIA Novosti, da Rússia, alegando saber que os funcionários da Jellyfish haviam se encontrado com o novo conselheiro de Segurança Nacional de Trump, general Michael Flynn, para apresentar a proposta das "microcidades". "A ideia foi aceita pelo general Flynn como totalmente compatível com as políticas do atual governo", acrescentou Eskin. "Um plano de trabalho detalhado foi apresentado a Flynn[2] e aprovado por ele." *Bannon*, pensou Jason, *também devia estar ciente do plano.*

Mas logo surgiram obstáculos. Em 13 de fevereiro, o general Flynn renunciou ao governo Trump em meio a acusações de que estaria servindo aos interesses da Rússia e da Turquia. *O fato de que o FBI* [Federal Bureau of Investigation, o Departamento Federal de Investigação dos Estados Unidos] *vinha monitorando e gravando as conversas de Flynn torna a situação perigosa para Bagley*, pensou Jason. E, de fato, Bagley não respondeu aos seus *e-mails* durante todo o mês de fevereiro. Pedras no caminho. *Com certeza o dinheiro ainda sairá*, pensou Jason, e, enquanto aguardava, ele tinha muito com o que se ocupar.

Foi nessa época de otimismo e ansiedade que encontrei Jason pela primeira vez. Nós nos cruzamos em Estocolmo em 25 de fevereiro de 2017, no saguão do hotel SAS Radisson Blu, com vista para o porto. Ele estava esperando para encontrar o *CEO* da Arktos, Daniel Friberg, e eu também. Eu estava na cidade para ir à conferência Ideias Identitárias daquele ano – aquela mesma em que tinha conhecido Aleksandr Dugin anos antes. Meu principal interesse era verificar se a conferência daquele ano seria diferente, dadas a vitória de Trump, as notícias de Bannon, a *alt-right* etc. Achei que seria uma festa, e foi. Eu não tinha ideia de quais seriam os interesses de Jason àquela época. Ele estava tentando assumir o controle da AltRight Corporation na expectativa de obter acesso a Bannon.

Houve uma boa receptividade ao discurso de Jason sobre os males da democracia liberal e, depois, todos os convidados – era a maior Ideias Identitárias de todos os tempos – festejaram até o amanhecer. Jason estava alegre. Mas tudo isso acabou quando, em 8 de março de 2017, ele voltou da Suécia para os Estados Unidos e, mais uma vez, deparou com uma caixa de *e-mails* vazia.

Jason escreveu de novo para Bagley.

> Precisamos levar adiante o plano que surgiu neste inverno, nas conversas com você em Washington e, muito mais extensivamente, com [o Londrino] e um de seus sócios em Londres, de afastar Richard Spencer e me transformar em líder da AltRight Corporation. Você deve se lembrar de nossa conversa sobre eu ser capaz de abordar Steve Bannon de uma maneira que Richard não conseguiria.

Ele explicou detalhadamente por que precisava de dinheiro e como o usaria para assumir a liderança financeira da Arktos e, posteriormente, da AltRight Corporation. E concluiu: "Minhas desculpas por dizer tudo isso por escrito, mas tenho certeza de que você sabe da urgência dessas questões [...] Richard Spencer, Daniel Friberg e Henrik Palmgren não são pessoas com as quais se possa brincar".

Jason nunca recebeu uma resposta de Bagley. Mas não demorou a receber outro sinal de vida, só que do Londrino.

≈

"Vamos derrubar o governo da Venezuela."

Que Jason soubesse, não havia nada de especial acontecendo na Venezuela. Um governo socialista opressor, íntimo de mulás iranianos, sim. Mas era só isso.

"E precisamos entrar na indústria do petróleo antes de fazer isso."

Não houvera nenhum movimento no sentido de obter "orçamento negro" para "microcidades". O Londrino havia entrado em contato com Jason para apresentar um novo plano para obter fundos. Começava com um documento de 33 páginas, escrito por pessoas que Jason não conhecia e endereçado a indivíduos que Jason igualmente não conhecia, descrevendo uma série de planos de negócios – oportunidades de investimento e contrato de trabalho –, a maioria relacionada à exploração de petróleo na região do Cinturão de Orinoco, no coração de Venezuela, lar do que é considerado o maior depósito de petróleo do mundo.[3] Jason disse conhecer um engenheiro que trabalhava em uma das maiores petroleiras do mundo. "Pergunte a ele se sua empresa estaria disposta a assumir esse projeto."

O Londrino garantiu que haveria uma vultosa comissão para quem mediasse o negócio. Isso significava que, se realizasse tal façanha, caso seu contato se interessasse em assumir o trabalho ou o investimento, Jason teria direito a uma parte da comissão. Seria o bastante para a Arktos e a AltRight Corporation.

Jason ainda tinha o documento em 2019 e me permitiu vê-lo. A proposta principal era encontrar patrocinadores e parceiros para revitalizar a companhia estatal Petróleos de Venezuela (PDVSA), que se endividara devido à má administração e à canalização de recursos para a economia venezuelana, que passava por dificuldades generalizadas. A PDVSA buscava a reabilitação de 1.200 poços de petróleo, junto com 550 novas adições.

O plano previa uma infraestrutura maior para explorar as reservas da região e continha uma proposta mais específica para tornar o petróleo da Venezuela mais competitivo no mercado global, misturando sua produção de petróleo pesado com petróleo médio e leve, que poderiam ser produzidos internamente, ou, sugeria o documento, importados do exterior. Havia espaço para cooperação internacional na proposta, junto com uma sugestão de que quem investisse poderia colocar seu dinheiro "em um banco de sua confiança" – uma referência indireta à instabilidade da economia venezuelana. "Os fundos não precisam entrar no país."

Era um documento estranho. Um pouco mal-ajambrado, com erros de inglês. Mas os nomes eram reais e as empresas – PDVSA e suas subsidiárias – também o eram. Jason não sabia como o Londrino tinha obtido acesso àquilo, mas, depois que o recebeu, decidiu que daria uma chance e abordaria seu contato na indústria petrolífera. Pelo menos os caras da Jellyfish estavam finalmente lhe respondendo.

～

Compartilhei o documento de Jason com um contato que tenho na indústria petrolífera. Ele não o leu como um contrato, mas como um plano de negócios de aparência legítima.

Isso me deixou curioso para saber o que mais estava acontecendo no mundo da política e do comércio de petróleo naquele momento. Em 29 de março de 2017, logo depois de o Londrino abordar Jason com a proposta de comércio de petróleo, o Tribunal Superior de Justiça da Venezuela removeu os poderes da Assembleia Nacional do país. Foi uma tomada de poder efetiva, que limitou a influência da oposição e fortaleceu o herdeiro de Hugo Chávez, o presidente Nicolás Maduro.

Essa ação foi condenada por outros governos latino-americanos e ocidentais, além de ter gerado uma erupção de protestos internos. O que estava em jogo, segundo os críticos, era a continuidade da democracia na Venezuela; no final de abril, o país entrou em crise quando o número de manifestações nas ruas começou a se igualar àquele visto nos protestos anteriores, em 2014. Em meados do verão, esses atos aconteciam diariamente.

Foi, assim, uma surpresa quando, em maio, a mídia internacional começou a noticiar que o banco de investimentos americano Goldman Sachs havia comprado[4] US$ 2,8 bilhões em títulos da estatal venezuelana PDVSA. Tratava-se de uma companhia que vinha funcionando muito mal, pertencente a um governo que não era apenas opressor, como também instável, e cujo futuro parecia cada vez mais incerto. Os comentaristas questionaram o acerto moral e econômico dessa ação. A Goldman Sachs manteve-se em silêncio, embora um porta-voz tenha oferecido uma breve resposta que parecia timidamente dirigida a ambos os lados da crítica: "Concordamos que a vida lá tem de melhorar e fizemos o investimento em parte porque acreditamos que vai melhorar".

A declaração veladamente induzia a pensar que a compra da Goldman Sachs poderia estar antecipando algum tipo de mudança na Venezuela. A empresa deteria alguma informação privilegiada, indicativa de uma transformação política iminente? Talvez a mesma informação a que o Londrino de Jason tinha acesso? Possibilidades como essas me deixaram reflexivo. Talvez, embora muitos dos elementos da história de Jason parecessem ridículos, as pessoas com quem ele estava trabalhando tivessem recursos reais e uma esperança concreta de alcançar o poder.

Para entender mais, eu precisaria explorar o outro lado da história. Pedi a Steve Bannon para me contar sobre suas atividades durante aquele mesmo período – nos primeiros meses da presidência de Trump, na primavera de 2017. E descobri que, enquanto Jason lutava para lançar sua campanha pessoal, Bannon estava ocupado tentando implementar uma geopolítica inspirada no Tradicionalismo.

18
BANNON CONTRA O MUNDO

Pouco antes das 5 horas da manhã de 7 de abril de 2017, mísseis caíram do céu no deserto próximo a Homs, na Síria. A cidade, com mais de dois mil anos, já havia sido bombardeada até ficar irreconhecível entre 2011 e 2014, durante a guerra civil na Síria. Forças da oposição ao presidente sírio Bashar al-Assad haviam se entrincheirado na cidade, e a resposta do governo – apoiado pela Rússia e pelo Irã – fora arrasar Homs.

Naquela manhã, porém, o fogo vinha do Mediterrâneo. Eram mísseis de cruzeiro Tomahawks, disparados de um contratorpedeiro americano – uma retaliação pelo suposto uso de armas químicas por parte do governo sírio, que teria provocado a morte de crianças poucos dias antes. O presidente Obama advertira a Síria de que os Estados Unidos não tolerariam o uso de armas químicas em nenhum conflito, dada sua natureza indiscriminada e incontrolável. Acreditando que agora essas armas estavam sendo usadas, Trump optava por fazer cumprir essa regra.

O alvo era a base aérea de Shayrat, local de operação das forças russas e iranianas, além de sírias. A Síria estava atacando os rebeldes pelo ar, então o governo em Washington concluiu que deveria enfraquecer sua capacidade de voar.

Contratorpedeiros americanos no Mediterrâneo dispararam 59 mísseis. Eles caíram sobre pistas, aviões de combate estacionados, tanques de combustível e hangares, provocando a morte de um punhado de pessoas. O número exato depende de qual governo está contando a história.

~

No dia anterior, 6 de abril de 2017, as coisas não tinham ido nada bem para Steve Bannon. Pelo menos foi assim que ele descreveu para mim anos depois. Principal conselheiro do presidente Donald Trump, ele foi destituído de seu controverso cargo no Conselho de Segurança Nacional. Steve encontrava-se em conflito aberto com a filha de Trump, Ivanka, e com o marido dela, Jared Kushner. Esse posicionamento, naturalmente, estava longe de ser promissor. A composição do governo passava por uma rotatividade excepcional. Mas os membros da família Trump certamente não sairiam de seus postos. Todos eram dispensáveis, menos eles.

A principal discordância entre Steve e o casal Jared e Ivanka estava relacionada com a política internacional e a questão do intervencionismo. Politicamente, eles faziam o tipo pró-sistema: Jared fora um democrata centrista a maior parte de sua vida. Inclinava-se à manutenção do *status quo*, ao passo que Steve defendia uma drástica diminuição do envolvimento militar dos EUA em todo o mundo. Bannon entendia que seu papel na Casa Branca era fazer com que o presidente cumprisse suas promessas de campanha, e colocar um fim naquela guerra sem sentido havia sido um dos pontos altos para os eleitores. Trump tinha prometido aos trabalhadores americanos que seu governo os priorizaria, tomando decisões com base em seus interesses. Seguindo esse raciocínio, gastar seu dinheiro e suas vidas em guerras que não tinham impacto direto sobre eles nem sobre seu bem--estar ia na direção contrária da promessa.

A América tinha de vir em primeiro lugar.

Mas, como ocorria com a maioria dos princípios defendidos por Steve, aquele da não intervenção militar tinha várias justificativas. Ser nacionalista por si mesmo não é o bastante, diria ele; é preciso ser nacionalista pelos outros. Esse é o sistema de governo westfaliano idolatrado por Bannon. O respeito pela soberania do Estado-nação é um princípio transcendente que envolve, também, o respeito pelo direito de outras nações de presidirem seus próprios problemas: apenas uma abordagem antinacionalista concederia a um Estado a licença para intervir em problemas internos de outro Estado. Quais seriam as forças supranacionais que violariam o princípio da independência? Comunismo, islamismo radical, impérios como a China, bem como a democracia, os direitos humanos e o capitalismo universais e desvinculados de seu contexto judaico-cristão. Em outras palavras, globalismos. Uma ameaça à soberania das pessoas comuns em todos os lugares, pois, embora possam moldar o destino de uma nação, cidadãos não têm como controlar grandes e nebulosas entidades internacionais.

Essa é a causa de Steve – em sua versão nacional-populista, claro. Sempre me pareceu curioso o quanto ela coincide com interpretações atuais do Tradicionalismo.

≈

Um universo onde não haja diferença entre as pessoas. Homogeneização: essa é a distopia da *Kali Yuga*. Nem sempre é fácil entender, mas pense por um momento. Os Tradicionalistas originais exaltavam a hierarquia e, por princípio, não queriam que as castas superiores assimilassem as inferiores com o objetivo de criar uma sociedade de massa composta por guerreiros e sacerdotes. Homogeneização e evangelismo são características da modernidade, não da Tradição. Sempre que todos os membros de uma sociedade se fundem na mesma casta, a ordem desanda. Na visão dos Tradicionalistas, a assimilação ocorre apenas em uma direção descendente: com o tempo, todos tornam-se escravos do materialismo. Na melhor das hipóteses, as pessoas podem diferenciar-se umas das outras em seus estilos de vida, sonhos e destinos. A variação social, na forma de hierarquia, é a marca registrada de uma sociedade saudável. A igualdade não é.

Tradicionalistas e pensadores inspirados no Tradicionalismo reformularam essa ideia gerações mais tarde, ajustando o conceito de hierarquia. O mais importante, eles sustentam, não é que as melhores pessoas sejam priorizadas em relação às outras, mas sim que as diferenças entre pessoas potencialmente iguais possam prevalecer. Não é a hierarquia em si que importa, mas o pluralismo; não diferenças verticais, mas horizontais; a pirâmide cortada em linhas lado a lado, não em camadas de cima para baixo. Essa é uma interpretação do Tradicionalismo que encontra eco nas gerações que chegaram à idade adulta após a Segunda Guerra Mundial e as guerras do Vietná e do Afeganistão – isto é, entre os dissidentes anti-imperialistas do Ocidente.

As forças que ameaçam os tipos de diferenciação – a hierarquia e o pluralismo – são parecidas entre si. Os inimigos da diferença são os universalismos: valores ou sistemas considerados verdadeiros para toda a humanidade, não para um grupo específico. Com frequência, a democracia é abordada dessa maneira, incluída até mesmo nos documentos fundadores dos Estados-nação liberais como parte de um conjunto de direitos óbvios e concedidos por Deus, juntamente com o conceito de igualdade universal. Quando não entendemos que uma ideia é enraizada em uma determinada sociedade, com uma história, um caráter e um destino só seus, essa ideia tende a ser aplicada de maneira universal – passando por cima de fronteiras e negando diferenças.

Para alguns, como os pensadores da Nova Direita francesa, o cristianismo foi o grande precursor da proliferação de universalismos na modernidade. Crenças politeístas de antes do cristianismo nem sempre eram evangelizadoras e, com frequência, mostravam-se tolerantes para com outras práticas religiosas e até mesmo para com deidades diferentes idolatradas por diversificados povos. O cristianismo, entretanto, proclamou-se uma verdade universal acima de crenças locais. Por meio de sua compreensão do passado como pecado e do futuro como salvação, guiou pessoas para o distanciamento e o abandono de suas raízes. Principalmente em suas variedades protestantes, o cristianismo uniria todos os seres humanos na busca pelo mesmo objetivo: a comunhão com Deus. O marxismo e o capitalismo adotaram muitas dessas ideias, cada qual se afirmando como uma verdade absoluta para todas as pessoas, independentemente de sangue e credo, e tentando afunilá-las em direção a um propósito comum no futuro, não no passado – seja a utopia terrena comunista, seja a fortuna pessoal; ou, ainda, um mero "progresso" social em vez de uma união com o divino. O resultado? Aonde quer que se vá no mundo moderno ocidentalizado, independentemente de esquerda ou direita estarem no poder, haverá hostilidade contra qualquer pensamento que queira diferenciar de modo significativo uma comunidade da outra.

Na religião, os universalismos levam ao evangelismo. Na geopolítica, levam ao intervencionismo e ao imperialismo.

As reuniões em Washington antes dos atentados na Síria foram polêmicas. Aconteceram na Ala Oeste da Casa Branca, no andar de baixo, na Sala de Conferências John F. Kennedy – a "Sala de Crise", como é conhecida. E a disputa era assimétrica, de acordo com Steve. "Com poucas exceções, sempre era eu contra o mundo."

Ivanka Trump e sua aliada no governo, a conselheira de segurança nacional Dina Powell, lideraram uma ação para persuadir o presidente a revidar. Os fatores decisivos para o convencimento não foram as promessas de campanha de Trump, nem os prós e contras ideológicos da intervenção, mas os recursos visuais utilizados. Foram apresentadas a Trump fotos de crianças mortas por gás tóxico – mostradas por sua própria filha.

Steve ficou exasperado. Por que a vida daquelas crianças valia mais do que a de outras? Por que o método pelo qual tinham sido mortas importava? Eles tinham mesmo certeza de que o governo sírio fizera aquilo? Era difícil imaginar um porquê. E o que nós, os Estados Unidos, estamos realmente pensando em fazer com os mísseis de cruzeiro?

Ele estivera perto de ataques com mísseis de cruzeiro no passado, em seus dias na Marinha. Eles, de fato, causavam algum estrago, mas nada tão substancial assim. Os ataques seriam mais simbólicos, com impacto visual. Custariam dinheiro e gerariam agitação desnecessária, principalmente por parte dos russos.

Seus protestos não encontraram apoio. Àquela altura, ele já havia sido identificado como um problema. Steve Bannon discorda de uma medida? Ótimo! Então vamos colocá-la em prática! Soube-se até que Jared sentia repulsa pelas ideias de Steve sobre a necessidade e a inevitabilidade da destruição[1] no mundo. Ou seja, pelo Tradicionalismo de Bannon, ainda que não abertamente identificado dessa forma.

Mas, sem que Bannon soubesse disso à época, ele não era o único Tradicionalista envolvido na questão da guerra da Síria. Em novembro de 2015, a Turquia – um aliado nominal dos EUA no conflito – abateu um caça russo que estava cruzando o espaço aéreo turco ao longo da fronteira e ignorou repetidos avisos para sair dali. As forças rebeldes em terra, então, atiraram e mataram o piloto enquanto ele descia de paraquedas, assim como um membro da força russa de busca e resgate em terra. Depois disso, as tensões aumentaram. Será que a Rússia retaliaria, atacando um Estado da Otan e desencadeando um conflito direto com forças ocidentais, que seriam obrigadas a sair em defesa da Turquia?

Em meio a denúncias públicas e jogadas publicitárias de políticos em Ankara e Moscou, canais de comunicação foram abertos entre as forças de segurança de ambos os lugares. No verão do ano seguinte, o primeiro-

-ministro turco, Recep Tayyip Erdoğan, enviaria uma carta a Vladimir Putin declarando solidariedade às famílias dos oficiais russos mortos. Mais tarde, ele mandaria prender os soldados turcos que haviam derrubado o caça por suspeita de envolvimento com seu rival político, Fethullah Gülen. Ficou tudo bem entre a Turquia e a Rússia.

O homem por trás dessa reconciliação não era outro senão Aleksandr Dugin.[2] Era ele que tinha conexões com os dois governos, contatos forjados como emissário extraoficial de Moscou no exterior. Dugin organizara as comunicações e as reuniões secretas e sugerira que a Turquia pelo menos investigasse os oficiais que tinham derrubado o caça. Esse trabalho deve ter sido prazeroso para ele, pois, ao suavizar a relação entre a Rússia e a Turquia, ele estava impedindo um maior envolvimento dos Estados Unidos na Síria, mantendo o conflito nas mãos da Rússia e, assim, mostrando ao mundo que não havia uma força que poderia impor sua vontade em todos os lugares, em todos os momentos, impunemente. Assim como em seus planos para o nacionalismo europeu, na questão da Síria, Dugin também tinha um aliado em Bannon.

~

Diversidade, variação, pluralismo. Aos olhos dos Tradicionalistas, todas as virtudes opõem-se à uniformidade e à globalização. Aleksandr Dugin destaca-se como uma figura que tirou várias lições desses princípios. Para ele, a diferença tem mais importância no que diz respeito à capacidade de grupos para manter seus próprios mitos, crenças espirituais, comidas, parâmetros estéticos, rituais, hábitos – formas de existir, ou *Dasein*. Outros pensadores com os quais Dugin formara parcerias em projetos intelectuais – como Alain de Benoist, da Nova Direita francesa – davam mais ênfase a características herdadas biologicamente, como raça e etnia, propondo um conceito relacionado de separatismo étnico, intitulado etnopluralismo.

Contudo, Dugin, como Benoist, poderia ser muito mais filosófico em sua elaboração da ideia, mantendo a importância da capacidade de um grupo para reter seu próprio senso de conhecimento e de verdade, sua própria epistemologia. Assim como se valia do pensamento (geralmente mais à esquerda) dos primeiros antropólogos anglo-americanos que argumentavam que nenhuma cultura – nenhum *Dasein* em particular – era objetivamente melhor do que outra, ele também se baseava em filósofos pós-modernos da esquerda para argumentar que a verdade era relativa. Em um mundo diferente, nenhuma sociedade afirmaria saber o que seria "a verdade" para ninguém, exceto para si mesma. A afirmação oposta, de que uma realidade objetiva existe além da cultura, nada mais seria do que um cavalo de Troia em nome do colonialismo epistemológico. Se uma cultura alega ter acessado um conhecimento que não seja específico dela, mas verdadeiro para todos, então se justifica invadir e apagar o pensamento dos outros, tomando o que antes era um mundo com uma vasta gama de sistemas de conhecimento e substituindo-o por outro com um único sistema. E a cultura que espalha no mundo essa praga em forma de uniformidade epistemológica é – claro – o Ocidente moderno, com seu método científico.

Um Tradicionalista tem o direito de se opor a isso. De fato, um repórter da BBC certa vez perguntou a Dugin sobre o conflito na Síria, se ele acreditava nas informações divulgadas pela mídia estatal russa. Dugin respondeu com um monólogo, citando filósofos pós-modernos ocidentais e atacando o conceito de "fatos". Ele disse que a verdade é relativa. Os Estados Unidos têm direito ao seu senso de verdade sobre a Síria, mas, da mesma forma, "[nós] temos nossa verdade russa particular".[3]

Os pensamentos de Dugin sobre geopolítica parecem apenas outra expressão de um ideal hiperpluralista formulado em termos de divisões estáticas e eternas de civilização e cultura. O evangelista cristão, o diplomata agindo em nome dos direitos humanos universais, o capitalista global, o cientista empirista, o jornalista investigativo que busca descobrir os "fatos", os militares dos Estados ocidentais aplicando leis internacionais – todas essas seriam variações da mesma coisa, todas elas inimigas da diferença. E os valores que sustentam o direito das sociedades tribais a manter seus modos de vida e suas visões da história, da natureza e do divino representam, por sua vez, uma resistência à uniformidade nas relações de poder globais. A ascensão de vários centros de poder – a multipolaridade – impede que somente um deles domine os demais.

A partir daí, o passo rumo às doutrinas não intervencionistas é pequeno. A multipolaridade também resultaria em um mundo no qual as nações concordariam em respeitar a soberania umas das outras, perseguindo objetivos limitados à sua própria esfera e acordados com os interesses de seu próprio povo. Por isso, para Steve, a América tem de vir em primeiro lugar. Ela não precisa manter-se em conflito com outras potências mundiais, muito pelo contrário; ao menos é nisso que acredita Bannon, o fanático cristão que odeia evangelismo, membro – por um tempo – de um governo defensor de "fatos alternativos".*

~

Ao longo de um intervalo de vários anos, e antes de se encontrarem pela primeira vez, Bannon e Dugin haviam trabalhado para fins semelhantes em relação à Síria. Para o primeiro, isso não se traduziu em sucesso na Casa Branca. Em abril de 2017, seus esforços para evitar a intervenção militar americana fracassaram. E essa foi só uma derrota em uma batalha maior. Bannon *versus* Jared: nacionalismo *versus* globalismo, ruptura *versus status quo*, promessas de campanha *versus* sistema já estabelecido em Washington.

Quando se lembra das discussões na "Sala de Crise", Steve afirma que gostaria de ter sido mais implacável. Ele me disse que se arrependia de ter agido de maneira estranhamente reservada, em parte porque estava sentindo que a dinâmica de poder no governo não lhe era favorável. "Tentar ser educado", essa era sua estratégia, mas a polidez não funcionou.

E, pensando bem, se você lhe perguntar, ele dirá que estava "certo, como sempre. Certo?". Jared, Ivanka, H. R. McMaster,

todos eles estão errados. Eu odeio dizer isso, mas eles estão errados, não chegam nem perto de acertar. Sequer se trata de "quase acertos". O que os globalistas querem fazer – tudo que eles querem, e tudo é falso, tudo é mentira – é ir para cima dos russos. "Vamos fazer algo acontecer!" E lá estamos nós, atirando uns nos outros. Esse é o propósito disso.

---

* A expressão "fatos alternativos" (*alternative facts*, em inglês) foi usada por Kellyanne Conway, ex-conselheira de Trump, em uma entrevista à TV estadunidense em 22 de janeiro de 2017, na qual defendeu a declaração feita por Sean Spicer, então secretário de Imprensa da Casa Branca, de que o número de espectadores na tomada de posse de Donald Trump como presidente havia sido o maior de todos os tempos. A imprensa provou que o número de pessoas presentes fora significativamente maior na tomada de posse do presidente anterior, Barak Obama, e que, portanto, a declaração de Spicer era falsa. (N. da T.)

Ainda não havia provas de que o governo sírio usara armas químicas. E a eficácia do bombardeio? A base aérea de Shayrat voltara a operar na mesma noite, sem impacto perceptível no curso dos eventos da região.

No entanto, a postura presunçosa não ajudaria Steve. O governo estava se afastando de seu plano nacional-populista. Ele manteve seu cargo, porém. Estava abalado, mas não fora do jogo. Ainda.

19
Vamos unir a direita

O mundo mudou durante a primavera e o verão de 2017. Aquele período parecia ser um divisor de águas na vida de algumas das pessoas que eu acompanhava para o meu estudo. Era como a aurora de sua idade sombria.

Steve Bannon estava perdendo seu *status* e, no início do verão, parecia prestes a deixar o governo Trump. O cancelamento de sua polêmica nomeação para o Conselho de Segurança Nacional em 5 de abril e sua impotência em relação ao ataque à Síria eram apenas dois dos muitos fatores que estavam levando a isso. O chefe de gabinete, general John F. Kelly, não gostava dele e suspeitava que estivesse vazando fofocas sobre seus oponentes e criando uma espécie de suborganização dentro da Casa Branca. Por outro lado, o presidente estava cada vez mais ressentido com um número crescente de notícias identificando Bannon, e não o próprio Trump, como o arquiteto de sua vitória eleitoral e a força motriz por trás das iniciativas do governo. Para completar, a rivalidade de Bannon com o genro de Trump fora tão exposta na mídia americana que até ganhara um esquete satírico no programa de televisão "Saturday Night Live". As coisas não iam bem para Steve.

Foi necessário um escândalo, porém, para tirá-lo de vez da Casa Branca. Um acontecimento que também teria impacto sobre Jason Jorjani e a direita alternativa.

~

Eles se encontraram no parque McIntire, em Charlottesville, no estado da Virgínia, no sábado, 12 de agosto de 2017, um pouco antes das 11 horas da manhã. Daniel Friberg, Richard Spencer e Henrik Palmgren — três dos quatro líderes da AltRight Corporation — juntaram-se a centenas de pessoas reunidas para a manifestação "Unite the Right" [Unir a Direita], cujo objetivo oficial era contestar a remoção de uma estátua pública de Robert E. Lee, general confederado da Guerra de Secessão. Mas, como o próprio nome da manifestação evidencia, ela visava reunir ativistas que se identificassem com a direita alternativa.

Entre os participantes dignos de nota, havia massas de militantes do nacionalismo branco, neonazistas com suas suásticas e membros da Ku Klux Klan. Também havia muitas bandeiras dos Estados Confederados,* é claro. Os manifestantes até pareciam ter estudado e ensaiado o grito de guerra[1] usado pelos confederados na Guerra de Secessão. Faziam essas homenagens ao mesmo tempo que adotavam novos simbolismos oriundos do ambiente *on-line* que garantira à sua causa um renascimento cultural e estratégico. Memes de Pepe, o Sapo, um personagem de quadrinhos que fora apropriado pela direita alternativa, apareciam em pôsteres e camisetas, e muitos manifestantes sinalizavam "ok" com a mão, de modo a remeter às letras W e P de *white pride*, isto é, orgulho branco. Muitos também usavam os bonés vermelhos com as iniciais M.A.G.A., do *slogan* "Tornar a América grandiosa outra vez". A *alt-lite*, também conhecida como "Nova Direita", cujos membros opõem-se à imigração e ao multiculturalismo, embora afirmem repudiar o racismo e o antissemitismo, foi uma ausência sentida na manifestação. Aquela era uma multidão extremista, explicitamente defensora da identidade branca, movida por uma suposta marginalização de sua posição na sociedade e, paradoxalmente, por um apoio crescente por parte da Casa Branca.

Houvera outra manifestação dramática na noite anterior, quando os militantes tinham cercado a estátua em questão com tochas e marchado, entoando: "Vocês não nos substituirão" e "Os judeus não nos substituirão". A ansiedade gerada pela mudança demográfica e pela ascensão social e econômica dos não brancos dera o tom do protesto.

---

* Em 1861, sete estados escravistas do sul dos Estados Unidos (Flórida, Carolina do Sul, Alabama, Mississippi, Geórgia, Louisiana e Texas) formaram a aliança política Estados Confederados da América (*Confederate States of America*, em inglês) como uma reação à eleição do abolicionista Abraham Lincoln e uma tentativa de se separarem do restante do país. Outros quatro estados (Arkansas, Carolina do Norte, Tennessee e Virgínia) juntaram-se a eles na investida contra os estados do Norte (a União), na chamada Guerra da Secessão. Em 1865, com sua derrota no conflito e a abolição da escravidão, a Confederação foi desfeita. (N. da T.)

Guerra pela eternidade | 213

Daniel e Richard não participaram de nada disso. Eles chegaram no dia seguinte, vestidos não para a manifestação de rua, mas em trajes formais – no caso de Daniel, um terno com colete. Ambos iriam discursar para a multidão. Se, na noite anterior, os manifestantes haviam conseguido locomover-se livremente pela cidade, naquele dia havia também uma enorme multidão de "contramanifestantes" – pessoas que queriam impedir o ato. Daniel pôde ouvir seus clamores assim que entrou no parque McIntire: "O fascista Richard Spencer está aqui! O fascista Richard Spencer está aqui!".[2] Era um alívio saber que na comitiva de segurança de Richard havia ex-militares, mas nem a força da polícia municipal nem a das tropas estaduais e da Guarda Nacional conseguiriam defendê-los. Contramanifestantes espalhavam-se pelo trajeto do protesto, do parque McIntire ao parque Lee, onde fica a estátua homônima. À medida que a procissão avançava, gás lacrimogêneo e *spray* de pimenta choviam sobre eles – literalmente. Os militantes contrários à manifestação de direita enchiam o ar com essas substâncias, de modo que caíssem sobre rostos, ombros, mãos e cabelos de quem passasse. Fazia muito calor; em seu terno, Daniel transpirava. Enquanto ele limpava o *spray* do rosto, novas doses da substância iam caindo sobre seus olhos.

Às 11 horas, antes de a passeata chegar ao parque Lee para os discursos programados, o prefeito de Charlottesville e, mais tarde, o governador da Virgínia declararam estado de emergência, cancelando imediatamente o evento sob a alegação de que a segurança dos participantes e dos espectadores não poderia ser garantida. Os manifestantes foram orientados a desocupar a área, voltando pelo caminho que seus inimigos, os contramanifestantes, haviam acabado de passar. Richard, Daniel e a comitiva que os acompanhava inicialmente desafiaram a ordem, mas o caos foi se instalando conforme manifestantes e autoridades espalhavam-se em todas as direções. Após alguns confrontos iniciais com a polícia, Richard Spencer correu para o seu carro e deixou o local. Quando partia, avistou uma espécie de antecessor seu andando pelas ruas – o último homem a emergir na cultura popular americana como um nacionalista branco declarado, o ex-líder da Ku Klux Klan David Duke, que rapidamente entrou no carro de Spencer em busca de segurança.

O resto da cidade permaneceu em turbulência enquanto manifestantes e contramanifestantes enfrentavam-se em conflito aberto. Palavras, gestos e golpes foram trocados, e dezenas de pessoas foram levadas às pressas para hospitais locais. Por volta de 13h45, um nacionalista branco de Ohio, James Alex Fields Jr., sentou-se ao volante de seu Dodge Challenger 2010 e virou na rua 4th, a poucos quarteirões do parque Lee. Vendo uma multidão de contramanifestantes à frente, bloqueando a rua, pisou fundo no acelerador e avançou. Poucos segundos depois, engatou a ré e acelerou para trás. O policial que parou o carro a um quilômetro e meio de distância notou danos causados por tacos de beisebol no exterior do veículo, bem como sangue e carne humana. Na cena do crime, uma contramanifestante de 32 anos, Heather D. Heyer, jazia morta no chão.

~

Lamentável, trágico, catastrófico. Essas eram as palavras usadas pelos intelectuais do nacionalismo branco durante o período que se seguiu aos eventos em Charlottesville. A ameaçadora procissão – com tochas, vestimenta militarizada, propaganda nazista e, claro, violência – acabaria com qualquer potencial que o movimento da direita alternativa tivesse de revitalizar o nacionalismo branco e o ativismo antiliberal. Longe de exibirem engenhosidade e inovação, os ativistas marchando em Charlottesville não pareciam nada diferentes do que se esperaria da extrema direita convencional. Os próprios participantes expressaram suas reservas. Na internet, Richard Spencer denunciou a reação do organizador do evento à morte de Heather D. Heyer. E, logo após um editorial que escrevi para o *Wall Street Journal* destacando o comportamento atípico de Daniel Friberg ao se juntar a nazistas e membros declarados da Klu Klux Klan, ele esclareceu à mídia escandinava[3] que estava incomodado com a presença desses ativistas e teria proibido sua participação caso fosse o organizador. Ele e seu sócio da Suécia foram notificados logo depois: seus vistos de entrada nos Estados Unidos haviam sido revogados por tempo indeterminado. Mas, então, uma voz juntou-se ao debate público, e de uma forma um tanto inesperada.

"Condenamos da forma mais veemente possível essa flagrante demonstração de ódio, intolerância e violência vinda de muitos lados – de muitos lados." O presidente Donald Trump fez a declaração de seu clube de golfe em Bedminster, Nova Jersey, logo após os desdobramentos dos eventos em Charlottesville. Em vez de dirigir sua crítica aos manifestantes nacionalistas brancos, ele condenou também os contramanifestantes esquerdistas, em particular os movimentos Black Lives Matter [Vidas Negras Importam] e Antifa [Ação Antifascista]. Pessoas como Richard Spencer nunca esperaram ouvir isso de presidentes anteriores. Foi inacreditável. E, depois de um período de quase silêncio em meio a protestos acalorados naquele fim de semana, Trump fez comentários extensos na terça-feira seguinte, em uma coletiva de imprensa realizada na Trump Tower, em Manhattan. Ele deu essa notável resposta a um repórter que perguntou se os ataques haviam sido motivados pela direita alternativa:

> Quando você diz direita alternativa, defina isso pra mim. Me diga o que é. Vamos, vá em frente. Defina isso pra mim, vamos lá, vamos... E o que dizer da esquerda alternativa, que foi para cima da [incompreensível] – desculpe –, e a esquerda alternativa, que atacou essa que você chama de direita alternativa? Eles não parecem culpados? E aí? E o que dizer do fato de eles chegarem atacando – virem com tacos na mão, balançando tacos na mão? Será que eles têm um problema? Acho que sim. Do meu ponto de vista, foi um dia horrível, horrível – espere um minuto, não terminei, não terminei, *fake news* – foi um dia horrível. Vou dizer uma coisa para vocês. Eu observei de muito perto, de muito mais perto do que vocês. E você tinha, você tinha um grupo de um lado que era ruim. E você tinha um grupo do outro lado que também era muito violento. E ninguém quer dizer isso, mas vou dizer agora mesmo. Você tinha um grupo – você tinha um grupo do outro lado que veio atacando sem permissão, e eles eram muito, muito violentos.[4]

Trump prosseguiu argumentando a favor da mensagem oficial dos manifestantes, a de oposição à destruição da estátua de Robert E. Lee. "Tire essa estátua", sugeriu ele, "e você estabelecerá um precedente para a remoção de outras estátuas de figuras históricas, incluindo as do primeiro presidente dos Estados Unidos, George Washington, que era dono de escravos".

A entrevista coletiva gerou críticas tanto por parte de republicanos quanto de democratas,[5] bem como a saída de líderes empresariais de alto escalão que participavam de iniciativas de reforma com a Casa Branca. Mas nem todo mundo ficou indignado.

Bannon ficou satisfeito com a resposta de Trump. Após meses de isolamento no governo, segundo o jornal *New York Times*, ele prestara consultoria a Trump quanto ao que dizer sobre os acontecimentos em Charlottesville. Na verdade, todas as comunicações públicas da Casa Branca após a manifestação estavam de acordo com o que Bannon vinha aconselhando o presidente a dizer. Como ainda relatou o jornal, tratava-se de "não criticar muito severamente ativistas da extrema direita[6] por medo de antagonizar uma pequena, mas enérgica porção de seu eleitorado". O comportamento do presidente na coletiva de imprensa marcou um posicionamento espetacular aos olhos de Bannon – uma postura em prol da importância da história, uma defesa dos manifestantes que ele julgava justos, ainda que sua visibilidade tivesse diminuído em face da presença de nazistas. Uma corajosa recusa de se curvar à pressão da mídia.[7]

No entanto, estar em sintonia com o presidente naquele momento acabou sendo desvantajoso para Bannon. Diante das reações negativas aos comentários de Trump e com críticos culpando a influência de Bannon pelo incidente,[8] sua demissão seria uma maneira de atenuar o clamor. Eles poderiam atribuir o racismo de Trump à presença na Casa Branca do ex-diretor de uma empresa de notícias – a Breitbart – que produzia coberturas em geral favoráveis a grupos identitários europeus e parecia obcecada por crimes cometidos por afro-americanos. Um homem que, como vice-presidente da Cambridge Analytica, supostamente havia desenvolvido maneiras de despertar o ódio racial e que exaltava o ativismo *on-line* da direita alternativa.[9] E que tendia, além de tudo, a apreciar a cultura e a literatura racialistas, dos filmes de guerra nazistas de Leni Riefenstahl aos escritos de Jean Raspail, Charles Murray e, claro, Julius Evola.

Três dias após a segunda coletiva de imprensa de Trump, a pressão levou Steve Bannon a renunciar.

No mesmo dia em que Trump deu a entrevista coletiva, 15 de agosto, Jason Jorjani deixou a AltRight Corporation e a Arktos. Pergunte a ele o motivo, e ele dirá que foi em parte porque sua ideia original de um movimento alternativo mais dinâmico e abrangente parecia ter morrido. Ele caíra em si especialmente depois de ver comentários no próprio *site* da AltRight: "Iranianos são marrons cor de cocô", dizia um. Afinal, a direita alternativa era uma iniciativa exclusivamente nacionalista branca, como seus opositores mais ferrenhos de fato alegavam. Não havia nela espaço para a causa de Jorjani. O "desastre de Charlottesville", como ele se referiria ao ocorrido, confirmara ao máximo essas suas impressões.

Mas esse não foi o único motivo de sua saída. Àquela altura, ele já tinha perdido a confiança dos colegas, após meses prometendo-lhes um financiamento que nunca chegou. Não, não houve dinheiro por parte de Bagley e do Londrino. Até onde ele sabia, não tinha havido nenhum progresso quanto ao projeto de "microcidades" da Jellyfish e ao "orçamento negro" que lhe seria destinado. E a estratégia do contrato de petróleo? O engenheiro tinha devolvido o documento para Jorjani dizendo-lhe que o trabalho estava fora de sua alçada — apesar de ele trabalhar para uma das maiores petrolíferas do mundo, estava fora de sua alçada.

Depois disso, o silêncio da Jellyfish foi sintomático. Não haveria uma AltRight Corporation midiática e intelectual com Jason no comando. Não haveria, aliás, nenhum empenho para fazer *lobby* em nome da direita alternativa em Washington, nem nenhum Tradicionalista na Casa Branca a quem dirigir esse *lobby*.

Refletindo sobre o ano anterior, Jason começou a desconfiar que Michael Bagley e o Londrino o haviam enganado e manipulado desde o início. Ele se perguntou se o Londrino o encorajara a ocupar a liderança de Arktos a fim de implantá-lo como agente em um jogo de poder dissimulado contra Daniel Friberg; especulou, também, que talvez o contrato de petróleo pudesse ter sido uma manobra para envolvê-lo — e envolver também seu conhecido, o engenheiro de petróleo — em uma tentativa de derrubar o governo venezuelano; e, quando soube que o governo Trump não estava interessado em sua defesa de um futuro Irã ultranacionalista, ele se perguntou se não havia sido deliberadamente induzido a pensar que suas ideias seriam bem recebidas.

Para entender o motivo por trás de uma ação, observe seus efeitos, pensou Jason. A centralização prematura da direita alternativa sem um investimento de capital adequado — a tentativa de reunir nomes como Richard Spencer, Daniel Friberg e Henrik Palmgren — havia destruído a AltRight Corporation. E também sua carreira. Lembrei-me de minhas primeiras suspeitas, quando ele me falara pela primeira vez sobre o Londrino, que me parecera então uma figura novelesca demais para ser verdadeira e que poderia ser, na verdade, um policial infiltrado ou um espião. Haveria uma conspiração, talvez, contra a direita alternativa e contra Jason.

~

Jason e eu estávamos no Persepolis, o mesmo restaurante de Nova York onde haviam ocorrido seus malfadados encontros com Michael Bagley e Richard Spencer. Conversamos sobre tudo que havia acontecido naquele verão. A história que ele já me contara era incomum em relação às ambições e aos altos riscos envolvidos, mas, ao mesmo tempo, era bastante prosaica em se tratando da direita radical. Uma trajetória de conflitos internos e de deturpação de mensagens – após um pico de otimismo, uma história fadada ao fracasso.

Mas, e quanto ao Londrino? E quanto à promessa de um acesso a Bannon? E tudo aquilo que fizera Jason pensar que, daquela vez, as coisas poderiam ser diferentes – era mesmo tudo mentira? Bem, como ele estava prestes a me contar, a história não havia terminado em Charlottesville. A partir dali, as coisas tinham piorado.

Cerca de um mês após a manifestação "Unite the Right", em 19 de setembro de 2017, o *New York Times* publicou um artigo sobre Jason. Ele conhecera um jovem sueco chamado Erik Hellberg no início daquela primavera, em um encontro chamado Fórum de Londres. E, mais tarde, em junho, os dois tinham voltado a se encontrar em um *pub* irlandês próximo ao Empire State Building. Jason não sabia, contudo, que "Erik Hellberg" era, na verdade, Patrik Hermansson, um ativista antirracista que se infiltrara em círculos de direita na Europa e nos Estados Unidos. Ele estivera usando uma câmera escondida durante a conversa no *pub*, e trechos desse diálogo – para horror de Jason – apareceriam em um dos maiores jornais do mundo.

"Vai acabar com a expulsão da maioria dos migrantes, inclusive cidadãos de ascendência muçulmana. É assim que vai acabar. Vai acabar em campos de concentração, expulsões e guerra, é assim que vai acabar. A um custo de algumas centenas de milhões de pessoas", Jason dissera ao ativista disfarçado. Seu discurso, como lhe é característico, fora articulado e grandiloquente. E, impresso no jornal, não soava bem:

Guerra pela eternidade | 219

Teremos uma Europa, em 2050, cujas notas de dinheiro serão estampadas com Adolf Hitler, Napoleão Bonaparte e Alexandre, o Grande. E Hitler será visto assim: como Napoleão, como Alexandre, não como um monstro estranho e diferente de todos os outros – não, ele será visto como outro dos grandes líderes europeus. Sabe, como dizemos em inglês, não dá para fazer uma omelete sem quebrar os ovos.

Jason argumentou que estava fazendo "uma previsão de um pesadelo futuro[10] que resultaria do fracasso das políticas ocidentais em relação à crise da migração muçulmana", e não descrevendo seus próprios ideais. Disse ainda que o comentário sobre "milhões de pessoas" era uma referência a uma potencial guerra entre a Índia e o Paquistão, e que a metáfora de "quebrar ovos" dizia respeito à necessidade de Richard Spencer expulsar ativistas pouco sérios da direita alternativa. Como é que ele poderia ter querido dizer todas essas coisas? Jason explicou que a gravação de sua conversa publicada *on-line* e citada no artigo fora editada e reorganizada para alterar o significado de suas declarações. O áudio/vídeo postado na internet fora de fato editado,[11] e nem Hermansson – a quem consegui chegar por meio de um contato "quente" – nem o autor do artigo do *New York Times* responderam aos meus pedidos por uma versão não editada do arquivo.

Quando não parecia estar endossando um genocídio, Jason falava em termos vagos sobre sua parceria com a Jellyfish, que, naquele momento, em meados do verão, ele sabia que estava indo por água abaixo.

"Deixe-me dizer, eu tinha contatos no governo Trump. A AltRight Corporation não era só – eu não tirei essa ideia da minha cabeça do nada, tipo 'Ah, agora eu vou...'. Não, não, não, não, não. A *alt-right* seria como uma consultoria para o governo Trump. E o cara que faria essa interface seria Steve Bannon", dissera Jason ao ativista.

O *New York Times* entrou em contato com a Casa Branca para obter um comentário sobre as alegações de Jason. Uma porta-voz disse: "Não temos conhecimento[12] de nenhuma conversa e de nenhum contato com essa pessoa".

Jason não estava fora apenas da AltRight Corporation, que logo seria desativada. A universidade em que lecionava em Nova Jersey acabaria por demiti-lo também.

≈

Saindo de Nova York para pegar o avião de volta para casa depois de jantar com Jason, eu me perguntava se algum dia ele teria conseguido conversar com Steve Bannon. Ao longo do caminho, olhei os arquivos no meu computador, parando no final de uma troca de *e-mails* entre Michael Bagley e Jason que este havia encaminhado para mim meses antes. Sua última mensagem datava de 26 de setembro de 2017. "Caro Michael", dizia. "Esta última semana foi a pior da minha vida." Jason relatava, então, sua queda, desde o enfraquecimento de sua posição perante seus parceiros de negócios na direita alternativa, devido à promessa de dinheiro não cumprida, até a devastadora denúncia do *New York Times*. O relato era acompanhado tanto de ameaças quanto de um pedido de ajuda. Ao escrever, ele devia estar furioso e, ao mesmo tempo, sentindo-se vulnerável. Um tanto grandiloquente também. Ele concluía dizendo:

> Não é do seu interesse, nem mesmo do interesse do governo Trump, que eu seja colocado em uma posição de não só ser difamado, como destituído. Nesse caso, tenho certeza de que XXX [ele omitiu o nome do Londrino] poderia cobrir o custo de levar todo esse assunto para os tribunais – possivelmente, até à Suprema Corte. Você não me quer reduzido à pobreza e testemunhando sob juramento. Você e XXX precisam descobrir como eu posso sair honrosamente desta triste situação...

Michael Bagley respondeu com uma mensagem curta alguns dias depois, em 29 de setembro de 2017:

> Jason, acabei de receber a sua mensagem por Skype. Lamento que as coisas tenham se desenrolado dessa maneira para você, mas meu grupo não conseguiu fazer seu projeto decolar. Até hoje, não recebemos nenhum financiamento.

Parecia bastante provável que Bagley e o Londrino não tivessem levado Jason tão a sério quanto ele os levara. E Jason parecia ter sido ingênuo. Há muitos Michael Bagleys circulando por Washington, caras (a maioria) que exageram sua influência e fazem muitas promessas. É preciso ter experiência para reconhecê-los, e Jason não tinha essa experiência.

Fechei o arquivo com as mensagens de *e-mail* e abri uma gravação que estava no meu computador. Era de poucos dias antes de Michael Bagley escrever sua última resposta a Jason. Bagley estava sendo entrevistado para um programa de rádio *on-line* apresentado por John Catsimatidis, bilionário de Nova York. Bagley, representando a Jellyfish, era o convidado principal. O assunto? Microcidades. Bagley afirmava:

> Nós criamos um projeto sobre o qual conversamos com a Casa Branca. O próprio presidente Trump fez alusão ao "reassentamento de refugiados" em seu discurso na ONU. Então, temos trabalhado e conversado com o Departamento de Estado,[13] o Departamento de Defesa e vários países, incluindo Níger, Somália e Jordânia.

Não achava que Jason tivesse mentido para mim sobre suas experiências. Agora, Bagley? Eu tinha minhas dúvidas sobre ele, mas estava disposto a concluir meu relato dessa história. Tratava-se apenas de mais um fiasco no submundo da extrema direita. No entanto, alguns dias após voltar para casa, recebi uma mensagem surpreendente, uma resposta a um pedido que quase havia me esquecido que fizera. Meses antes, solicitara ajuda a um conhecido meu, um ativista do antidireitismo da velha-guarda, para identificar o tal Londrino. Ele nunca ouvira falar dessa pessoa, mas disse que acionaria seus contatos. Não lhe expliquei muito a respeito de meu trabalho, dizendo-lhe apenas que estava escrevendo um livro sobre Bannon.

Ele dizia ter em mãos o resultado de suas investigações. Não queria compartilhar nenhum detalhe naquele momento, porque o que descobrira o deixara preocupado – comigo. Isso se devia à "seriedade" do assunto – isto é, o Londrino – e à possibilidade de ele ter uma ligação real com Bannon e com outras figuras poderosas. A perspectiva de um colaborar com o outro parecia-lhe ao mesmo tempo plausível e preocupante; era o tipo de cenário que atrairia supervisão e intervenção governamental. Ele, então, questionou o que me motivava a pesquisar aquelas pessoas e para quem eu estava trabalhando. Perguntou diretamente: eu trabalhava para o governo dos EUA? Eu era um agente secreto?

Eu não sabia como responder a isso, nem o que pensar do fato de que era a segunda vez no ano que alguém suspeitava de mim. Talvez a maneira com que eu me apresentava – como um professor universitário da área de música – não estivesse colando.

Independentemente disso, depois de ficar sabendo que a organização que representaria o infame movimento *alt-right* fora criada com o objetivo de fazer *lobby* junto ao governo dos EUA com relação à política do Irã, e depois de acompanhar o colapso dessa empreitada, eu queria voltar a mexer num material que parecia estar avançando. Fui ouvir minhas gravações da entrevista que fizera dias antes, na zona rural da Virgínia, antes de ir para Nova York.

20
Brasil profundo

"Ele escreve... No estilo dos reis." Olavo reclinou-se na cadeira e deu uma tragada no cachimbo antes de prosseguir com seu devaneio sobre o patriarca do Tradicionalismo, René Guénon. Continuou: "Ele é um dos críticos mais eficientes da civilização ocidental".

Que bizarro foi ouvir o nome Guénon naquele lugar, no final de uma estrada rural no interior da Virgínia, rodeada por pinheiros agitando-se sob a violenta tempestade primaveril, em um cômodo que, para os vizinhos, devia parecer a garagem da modesta casa térrea. Era ali que eu estava sentado com Olavo de Carvalho, na primavera de 2019. Desde o memorável jantar de Bannon na embaixada da Breitbart, eu tivera contato com Olavo duas vezes: na primeira, viera do Colorado para entrevistá-lo, mas tinha furado; na segunda, cruzara com ele no saguão do hotel Trump em Washington. Finalmente, passado tanto tempo, conseguia entrevistá-lo.

O lugar onde estávamos sentados naquela noite não era, na verdade, uma garagem, embora eu não saiba como deveria chamá-lo. Do teto inclinado, pintado de branco, as lâmpadas fluorescentes iluminavam tudo: prateleiras monumentais de livros meticulosamente organizados ocupavam todo o perímetro do espaço. Um crucifixo de madeira sobressaía acima de tudo, sob a parte mais alta do teto. Poderia haver um púlpito ali, mas era uma ampla mesa de madeira que ocupava o centro da sala. Olavo sentava-se atrás dela e seus convidados, de frente para ele. Era possível chamar o local de biblioteca, escritório, catedral ou até mesmo estúdio. Era ali que ele filmava seus vídeos para o YouTube, produzia seus mordazes *tweets*, artigos, livros e *podcasts* de rádio, tudo seguido por centenas de milhares de pessoas em sua terra natal.

A rotina de Olavo alterara-se de maneira significativa depois que o populista Jair Bolsonaro se elegera presidente da República no Brasil. A mídia descrevia Olavo como o cérebro do novo governo; jornalistas e funcionários do Planalto ligavam sem parar, chegando até a ir pessoalmente em sua propriedade na Virgínia. "Nossas vidas viraram um inferno", lamentou-se ele, explicando por que havia demorado tanto para atender aos meus pedidos para entrevistá-lo.

Contudo, essa fama recém-conquistada não abalara suas tendências belicosas. Ele acabara de criticar publicamente funcionários do governo brasileiro próximos ao presidente, entre os quais membros do alto escalão do Exército, bem como o vice-presidente, Hamilton Mourão, todos acusados de tentar enfraquecer Bolsonaro. Em particular, ele temia que estivessem cultivando a relação do país com a China enquanto o presidente trabalhava para reorientar o Brasil em direção ao Ocidente. O antagonismo declarado sinalizava o agravamento de uma divisão na política brasileira, com os militares e o vice-presidente, de um lado, e o presidente, Olavo e os ministros amigos de Olavo (Ricardo Vélez Rodríguez e Ernesto Araújo) – todos eles em contato com Steve Bannon –, do outro. Um grupo de generais reunira-se para discutir o "problema Olavo" e, durante uma coletiva pública de imprensa, o vice-presidente Mourão afirmara que o filósofo deveria ficar fora da política e "voltar a ser astrólogo".

O interesse de Olavo pelo esotérico era frequentemente invocado como um insulto contra ele. Talvez isso explicasse sua relutância em vincular-se ao Tradicionalismo: quando perguntei a respeito da influência de Guénon sobre suas ideias – a questão central para a qual eu buscava respostas –, ele citou unicamente a crítica do Tradicionalista à ciência, um aspecto periférico, não marcante, do pensamento de Guénon. Olavo evitava demonstrar proximidade com os Tradicionalistas, mesmo quando falava em termos gerais. Muitos filósofos, explicou ele, "estão certos em tudo que afirmam e errados em tudo que negam. Guénon é o oposto. Ele está correto em tudo que nega e errado em tudo que afirma".

Era difícil encarar as respostas de Olavo como mera estratégia; ele, afinal, tinha cada vez menos motivos para temer críticos ou para se ajustar às suas expectativas. Ao ataque do vice-presidente contra ele, as redes sociais haviam reagido agressivamente, saindo em sua defesa, lideradas por ninguém menos que os filhos de Bolsonaro, com a aparente permissão tácita do pai. Aliás, em meio à turbulência, em 1º de maio de 2019, Jair Bolsonaro concedera a Olavo de Carvalho a Ordem de Rio Branco – a mais alta honraria diplomática do Brasil. Estava, portanto, a seu lado, no conflito com o vice-presidente do país. Era esse seu *status* na política brasileira. Mas a maior arma de Olavo era menos oficial. Enquanto nós conversávamos, sua esposa, Roxane, aproximou-se e abriu, em seu *laptop*, um vídeo filmado dias antes, em 26 de maio. A cena era de uma praça em uma grande cidade brasileira, lotada de pessoas vestindo verde, amarelo e azul, agitando bandeiras brasileiras e gritando: "Olavo, o Brasil te ama".

Aquele bizarro diálogo cibernético, que estabelecia uma ponte entre as ruas de São Paulo e a rústica América rural, garantira a Olavo uma força: a sorte de ter um apoio público que lhe permitia atormentar a estrutura de poder entrincheirada no Brasil a seu bel-prazer. Os detratores podiam chamá-lo de lunático e esquisito, mas uma parte considerável da população brasileira não os ouviria. Os críticos estavam com dificuldade para influenciar opiniões. Houve falatório de que o vice-presidente estaria considerando renunciar[1] devido à polêmica. Ainda assim, o pessimismo fatalista de Olavo prevalecia. "Não estou interessado no futuro político do Brasil", ele insistiu comigo com uma risadinha na voz. "Porque vai ser ruim. Não há nada que possamos fazer."

Eu queria perguntar mais, mas a conversa foi interrompida. Roxane voltou à sala com a bolsa pendurada no ombro. "Estamos prontos." Era hora do sorvete. "Podemos continuar conversando no caminho", disse Olavo, e lá fomos nós.

Na minivan, Olavo sentou-se no banco do passageiro, e eu fui atrás. Roxane dirigia. Atrás dela, à minha esquerda, havia uma assistente – certamente ia junto para gravar nossa conversa. Olavo duvida da habilidade de jornalistas e acadêmicos para escrever sobre ele de forma justa, e aquela vigilância paralela parecia ser uma medida de precaução para contestar qualquer citação falsa. Essa era a explicação mais lógica. Mas talvez ele planejasse escrever sobre mim também, ou pelo menos dar a si mesmo a opção de fazê-lo, carregando nas tintas, caso alguma forma de retaliação lhe parecesse necessária. Destruição mútua assegurada:* eu já tinha visto

---

* Referência a uma estratégia militar dissuasiva (em inglês, *mutual assured destruction*), baseada na noção de que um ataque nuclear por parte de uma potência pode ser revidado por outro de igual ou maior proporção, de modo que os dois lados envolvidos sejam destruídos. (N. da T.)

a estratégia como etnógrafo, e esse tipo de situação costumava render as melhores entrevistas. Quando os "sujeitos de pesquisa" sabem que podem revidar, em geral se sentem mais à vontade para falar.

Coloquei meu gravador sobre o encosto de seu assento ao longo do caminho. Sua assistente mantinha o receptor de seu gravador apontado para mim, enquanto seguíamos na direção leste, rumo a um complexo de *shopping centers* nos arredores de Petersburg. Depois de atravessar o estacionamento vazio – eram quase 22 horas –, paramos em frente a um restaurante IHOP. Quando saímos do carro, notei os adesivos na traseira: um da bandeira americana em formato de coração e outro em preto e amarelo com a frase "Não pise em mim" ["Don't tread on me"], a marca registrada do movimento Tea Party, mobilizado em resposta à eleição de Barack Obama.

Pedimos uma rodada de iguarias de café da manhã para comer tarde da noite: omeletes e bacon para elas, panquecas com frutas vermelhas para mim. Olavo foi o único a seguir com o plano do sorvete, pedindo também um *sundae* todo ornamentado. Sua mente parecia focada na geopolítica, então continuamos. "Acho que seria bom se o Brasil ficasse do lado dos Estados Unidos, mas isso não vai acontecer, porque todos os militares são pró-chineses – eles amam a China e odeiam os Estados Unidos. E a maioria dos políticos também. Então o Brasil é um aliado da China. Um instrumento da China."

"E você não acha que isso possa mudar um dia?", perguntei.

"Se os Estados Unidos dessem a eles mais dinheiro! Haha! [...] Todas essas pessoas, elas só pensam em dinheiro." Havia melancolia em sua voz, um sinal de que aprendera a saborear a tristeza e a decepção quando falava do Brasil. "É um país engraçado, trágico."

Fomos interrompidos pela garçonete. "Gostaria de seu *sundae* antes ou depois, senhor?" Olavo encolheu os ombros e sorriu para ela, dizendo com os olhos o que não queria pronunciar em voz alta. "Bem, então vou trazer já." Roxane lançou-lhe um olhar de desaprovação.

Enquanto isso, eu refletia sobre como o cenário que ele acabara de descrever poderia se encaixar na visão de Bannon e de outros Tradicionalistas. Se a união do Brasil com os Estados Unidos ocorresse unicamente com base nos resultados quantitativos de um jogo monetário global, será que aqueles que ansiavam por uma reorganização espiritual do mundo ficariam satisfeitos?

Se um futuro melhor não era tão provável no caso do Brasil, talvez fosse possível nos Estados Unidos e em partes da Europa, disse ele.

> As coisas não estão indo tão mal lá. As pessoas estão acordando – muitas pessoas, na Polônia, na Hungria e na Romênia. [...] Apercebendo-se da base espiritual da civilização. Agora elas já sabem que a sociedade não pode ser baseada no que chamam de dinheiro, ciência e tecnologia. É absurdo. Sem nenhum contato com Deus, estamos perdidos.

Eu ainda estava tentando entender seu pessimismo, então o interrompi: "Mas você não vê isso acontecendo no Brasil? Um interesse espiritual...".

A garçonete passou, e Roxane chamou sua atenção: "Você pode trazer o *sundae* depois da refeição?".

"Sim, senhora."

Olavo pareceu um pouco desapontado, mas continuou falando: "O povo do Brasil – o povo pobre, o povo simples... Eles entendem as coisas muito melhor do que os intelectuais. O povo brasileiro tem uma espécie de instinto de realidade". Por quê? "Acredito que seja porque a vida deles é muito difícil. Eles não têm tempo para fantasiar."

Mas, depois, Olavo esclareceu que era mais do que o realismo que beneficiava essa população: "O povo brasileiro é muito cristão. As pessoas pobres. Abaixo da classe média. Alguns são católicos, alguns são protestantes, mas eles realmente acreditam em Jesus Cristo".

Aquele era o "Brasil profundo", como ele também o chamava, uma analogia óbvia à "América real" rural que ele passara a amar como seu novo lar. Mas os dois não eram equivalentes em seu compromisso com os valores espirituais. Enquanto, nos Estados Unidos, a sociedade formara-se em torno da religião, no Brasil, ela se unira em torno da infraestrutura militar. Como legado, os pobres da zona rural – até mesmo no "Brasil profundo" – continuavam a confiar nos militares acima de tudo, e Olavo não achava que poderia mudar isso tão rapidamente quanto sentia que era necessário, nem acreditava que seria viável convencer urgentemente as pessoas do fracasso dos militares em sua missão de promover os interesses da nação.

E o problema da confiança nas instituições não parava por aí. Olavo parecia eufórico ao dizer: "Se eu te mostrasse fotos de universidades brasileiras, você só veria gente nua fazendo sexo. Eles vão para a universidade para fazer sexo e, se você tenta impedi-los, eles se revoltam, começam a chorar, dizem que você é um opressor".

O governo Bolsonaro planejava reduzir o financiamento em educação e cultura,[2] mas Olavo previa que as mudanças seriam pequenas. Se o governo fizesse um corte que ele considerava apropriado − 2%, digamos −, os protestos seriam devastadores. Portanto, não haveria nenhuma mudança fundamental. As universidades permaneceriam sendo uma fachada, como todas as instituições no Brasil − nesse caso, uma fachada para fornicação. "É um absurdo", concluiu Olavo. "Tudo é falso. Sem realidade. Vivemos em outro mundo!" *Um mundo de simulações*, pensei, ouvindo ecos de Steve Bannon em sua fala.

Da perspectiva de Olavo, os escritos de Guénon tinham uma capacidade limitada de explicar o que estava acontecendo no Brasil:

> O problema é que Guénon considera tudo isso em um sentido muito material. Por exemplo, ele acredita em uma doutrina de ciclos. Eu não acredito em ciclos. Enquanto muitas coisas estão ruindo, outras estão se erguendo − não há ciclo de decadência. É impossível que tudo se deteriore ao mesmo tempo. A história é cheia de contradições e de movimentos opostos. E esta é a parte mais interessante.

Nossa comida chegou. Ele continuou: "Os ciclos não existem no sentido material. 'O ciclo' é uma interpretação".

O materialismo, para Olavo, parecia equivaler a fatos do universo cognoscíveis aos seres humanos, de modo que, ao alegar compreender as correntes do tempo, Guénon estava tratando o tempo como algo material. Com esse argumento, Olavo parecia querer desmoralizar o patriarca do Tradicionalismo por ter invocado o mistério do tempo:

> Sabe, quando perguntaram a Jesus Cristo: "Quando será o fim do mundo?", ele disse: "Não sei. Só Deus, o pai, sabe". Se até Jesus não sabe, como saberia eu ou René Guénon... Ah! Eu acho que a maioria desses filósofos e mestres espirituais é muito presunçosa. Eles não respeitam Deus!

Olavo corta seu bacon e vê a garçonete passando novamente.

"O sorvete, por favor."

"Sim, senhor."

Roxane revira os olhos – aceitando a derrota, pelo visto – enquanto passamos para um novo tópico, o ressurgimento do Tradicionalismo no mundo de hoje, e por que ele não o inspira.

"Toda a escola Tradicionalista está se concentrando na mão dos russos." Segundo ele, isso estava acontecendo graças à ideia, propagada por meio do relacionamento internacional entre Tradicionalistas, de que a Rússia seria o ponto mais alto de uma hierarquia espiritual consagrada pelo papa. "Tudo isso é falso. Trata-se apenas de poder político." Ele parecia considerar que seu empenho em excomungar a Rússia no debate com Dugin havia sido um fracasso.

Ainda assim, ele não podia deixar de apoiar a iniciativa de Bannon. Explicou:

> Bannon acredita em uma aliança entre os Estados Unidos e a Rússia. Espero que ele esteja certo, mas acho que não. Seria ótimo. E, claro que, se ele me pedir para ajudá-lo, eu vou ajudar. Direi: "Não vai funcionar, mas vou ajudá-lo".

Parecia que Bannon tinha informado Olavo sobre suas atividades naquele momento, que, no que dizia respeito à Rússia, não tinham outras frentes além de seu "flerte" com Dugin – ao menos, não que eu soubesse. Talvez a pressão de dois Tradicionalistas – em vez de um – fosse o necessário para motivar o filósofo russo.

A boa vontade declarada de Olavo não fazia sentido para mim. Do seu ponto de vista, faltavam credenciais espirituais à Rússia, mas, aparentemente, não a ponto de o país não poder participar da construção de uma ordem geopolítica mais virtuosa. Seria essa uma contradição? Eu perguntei. Talvez, mas isso não incomodava Olavo. Ele explicou de tal forma que, de início, fiquei perdido.

> Nesse tipo de estudo [por "estudo", ele queria dizer modo de pensar], e na vida em geral, o mais importante é aprender a aceitar as contradições. Nós nunca iremos resolvê-las. Só Deus conhece o ponto de unidade. Nós, não. Então temos de lidar com as contradições da realidade o tempo todo. E também em muitos níveis de realidade – coisas que são opostas em determinado nível podem estar juntas em outro.

Ele prosseguiu: "Em certos aspectos, essa aliança entre os Estados Unidos e a Rússia é possível; em outros, não. Então, temos de lidar com essa contradição, e oro a Deus para resolvê-la, porque não podemos...".

A garçonete veio com o *sundae*, e os olhos de Olavo brilharam como os de uma criança.

"É a China que você teme, ou o Islã?", eu perguntei, querendo saber que vantagem ele via em uma potencial parceria EUA-Rússia.

"Eu acredito que a China seja mais perigosa. Porque eles não têm um senso real de humanidade. Eles pensam que as pessoas são coisas. Acreditam que você pode substituir uma pessoa por outra. Eles não são boas pessoas." Atraia a Rússia para os Estados Unidos – e a China ficará isolada.

~

Roxane pagou minha refeição, apesar dos meus protestos, e voltamos na minivan para a casa deles. Pouco depois, despedimo-nos. "Deus o abençoe", eles me disseram enquanto eu saía pela porta, e eu lhes desejei o mesmo.

Na viagem de volta, pus-me a pensar sobre o interesse de Bannon por Olavo. Ambos, em graus variados, eram vistos como ideólogos de governos populares. E a reputação de Olavo como Tradicionalista separava-o, aos olhos de Bannon, do vasto mar de pensadores conservadores e populistas de todo o mundo. Mas essa caracterização ainda era válida? Fora algum dia?

Olavo era singular, ele mesmo lhe diria isso com orgulho – um filósofo que não era discípulo de outros filósofos. Como escrevera a Aleksandr Dugin anos antes, isso lhe dava o direito e a capacidade de mudar de opinião com a frequência e da maneira que bem quisesse. Também o tornava um enigma para os outros, inclusive para mim. Confrontadas à gama de fórmulas ideológicas compartimentadas, a individualidade de Olavo e a excentricidade de seu passado tornavam-no um pregador de peças, de origem e espécie incertas, não pertencendo nem devendo a ninguém. Uma posição ideal para um estudioso e um comentarista – como eu pensava já havia um bom tempo –, uma vez que figurões desse tipo costumam falar verdades e incentivar ações de maneira que outros não conseguem, assim como os deuses pregadores de peças da mitologia indo-europeia.

Não obstante, enquanto eu rememorava suas palavras durante minha viagem de carro, comecei a enxergar uma consistência interna em seu pensamento, como se seu conjunto de considerações filosóficas, espirituais e políticas, antes confuso, agora transmitisse uma mensagem unificada. Ao mesmo tempo, mostrava por que o Tradicionalismo, de todos os pontos de vista dos quais podemos avaliar a sociedade, estava emergindo, justamente, do novo populismo de direita.

A crítica de Olavo à sociedade brasileira é essencialmente uma crítica ao seu materialismo. Sexo e dinheiro – corpos e bens – constituiriam suas principais atividades. Tudo, mesmo aqueles setores forjados na aspiração de valores transcendentes – patriotismo, cultura e espiritualidade –, estaria infectado pelo materialismo, pela mentalidade do escravo e do comerciante. Sábios universitários teriam se tornado cafetões. Guerreiros das Forças Armadas, simples comerciantes. E a Igreja católica, todas as opções acima. Essa seria a idade sombria do Brasil, a *Kali Yuga* do modernismo nos trópicos, na qual uma falsa hierarquia Tradicionalista estaria nivelada à instituição militar, que, por sua vez, seria uma fachada simulada para promover os mais baixos valores da humanidade. Uma sociedade de escravos espreitando por trás de uma miragem de guerreiros.

Eu estava começando a entender por que um leitor de Guénon iria tornar-se um apoiador de Bolsonaro. O foco de Olavo na oposição que o Tradicionalismo faz à ciência moderna, embora pareça um assunto apolítico, pode ter sido mais relevante para sua análise da vida sociopolítica do que eu pensava. Escrevendo e conversando, ele passeia sem dificuldades entre as críticas ao método científico e ao conhecimento moderno e as críticas às instituições cuja autoridade se baseia obliquamente no conhecimento modernista. É nessa etapa final da idade sombria que o Tradicionalismo e o populismo podem aproximar-se, permitindo-nos traçar uma linha entre a astrologia, a alquimia e o presidente. A mídia, o sistema educacional e o governo do Brasil não apenas estão corrompidos por dinheiro e interesses próprios, como também são provedores de ignorância, graças ao seu investimento cego na ciência moderna e à sua incapacidade para considerar – e menos ainda para valorizar – a espiritualidade. A única imaterialidade que eles admitem são as abstrações da matemática, mas que também servem para confundir, afirma Olavo. Como Bannon, Olavo encontra um consolo entre os pobres e não escolarizados, os mais distantes da educação institucionalizada e da produção de conhecimento. No Brasil, assim como nos Estados Unidos, eles são os guardiões da espiritualidade, aqueles que alcançaram um modo de vida comunitário e um contexto quase extintos na modernidade. Eles não são abstrações matemáticas nem portadores de títulos vazios concedidos por instituições modernas igualmente vazias. São realidade. São o núcleo.

Há ainda mais paralelos. O populismo de direita estabelece uma oposição entre o sistema cosmopolita e as raízes do povo. O Tradicionalismo enxerga essa mesma divisão, mas poderia interpretá-la como um confronto entre mercantilistas tecnocratas e sacerdotes não ordenados que transcenderam o tempo. Além disso, ambos compartilham a convicção de que as divisões da política contemporânea não passam de ilusão: populistas alegam que todos os políticos são corruptos; Tradicionalistas, que a esquerda e a direita no Ocidente moderno são, as duas, progressistas e materialistas.

Quão bizarra era a noção de que os mundos do Tradicionalismo e do populismo de direita teriam se interinfluenciado. Primeiramente, pensei nas culturas que cercavam os dois, que pareciam tão distantes uma da outra – de um lado, os *hicks* e *rednecks*,* como Olavo carinhosamente os chama, e, do outro, os ocultistas excêntricos do Tradicionalismo. Mas as diferenças estilísticas e sociais podem não passar de um envoltório superficial para uma convergência mais profunda.

Pensar nesses termos mudou minha maneira de olhar Olavo. Sua aparente jornada já não mais configurava uma trajetória de transformações: suas atividades desde a descoberta do Tradicionalismo na década de 1970 pareciam ser variações do mesmo tema, não uma sucessão um tanto diletante de estratagemas e reinvenções. O líder da *tariqa* e o *cowboy* da Virgínia de espingarda em punho não eram apenas a mesma pessoa, mas talvez a mesma *persona*. Assim como as vestimentas indígenas e muçulmanas de seu velho *shaykh* Frithjof Schuon, não passavam de invólucros de um mesmo núcleo. Era provável que houvesse poucos indivíduos no mundo com quem ele pudesse se identificar profundamente, que fossem tanto populistas sinceros quanto esoteristas etéreos. Indivíduos como Steve.

---

* Às vezes traduzidos como "caipiras" ou "jecas", *hicks* e *rednecks* são termos pejorativos para designar moradores do sul dos Estados Unidos, do interior e/ou da zona rural, em geral brancos e conservadores, associados à inexperiência e à falta de escolaridade. (N. da T.)

21
ACERTO DE CONTAS

Em 25 de julho de 2019, viajei para uma área isolada a oeste de El Paso, onde os estados do Texas e do Novo México encontram-se com o México. É ali que a organização We Build the Wall [Nós Construímos o Muro] conseguiu erguer 1,5 quilômetro de muro de fronteira ao longo de propriedades privadas – investindo 20 milhões de dólares, levantados por meio da plataforma de financiamento coletivo GoFundMe. A estrutura era impressionante. Vigas de aço erguiam-se a cerca de seis metros de altura, enterradas em dois metros de cimento que se estendiam por uma distância considerável na direção norte, permitindo que os veículos da patrulha passassem bem ao lado e desencorajando a construção de túneis improvisados. O trajeto do muro acompanhava a encosta de uma montanha. Segundo os críticos, construir um muro naquele tipo de terreno – acidentado e rugoso, parecendo ser, por si só, uma fronteira – não seria recomendável, e, além do mais, os mais ousados e desesperados ainda poderiam atravessá-lo. A ideia por trás daquela estrutura era cobrir uma área que o governo dos EUA provavelmente deixaria de lado, alegando dificuldades logísticas. Vamos assumir a parte difícil, raciocinaram os construtores. Esperamos que Trump assuma o restante.

Steve estava orgulhoso do muro. Ele tivera sua cota de contratempos naqueles últimos anos. Quase nada na Europa havia dado certo: seus planos de abrigar uma escola no monastério de Trisulti tinham ido parar num limbo jurídico, seus colaboradores na campanha antipapal haviam caído fora e a Movement [Movimento] – sua organização guarda-chuva para apoiar nacionalistas europeus – havia fracassado. Mas o muro destacava-se como uma vitória – ainda que pequena e inicial – perante os céticos.

Algumas centenas de doadores locais, bem como dignitários nacionais anti-imigração, como Kris Kobach, Tom Tancredo, Candace Owens, Donald Trump Jr., além do próprio Steve, estavam reunidos ali para um simpósio sobre fronteiras, muros e o futuro dos Estados Unidos. O evento estava muito animado; às vezes, parecia mais um comício que um simpósio. Alguns organizadores perguntavam em voz alta se não seria o caso de transformar aquele evento em um encontro anual. Clima de entusiasmo à parte, eu não conseguia entender a perspectiva deles. Tinham organizado o simpósio no pior lugar e na pior data imagináveis: no deserto, no pico mais quente do verão. Participantes já haviam sido levados ao hospital devido à exaustão pelo calor.

Steve e eu encontramos tempo para conversar, em um intervalo de sua agenda lotada. Eu não estava lá para investigar as atividades da We Build the Wall, mas com uma pergunta que demorara meses para fazer: "Você conhece Michael Bagley?".

Tratava-se de uma pergunta carregada de sentidos, uma indagação de ampla abrangência. Eu queria saber se ele estava ciente de uma tentativa formal de vincular o mundo da direita alternativa à Casa Branca, ou mesmo se comungava dessa ideia; se sabia que seu Tradicionalismo havia sido identificado como uma potencial via de acesso para que terceiros influenciassem o presidente Donald Trump e promovessem uma agenda geopolítica.

"Michael Bagley... Como se soletra esse nome?"

Não, ele disse que não o conhecia. Nem a Jellyfish. E assumiu um modo inquisidor, enchendo-me de perguntas, o que não era um bom presságio para o destino da entrevista: se ele continuasse assim, eu teria poucas chances de assumir o controle da conversa. Tracei-lhe um rápido panorama, começando pelo passado de Bagley como funcionário da senadora Patty Murray e por seu posterior ingresso na Jellyfish em 2011, junto com ex-figurões da divisão de informações da Blackwater. Depois, contei-lhe a respeito das iniciativas de Bagley: seu conceito de microcidades para o norte da África e sua pressão para remodelar o Irã em um novo regime, de uma nova perspectiva geopolítica que o considerasse parte do Ocidente. Steve interrompeu rapidamente:

"Esse Bagley parece ser um visionário."

Fui direto ao ponto: "Eles alegaram que estavam em contato com a Casa Branca sobre a ideia das microcidades".

Steve deu de ombros:

As pessoas estão sempre fazendo propostas para o Departamento de Defesa, o Departamento de Estado e qualquer outro *breguete*. E [microcidades] não é uma ideia maluca. Houve muito interesse em bases aéreas no sul da Líbia, pelo simples fato de interditarem os migrantes ali e dar-lhes algum tipo de acomodação para que pudessem se organizar antes de chegar ao litoral. Mas essa ideia de microcidades não parece ser tão sólida, porque o que mais ouvi, o que as pessoas mais diziam era: não deixe os migrantes chegarem – se os migrantes chegarem à costa, vão atravessar para a Europa. E então a chave é – talvez uma microcidade funcione. Eu simplesmente não sei. Eu nunca tinha ouvido falar dessa proposta antes. E nunca ouvi o nome de Bagley.

Então era hora de atualizá-lo. "Bagley está na prisão agora."

~

Eu tinha acompanhado tudo por meio de documentos legais que eram atualizados diariamente. Em 16 de abril de 2019, Michael Bagley tinha "lavado" 50 mil dólares em dinheiro que recebera de dois homens com os quais vinha se encontrando na cidade de Alexandria, na Virgínia, e nos arredores. O dinheiro era, ele sabia, da venda de drogas de cartéis mexicanos; se conseguisse transferi-lo com segurança para uma conta bancária americana, Bagley ficaria com 10%. Foi exatamente o que ele fez, usando um esquema complicado que envolvia *sites* de financiamento coletivo, como o GoFundMe. Após concluir a tarefa com sucesso, ele recebeu uma quantia maior para "lavar" – 100 mil dólares –, em 13 de maio. Tudo deu certo novamente – Bagley era bom naquilo. Em 10 de junho, ele e um dos homens encontraram-se novamente para novo repasse, agora de 101 mil dólares. Essas eram parcelas do total que haviam combinado "lavar": 20 milhões de dólares. Quando se despediram, Bagley disse: "Quero que saiba que também estou transferindo ["lavando" dinheiro] para El Mayo, na Cidade do México". Ismael "El Mayo" Zambada García é o suposto líder do infame Cartel de Sinaloa.

Um mês depois, em 10 de julho, em um estacionamento próximo a um edifício de escritórios e apartamentos no número 300 da rua North Lee, no centro antigo de Alexandria – a apenas uma quadra do parque Founders e da margem do rio Potomac –, Michael Bagley foi convidado a entrar em um carro. Lá dentro estavam Bryce Oleski, agente especial do FBI, e dois colegas. Tudo não passara de uma operação secreta: os homens para quem Bagley "lavara" dinheiro nos últimos meses eram, na verdade, informantes do FBI. O agente especial Oleski e sua equipe informaram Bagley sobre seus direitos.

Dentro do carro, Bagley alegou que tudo aquilo era um grande mal--entendido e que mentira ao dizer que estava trabalhando para El Mayo do Cartel de Sinaloa. Quando os agentes do FBI perguntaram por que fizera isso, Bagley respondeu que fora para financiar seu negócio. O FBI pensava que Bagley fosse o único titular da conta da Jellyfish, assim como o único funcionário registrado. Ele, contudo, contou aos agentes sobre o plano de fazer as tais "microcidades" para migrantes no México, garantindo ter conversado com funcionários do governo mexicano e diplomatas dos EUA sobre a ideia. Disse, inclusive, que se reunira com a equipe do presidente Andrés Manuel López Obrador e com o próprio presidente mexicano por alguns minutos. Os agentes apresentaram a cópia de uma foto mandada por mensagem, mostrando Bagley e o presidente Obrador fazendo uma *selfie* juntos. Sim – Bagley explicou aos agentes –, o governo mexicano gostara da ideia das microcidades. Mas contratos ou acordos resultantes dessas conversas não tinham se concretizado. Um dos agentes anotou: "Bagley não passou da fase de negociações[1] em seus projetos de microcidades". Em sua citação, Bagley foi representado por um defensor público, podendo pegar até 20 anos de prisão.

Contei tudo isso para Steve. Ele se divertiu com a história, mas fez questão de se manter distante: "Você está me dizendo que um colaborador, aliás, um membro de uma equipe democrata meio mortinha" – a senadora Patty Murray é, sem dúvida, uma das figuras menos polêmicas do Congresso dos EUA – "acabou juntando uns caras da Blackwater para tentar construir cidades de apoio a migrantes no norte da África e, para conseguir fundos, começou a 'lavar' dinheiro para cartéis de drogas mexicanos?".

Eu assenti. Ele foi além:

Um cara, não altruisticamente, está tentando construir microcidades para os migrantes para "mantê-los seguros" e lavando dinheiro para os cartéis de drogas mexicanos – isso é a pior coisa do mundo, e um cara que os cartéis mexicanos achariam que tem experiência é um cara que realmente sabe o que está fazendo. Então, meu ponto é, se você sabe fazer "lavagem" de dinheiro, você é um mau-caráter por definição.

Ele estava me dando o sinal para passar a outras questões. "Não quero ouvir falar de microcidades. Esse aí é um porra de um mau-caráter!"

~

Mudei de assunto, ou quase: "Você já ouviu falar de Jason Jorjani?". Eu sabia a resposta que ele me daria, mas, ainda assim, fiquei surpreso ao ouvi-la.

"Conheço de nome."

Só de nome? Eu continuei, sem mencionar a última vez em que tínhamos falado de Jason. "Um cara bem complicado, ele me deu um livro para entregar a você, *Prometheus and Atlas*." Eu não gostava muito de fazer papel de mensageiro para as pessoas que eu estava estudando. Mas tinha me comprometido com Jason. Steven pareceu interessado.

"*Prometheus and Atlas*. Parece bacana. Ele é de alguma universidade?"

"Sim, mas foi demitido..."

"Eu ouvi falar desse cara."

"Ele assumiu a editoria da Arktos."

"Ahhh! Arktos!" Evola, Dugin – ele tinha lido os livros da editora. Sofisticados. Mas nunca tinha reparado na Arktos antes de eu mencioná-la. Estranho.

"Mas ele acabou se associando ao Richard Spencer."

"Ah, ele é um nacionalista branco?"

Meu rosto contorceu-se e eu comecei a soltar uma série de "bem..." e "hum..." antes de conseguir formular a resposta: "Ele fundou uma organização chamada AltRight Corporation e, no início, ele estava pensando...".

"Ele achava que a transformaria numa marca? Haha!" Ele se referia à *alt-right*, à direita alternativa.

"Sim, ele achou que a transformaria numa marca diferente. Queria reunir todo o antissistema, os opositores ao Partido Republicano, mas ele também é um Tradicional."

"Mas foi assim que a *alt-right* começou!"

"Sim, mas..." – talvez eu não estivesse apresentando Jason com clareza – "ele também é um Tradicionalista que está aberto a trabalhar com Richard Spencer, que cunhou o termo".

"Bem, ele não o cunhou. Era a mídia dominante que queria dar um nome."

Steve estava pronto para solidarizar-se. Afinal, ele também havia inicialmente entendido o termo como significando algo mais do que um sinônimo para nacionalismo branco organizado. Enquanto Steve bebia um gole de sua garrafa d'água, aproveitei para falar sobre Jason. Expliquei que se tratava de um Tradicionalista, também zoroastriano e nacionalista iraniano. E fora assim que se juntara a Bagley, a princípio baseado na crença de que "a Pérsia fizera parte do Ocidente. E esse era o interesse de Jason Jorjani, trazer a Pérsia de volta ao Ocidente. E...".

"Eles fizeram parte do Ocidente?" Eu não consegui terminar minha frase antes que Steve se intrometesse para questionar o que acabara de ouvir. Jason nem vinha ao caso. "Eu diria que a Pérsia foi a representante do orientalismo no Ocidente. Eu não diria que eles fizeram parte do Ocidente. Acho que na história romana eles foram os grandes inimigos de Roma, certo? Se você olhar dois mil anos atrás, é China, é Roma e é Pérsia, você sabe disso."

Pareceu-me que, se alguém quisesse fazer Steve aceitar a ideia de Jason, certamente teria que fazer com ele um longo trabalho de convencimento. Ele não via muita novidade em alguém tentar fazer *lobby* na Casa Branca para mudar a política com o Irã, opondo-se à República Islâmica e aos mulás que a administram: "Existem caras correndo atrás do Irã por 20, 30 anos. O Irã é um estilo de vida para algumas pessoas. São obcecadas com o Irã. Embora não gostem do zoroastrismo. Gostam de mulás pegando fogo".

Depois de falar isso, pude vê-lo refletindo um pouco mais sobre Jason. Será que uma política externa Tradicionalista não implicaria a união do Ocidente tanto com o Irã quanto com a Rússia? Eu queria perguntar. "Mas por que um cara tão sofisticado se ligaria a Richard Spencer?" Algo na forma como narrei a trajetória de Jason fez com que ele parecesse suspeito a Steve. "Richard Spencer é um boboca, e você não pode fazer negócio com bobocas."

Steve estava me apressando, sinalizando que era hora de a entrevista terminar. De minha parte, eu estava com dificuldades para explicar o significado mais amplo daquela história: que a organização mais abrangente da direita alternativa tinha sido projetada como um estratagema para chegar até ele, incentivada não apenas por seu avanço político e por sua aparente abertura a nacionalistas brancos, mas também, e sobretudo, pela novidade de ele ser um Tradicionalista no poder.

Entendi, porém, sua deixa para encerrar, e guardei meu gravador. Quando íamos saindo, ele perguntou sobre meus planos para mais tarde. "Você tem que extravasar." A cidade mexicana de Juárez estava a um pulinho dali.

~

Fui de El Paso para casa em 28 de julho de 2019. Como era verão, os álamos das Montanhas Rochosas estavam em flor. Pouco depois da hora do almoço, esperei até que as minhas filhas pequenas estivessem cochilando para caminhar na ponta dos pés até a porta dos fundos. Saí na varanda e liguei para Jason.

Expliquei o que Steve havia dito – que ele o conhecia por nome, mas que nunca ouvira falar de Bagley. Acrescentei: "Até onde eu saiba, acho que posso acreditar nele". Jason não se comoveu com minhas palavras: "Bem, alguém está mentindo. Ou Bannon, ou o cara que está na prisão agora por ter se envolvido com cartéis de drogas mexicanos". Bagley e o Londrino haviam lhe dito explicitamente que mantinham contato com Bannon.

Eu estava ficando impaciente. Os caras da Jellyfish eram impostores. Bagley caíra na real no banco de trás de um carro do FBI. Tivera de aceitar o fato de que fora enganado por agentes federais; Jason também tinha de fazer seu acerto de contas, admitindo que fora passado para trás. "Jason", eu disse com perceptível exasperação, "o cara está sendo representado por um defensor público. Ele não tem dinheiro. Está falido. E ele simplesmente contou tudo para o FBI".

Ele com certeza pode ser uma farsa, Ben. Eu sempre disse isso. Mas tenho de admitir que algo não faz sentido nessa história. Em primeiro lugar, o FBI parece pensar que a Jellyfish tem sede em Washington D.C. e que não possui funcionários, está falida e assim por diante. Não, a Jellyfish tem sede na Europa e sua filial em Washington era apenas um tentáculo. E, como eu já lhe disse, Michael Bagley não estava na liderança. Ele era um subalterno, era dispensável. Pode ter sido traído por seus superiores.

Respirei fundo, permanecendo imóvel por um momento. Na verdade, eu também tinha perguntas sem respostas sobre aquele assunto. Por que Bagley estaria tão desesperado para conseguir dinheiro para o projeto de microcidades? E por que o FBI teria investido tantos recursos para pegá-lo? Ainda não havia evidências de que ele houvesse "lavado" dinheiro para um cartel de drogas de verdade, apenas caíra na armadilha montada pelo FBI. Então, para começar, o que, afinal, ele fizera para chamar tanto a atenção deles? Eu também não entendia como a Jellyfish, de acordo com o FBI, ainda existia legalmente como empresa. Eu tinha conversado com ex-funcionários; perplexos, eles haviam me contado que a empresa abrira e fechara duas vezes: a primeira em Delaware, a segunda em Wyoming. Como Bagley conseguira reabri-la? A Jellyfish era uma firma estranha. Na verdade, acredito que estive perto de conseguir uma entrevista com o general Michael Flynn. Quando, porém, seu assistente perguntou o nome da empresa de inteligência sobre a qual eu queria falar e respondi "Jellyfish", recebi um claro "não" na mesma hora. Tentei insistir por semanas: eles nunca mais me deram retorno.

Poderia ter dito mais coisas a Jason. Eu tinha quase certeza de que havia descoberto a identidade de seu Londrino. Tinha encontrado um cara envolvido havia muito tempo com ocultistas e círculos ligados à paranormalidade – ele dirigira uma associação nessa esfera no início dos anos 1990. Também participara por anos de círculos da Nova Direita e do Tradicionalismo em Londres e era um entusiasta do Eurasianismo e do bolchevismo nacional de Aleksandr Dugin. Tinha perfis sinistros nas redes sociais: com frequência, postava uma combinação bizarra de ícones de caveiras e símbolos do caos junto com artigos sobre Steve Bannon e Michael Flynn. Sua rede de contatos parecia ser real. Entre seus conhecidos, estavam o ex-emir do Qatar e, não menos importante, um célebre e rico agitador político – o nacionalista iraniano Darius Guppy, britânico de ascendência iraniana. Guppy, como Michael Bagley, fora pego em elaborados esquemas ilegais de arrecadação de dinheiro para propósitos pouco claros e, certa vez, conspirara com seu amigo e antigo colega do colégio Eton, o primeiro-ministro britânico Boris Johnson, para espancar um jornalista.[2]

Esses possíveis contatos é que preocupavam o ativista que me ajudara a investigar o Londrino, pois a informação salientava a possibilidade de Jason ter sido contatado por alguém com acesso ao poder. O círculo de contatos do Londrino e de Bagley também incluía o *CEO* de uma empresa de mídia que vivia entre o México e Londres, dono de um *site* de rastreamento de preços e comércio do petróleo – uma possível fonte para os documentos da Venezuela. E o tal Londrino também está registrado, de 2013 até o momento, como diretor da Jellyfish Europe Limited [Jellyfish Europa Ltda.]. No mínimo, essa informação corroborou um pouco o que Jason tinha acabado de me dizer, ou seja, que Michael Bagley parecia não ser o único funcionário da Jellyfish, alegações do FBI à parte.

Não, eu não comentei sobre nada disso com Jason. Teria levado a mais um sermão que eu já ouvira muitas vezes antes. E deixei de fora o fato de que não apenas havia descoberto a identidade do Londrino, que estava de acordo com as minhas suspeitas, como de que eu tinha muitos caminhos pelos quais poderia contatá-lo.

$\sim$

Algumas semanas depois, em 1º de setembro, eu estava em Budapeste.

"Os vaishnavas daqui certamente fizeram uma oferenda de comida, o que significa que Krishna entrou na comida. A comida é 'não diferente de Krishna', ou seja, acabamos de comer Krishna." Pensei comigo mesmo no livro de Guénon que Steve Bannon dizia ser o seu favorito, *O homem e seu devir segundo o Vedanta*, que enfatiza a infusão divina em tudo no mundo e, portanto, a presença constante do espiritual.

John Morgan e eu estávamos no Govinda's, um restaurante Hare Krishna em Budapeste, na rua Vigyázó Ferenc, situado entre as margens do Danúbio e a cada vez mais vazia Universidade Centro-Europeia. John retornara para uma visita tanto à cidade quanto ao mundo Hare Krishna. Talvez por isso houvesse um clima de nostalgia no ar.

Ele ainda era escritor e editor de livros, agora para um portal *on-line* do nacionalismo branco, Counter-Currents. Também escrevia e editava como *free-lancer* para um sem-número de veículos mundo afora pertencentes à "direita dissidente", como costumava chamar. Algumas das pessoas que estive estudando para este livro tinham entrado na minha vida pouco tempo antes – Bannon, por exemplo, apenas um ano e meio atrás. John? Eu vinha acompanhando sua carreira e conversando com ele por quase uma década. Eu o vira passar por organizações e funções diferentes, assistira à sorte e às oportunidades que iam e vinham em sua trajetória. E ficou claro para mim que a pessoa que encontrei naquele dia tinha uma perspectiva diferente da que tivera alguns anos antes. Logo após a eleição de Trump, ele fora dominado por uma onda de otimismo, até mesmo por um senso de responsabilidade, como um agente intelectual de direita de longa data. O tempo de exílio da *true right* [direita verdadeira] havia chegado ao fim; os joelhos do tigre estavam fracos.

Que balanço ele faria hoje daqueles primeiros dias? Crença ingênua em uma fantasia. A fantasia morrera – talvez com o bombardeio da Síria a mando de Trump, talvez com Charlottesville; com a saída de Bannon da Casa Branca ou com a percepção de que o Tradicionalismo de Bannon era menos doutrinário do que ele esperava. Ele nunca deveria ter abandonado o pessimismo que já fora uma peça fundamental de sua visão de mundo.

Terminamos nossa refeição, saímos do cavernoso salão do Govinda e caminhamos pelas cintilantes calçadas de Budapeste. Tomamos a direção da Basílica de Santo Estêvão, ali perto. Ela abriga o que dizem ser a mão direita desse santo, o primeiro rei da Hungria. O que mais admiro nela, no entanto, é sua torre norte – ali há um sino com sobretons surpreendentemente puros. Enquanto andávamos, compartilhei com ele a história que tinha para contar sobre Dugin, Olavo e Steve; sobre Jason e Bagley; sobre seus precedentes, suas estranhezas, seus mistérios; bem como sobre minhas reflexões a respeito de tudo aquilo. Sim, John trabalha para um portal nacionalista branco. Mas ele também é uma fonte insubstituível em questões ligadas ao Tradicionalismo e à direita contemporânea.

Aqui e ali, ele interveio com um pensamento ou uma correção, mas, basicamente, apenas ouviu. A basílica, então, apareceu à nossa frente. "Você quer saber a coisa mais estranha?", disse John. "À época em que formamos a Arktos, concordamos especificamente que nunca nos associaríamos a um partido ou movimento político. Porque sabíamos que não funcionaria. Simplesmente não dá para combinar Tradicionalismo, filosofia e ideias desse tipo com política."

Não dá para combinar Tradicionalismo com política *facilmente*, imaginei Bannon respondendo. Junte as ações das pessoas certas, na hora certa, com ambição e diligência imensuráveis – em virtude do absurdo, como diria Kierkegaard –, e você poderá avançar as correntes do tempo e reviver a eternidade. Se você é o tipo de pessoa que tem uma grande compreensão das coisas, que enxerga além do tempo e sente vontade de agir, é preciso fazer a transição: você tem de tentar.

22
GUERRA PELA ETERNIDADE

Eram 7 e meia da manhã, início do outono de 2019 – a última vez que encontraria Steve. Ele e eu estávamos à mesa da sala de jantar em sua casa em Washington. O espaço pomposo em tons pastel, no qual ele continuava a receber líderes mundiais para jantares luxuosos, parecia cinzento; o sol estava coberto de nuvens, que passavam velozmente pelas janelas. Steve combinava com as cores daquela manhã, usando uma camisa azul desbotada e com a barba prateada de um dia. A casa estava sonolenta, e eu também. Steve, entretanto, estava explodindo de energia. Se eu soubesse que a reunião seria tão animada – estava acostumado a recepções mais austeras quando o encontrava sozinho –, teria bebido café. Mas, agora, a cafeína teria de esperar.

Durante o ano e meio que passei conversando com ele, vi sua sorte mudar inúmeras vezes, sem qualquer direção ou tendência perceptível. Jornalistas rotulando-o de "irrelevante" surgiram e desapareceram ao longo de 2018. Ele superou esse tipo de comentário mais por conta de sua enorme persistência do que devido a grandes realizações.

Eu nunca vira alguém tão motivado quanto ele. E sua motivação era acompanhada pela consciência que tinha da própria importância. Minha assistente de pesquisa, Kelsey, tem uma teoria sobre seu codinome, aquele que ele me pedia para dizer nas recepções de hotel quando fosse vê-lo: Alec Guinness. Ela acredita que Steve adotou esse nome para se associar a um dos personagens mais amados do ator britânico: Obi-Wan Kenobi, de *Star Wars*. Obi-Wan, um mestre, portador da tocha de uma tradição guerreira erudita, canaliza um poder imaterial e intangível – a Força – que já não tem mais um lar institucional desde que o conselho Jedi foi destruído, mas que, no entanto, é onipresente e acessível a todos que a procuram. Obi-Wan fica mais poderoso após ser morto e tornar-se um espírito, abandonando seu corpo material; Obi-Wan, aquele que encontra e convoca um fazendeiro, um camponês – Luke Skywalker – para destruir o Império tecnocrático.

Autoengrandecimento não daria conta de descrever o caso. Ainda assim, posso atestar o fato de que Bannon ainda é procurado por muita gente – não apenas pessoas ligadas à mídia, mas também políticos e influenciadores de várias linhas ideológicas, dos Estados Unidos e do exterior. Eles pedem seus conselhos sobre assuntos variados, de reflexões teóricas e publicações até parlamentarismo. Algumas dessas "consultorias" vazaram para a mídia, outras não. Enquanto isso, o escritor Michael Wolff especulava que Steve e o presidente Trump estavam se preparando para uma nova parceria. Steve aparecia com frequência na televisão como comentarista, muitas vezes como defensor de Trump, e em alguns meses lançaria um programa de rádio, gravado no porão daquela casa, para fazer propaganda contra um possível *impeachment* do presidente. Ele havia deixado a Europa para trás, então a maior parte de seus comentários públicos tratava de Trump ou da China, e é disso que estávamos falando.

Eu queria uma atualização final sobre seu contato com Dugin, mas ele tinha relativamente pouco a dizer. Os dois não se falavam desde o encontro de novembro de 2018. Não era sinal de desinteresse nem de hostilidade. Dugin tinha um prazo para terminar um livro sobre a civilização e a espiritualidade iranianas para uma editora russa. Houve relatos de problemas pessoais também. Eu tinha falado com Dugin algumas semanas antes, em 10 de agosto de 2019. Ele ainda se recusava a discutir – até mesmo confirmar ou não – seu encontro com Bannon, embora ficasse claro em nossas conversas que ele estava respondendo a posições e ideias expostas no encontro entre os dois. Em nossa entrevista de agosto, e no encontro com Steve naquele dia, eu percebi que vinha desempenhando o papel de mediador entre eles: minhas entrevistas estavam permitindo a continuidade da conversa.

A coordenação de Steve com o pessoal de Olavo, em contraste, continuava acelerada. Steve receberia o ministro das Relações Exteriores do Brasil, Ernesto Araújo, dali a alguns dias; depois desse encontro, o brasileiro proferiu um discurso nada convencional na Heritage Foundation,* no

---

* Criada em 1973, The Heritage Foundation é uma organização constituída para o debate e a promoção de ideias do movimento conservador (também chamada de *think tank*), com sede em Washington D.C. (N. da T.)

qual argumentou que o Ocidente precisava reconquistar sua confiança no "simbolismo". Toda aquela reflexão sobre o ocidentalismo por parte dos brasileiros estava de acordo com o objetivo de Bannon de afastar o Brasil de seu principal parceiro comercial, a China, e aproximá-lo dos Estados Unidos, sobretudo por motivos culturais e espirituais, não econômicos.

Quanto à integração da Rússia com a China, Steve afirmou considerar que só havia piorado desde seu primeiro encontro com Dugin, em novembro de 2018. O resultado, segundo ele, não seria o surgimento de um "mundo multipolar", mas sim o domínio do território eurasiano por uma única coalizão de forças – uma unipolaridade dentro daquela importante esfera geopolítica. E o motivo de toda a bagunça, de acordo com Bannon, "é a rejeição da Rússia por parte da ordem secular" – isto é, a oposição do Ocidente liberal a Putin com base na democracia e nos direitos humanos. "Forçamos a essa situação aquele que deveria ser um dos nossos aliados mais importantes."

A solução mais urgente, disse Steve, não eram acordos comerciais, tratados militares, reuniões de alto nível entre Trump, Putin e Xi Jinping e coisas assim. Não: a solução era abordar Dugin. "Dugin é a chave", garantiu. Mas, do seu ponto de vista, fazer Dugin mudar de postura – o ideal seria que ele promovesse intelectualmente uma ligação entre os Estados Unidos e a Rússia, da mesma maneira que fizera com a Turquia anos atrás – seria uma tarefa desafiadora. Fazendo uma avaliação sóbria, Steve disse que "se ele [Dugin] estiver morando em Xangai, o Partido Comunista da China – ele é um agente, eles o pegaram. Cem por cento fora do alcance. Você não está entendendo – esses caras são – eles trazem você pra porra do...". Se Steve estivesse correto nessa afirmativa – se Dugin fosse formalmente incumbido de moldar a opinião e a política relacionadas ao Partido Comunista da China –, bem, nesse caso, teríamos dois Tradicionalistas trabalhando para lados opostos em uma disputa pelo governo chinês. Sua campanha para mudar a opinião de Dugin teria, de fato, um prognóstico desanimador. Mas Steve sentia que precisava tentar. Não como líder político, mas como guia espiritual, estrategista, guru. Metapolítica, basicamente.

Steve pegou seu celular.

Agradeci a Steve por seu tempo, desci as escadas íngremes da embaixada da Breitbart e saí na rua, contornando a Suprema Corte dos Estados Unidos ao sul e passando pelo Capitólio, que dá de frente para o parque National Mall e seu imponente obelisco a oeste.

Sentir-se descontente com aspectos da "vida moderna" é comum em sociedades como esta. O que diferencia o Tradicionalismo é a natureza generalizada de sua oposição. Ele quer destruir todos os valores da modernidade e apoiar seus opostos. Que poucos Tradicionalistas pareçam capazes de se imaginar, muito menos plausivelmente querer viver, em uma sociedade genuinamente pré-moderna não vem ao caso: sua ascensão é uma expressão dramática da insatisfação generalizada com a vida política e social em todas as democracias liberais. O Tradicionalismo, talvez ironicamente, está dando a Bannon, Olavo e Dugin um espaço ideológico e uma sanção divina para imaginarem sistemas políticos totalmente novos.

O Tradicionalismo declara a sociedade moderna sem sentido, com o argumento de que nossos Estados e nossas comunidades se baseiam cada vez mais apenas na economia e na formalidade burocrática, não na cultura e na espiritualidade. Suas teorias de inversão oferecem justificativas teológicas e escatológicas para a rejeição a instituições que forneçam conhecimento sobre o mundo em que vivemos, ou seja, as universidades e a mídia. O Tradicionalismo implora que percebamos como o projeto liberal de progresso pode ter degradado nossas vidas sob o disfarce de avanço social; que vejamos a inteligência artificial como um estágio final da secularização e da remoção da espiritualidade do mundo; que encaremos a emancipação da mulher como um passo rumo à solidão e à confusão nascida da morte de determinados papéis sociais; que abordemos o apoio à imigração em massa como fruto de uma tendência a considerar as pessoas como mero material quantificável; que imaginemos a perda da comunidade, da diversidade e da soberania ao pensarmos em democracia universal.

O Tradicionalismo pode inspirar o racismo, mas não se podem fazer muitas suposições sobre como os Tradicionalistas de hoje – inclusive os que estudei – lidam com tal questão. Embora seja verdade que mesmo seguidores ávidos de Julius Evola encontraram maneiras de extirpar as visões do pensador italiano sobre raça, também não é por acaso que, nas vezes em que o Tradicionalismo se misturou à política, quase sempre o fez dentro ou perto das causas de ideólogos raciais e antissemitas. As razões para isso podem ser mais profundas do que se pensa, e indicar que o Tradicionalismo nasceu de uma fonte conceitual comum a essas outras patologias.

Considere *Os Protocolos dos Sábios de Sião*, texto-base do antissemitismo organizado do final do século XIX e do início do século XX. Nele, os judeus eram retratados como globalistas operando contra o Estado-nação, tanto comunistas quanto banqueiros – as diferenças entre esses papéis não importavam. Seguiam uma fé não cristã, mas também se constituíam como agentes do secularismo; eram considerados urbanos, em contraste gritante com a boa gente do interior. Eram avatares da modernidade. Isso é o que importava, mais do que falar de sua culpabilidade pela morte de Cristo.

O racismo pode ser apenas uma peça menor, até mesmo periférica, da ferrenha oposição à modernidade que o Tradicionalismo tenta alcançar. Mas, quando considero as histórias que segui e a perspectiva de que indivíduos inspirados pelo Tradicionalismo possam ter uma participação no futuro da política mundial, não é uma questão específica – raça, gênero, religião – que mais me perturba, mas uma das características mais abrangentes do Tradicionalismo.

O ciclo do tempo. O desejo de lutar pela eternidade em vez de imaginar um futuro melhor e mais promissor. É assim que você distingue um Tradicionalista real de alguém que é meramente conservador – ou um tradicionalista, com t minúsculo. É a diferença entre alguém meramente pessimista e quem acredita que vivemos em um tempo de destruição, que sustenta que o desmoronamento de monumentos é algo a ser celebrado e que a vontade de construir algo grandioso não passa de uma tolice perversa. O que aconteceria se um grande número de líderes mundiais fosse aconselhado por pensadores que têm o objetivo de colocar tudo abaixo, que valorizam a estagnação em vez do progresso, que desejam que nosso universo resgate o que éramos, e não que conquiste o que sonhamos ser?

Talvez parte do mal-estar que possamos sentir diante dessa situação tenha relação com o desconhecido. Muitas das crenças ideológicas e espirituais expressas por esses figurões são inespecíficas. E isso não é porque todos eles têm uma compreensão secreta – mais específica e pontual – à qual eu não tive acesso. Os Tradicionalistas atuais têm noções muito diferentes do que é o Tradicionalismo, do que ele exige de seus seguidores e de como dita (se é que dita) uma geopolítica particular. Na verdade, quando pedi a Steve Bannon para descrever o que o Tradicionalismo *apoia*, e não o que rejeita, ele nomeou coisas como *imanência* e *transcendência* – conceitos que não são completamente vazios de significado, mas que são mais forma do que conteúdo; são molduras em torno de uma tela em branco. Eu me perguntei se a indefinição do Tradicionalismo não seria, em si, a maneira de Steve montar o tigre – adicionar mistério e um brilho sacrossanto a planos ofensivos demais para enunciar.

Ainda assim, podemos caracterizar aspectos do mundo Tradicionalista ideal em termos gerais. Seria um mundo de escalas reduzidas, de esferas políticas encolhidas e de objetivos radicalmente diferentes dos atuais. Sem impérios, sem entidades transnacionais dominantes tramando fora do campo de visão e do controle das pessoas comuns. Em vez disso, um mundo de nações ou civilizações; de enclaves delimitados – isso é o mais importante –, cada qual baseado em algo que deve estar de acordo com suas fronteiras bem demarcadas: seu povo. E o que é um povo? Um povo é distinto de outros povos; um povo compartilha um passado e também um futuro, cultivando lealdade para com ambos. Um povo possui uma essência, um modo de ser espiritual e cultural, que transcende o tempo. Não invocamos a ideia de raça para encapsular tudo isso? Às vezes, mas o conceito Tradicionalista de povo é ainda mais amplo. Eles afirmam que, hoje em dia, os indivíduos com maior probabilidade de incorporar a essência de seu povo são aqueles mais distantes da modernidade, da formação institucional secular, dos cosmopolitismos e do tempo. Ou seja, a classe trabalhadora ou o campesinato. São os primeiros na fila do acesso à eternidade, e é dever do Estado buscar seu bem-estar. Proteja a existência do campesinato e você terá possibilitado a maior virtude – permitir que as pessoas viajem através de sua essência singular em direção ao núcleo espiritual, seguindo seu feixe de luz de volta ao Sol.

Uma unidade política ideal não é aquela baseada em um princípio político secular ostensivamente universal, como democracia ou direitos humanos, princípios estes que envolvem um número ilimitado de outros povos no destino da nação e fazem com que ela estenda sua abrangência por meio da incursão militar, da expansão do mercado ou da imigração justificada pela noção de que alguém *lá fora* está privado dos nossos direitos *aqui dentro* – nossos direitos que, de fato, se aplicam a todos os lugares. Comportar-se dessa maneira é tratar os valores políticos seculares como sendo a motivação central da geopolítica. Um modelo alternativo priorizaria a economia e a formação de parcerias comerciais. Mas, para os Tradicionalistas, a espiritualidade é que deve ser a motivação central, o que significa que as alianças primárias de determinada nação devem se dar com nações que pertençam ao seu destino espiritual e possam complementá-lo. Além de ser radical, essa postura prediz uma ênfase menor no papel que os direitos humanos e a democracia desempenham no mundo.

Mas, ao considerarmos como alguém praticaria política a partir disso, todas as excentricidades tornam-se uma questão central. O que, exatamente, seria essa essência, e quem tomaria as decisões? Se um povo é definido por sua história, o que dizer dos cidadãos cujas origens pessoais divergem da norma? O que fazer com brasileiros, americanos e russos que não são, e nunca foram, seguidores da tradição judaico-cristã?

Certas respostas a essas perguntas têm uma origem incendiária, e não apenas porque o Tradicionalismo em suas formas iniciais oferece pouco incentivo para nos preocuparmos com as injustiças e desigualdades materiais. Quando seu apelo para reunir as populações em torno da essência espiritual arcaica junta-se a uma ideologia que também é apocalíptica – tal qual o messianismo dos cristãos evangélicos, só que somado à crença de que a destruição terrestre é necessária para uma utopia *terrena*, não celestial – aí, sim, pode haver motivo para receio. De fato, no caso de vários de nossos personagens – Dugin, Bannon, os figurões na Hungria –, a filosofia deu-lhes pretexto não para a apatia, como seria de esperar daqueles que montam o tigre. Paradoxalmente, eles fizeram o exato oposto: encaminharam-se para a ação transformativa, baseada na crença de que o mundo está prestes a mudar e, portanto, medidas ousadas são justificadas. O Tradicionalismo não vê razão para se subordinar à política.

Porém, esses novos Tradicionalistas podem não estar realmente contribuindo para inovações práticas. Enquanto refletia sobre minhas entrevistas e observações, percebi mais uma vez como princípios do Tradicionalismo podem coincidir de várias maneiras com gritos populistas pouco refinados. A crítica da razão, a oposição ao globalismo, a falta de inclinação para movimentos progressistas, a exaltação do nacionalismo, o localismo, o desprezo pela profissionalização e pela institucionalização – talvez a função do Tradicionalismo seja permitir que pessoas como Bannon, Dugin e Olavo exerçam seus egos excêntricos e eruditos enquanto participam de uma causa política que, se não fosse pela oportunidade que ela lhes dá, eles mesmos poderiam considerar alienante social e intelectualmente. Seu impacto, assim, tem relação com o surgimento de figuras com habilidades excepcionais e ambição ousada à frente das causas populistas.

Mas, apesar de toda a sobreposição entre Tradicionalismo, populismo e nacionalismo, as doutrinas também se chocam. O populismo e a democracia são capazes de coexistir, até mesmo nutrir um ao outro, contanto que o populismo não chegue realmente ao poder, já que cumprir seu programa requer, com frequência, ações não democráticas. Da mesma forma, eu me pergunto se o Tradicionalismo poderia dividir espaço com um populismo de direita que não fosse de oposição, mas que funcionasse como o sistema vigente em instituições políticas e metapolíticas formais (ainda não é assim nos Estados Unidos e no Brasil). O pessimismo e a hostilidade do Tradicionalismo para com a autoridade intelectual oficial permitiriam que ele endossasse uma sociedade assim? E o fato de que ele deve, em última instância, condenar (e frequentemente o faz) o Estado-nação como uma construção modernista, como uma ferramenta para nivelar e homogeneizar uma população – isso o levaria ao conflito com o nacionalismo?

Questões como essas incentivariam figuras como Bannon, Dugin e Olavo a tomar partido: a mostrar se viam o Tradicionalismo como um meio para um fim ou um fim em si mesmo.

~

Eu tinha terminado minhas entrevistas e parado de perseguir Steve e Olavo ao redor do mundo e Dugin a distância. Talvez eu ainda viesse a ter notícias de Steve novamente. Ele havia me ligado, assim, do nada, no dia 31 de julho de 2019, encorajando-me a escrever uma coluna sobre a espiritualista Marianne Williamson, a breve candidata democrata à presidência. Por quê, eu realmente não consegui descobrir, e ele não me deu a oportunidade de perguntar. (Steve inicia e conclui ligações sem saudações.) Talvez tenha sido uma manobra para pautar a minha escrita, afastando-me das alegações da mídia contra ele e sugerindo que ele até podia ser fã de uma candidata de esquerda defendendo uma "política de amor".

Eu conseguia imaginar Steve atraído por alguém que criticava o ceticismo seco e afirmava que "forças espirituais sombrias" estavam à espreita, mesmo que ela estivesse se referindo, justamente, a ele e aos candidatos que ele apoiava. De toda forma, ela estava falando de algo para além do materialismo, pensando na política como uma questão de *Zeitgeist* e de espiritualidade, e só isso já podia representar um avanço aos olhos dele.

Isso me lembrou de algo que um político nacionalista sueco me disse em 2018, depois que socialistas e capitalistas de livre mercado haviam se alinhado em seu país a fim de enfraquecer a influência de seu partido de extrema direita. Para minha surpresa, ele me revelou haver ficado emocionado com o acordo, já que aquilo significava que as questões econômicas estavam se tornando menos importantes; socialistas e capitalistas podiam trabalhar juntos porque as divergências sobre distribuição de riqueza e impostos já não importavam mais. Agora, as batalhas políticas definitivas diziam respeito a coisas não quantificáveis, intangíveis e imateriais, como cultura e identidade. Todos tinham que escolher lados: eram a favor de abertura e liberdade ou de continuidade e segurança? Tudo o mais tornara-se secundário. E, ao priorizar essas preocupações espirituais, a política voltara a ser "não moderna", deixando tecnocratas e sistematizadores de todos os matizes – modernistas à esquerda e à direita – sem lugar.

Sim, os Steve Bannons de nossos tempos podem encontrar vitórias onde outros veem derrotas. Com armas e exércitos, às vezes manifestos, às vezes invisíveis, eles enxergam o mundo através de lentes radicalmente diferentes – veem o caos na estrutura, a ordem nas ruínas e o passado no futuro.

Notas

Capítulo 1: Pilares da Tradição

1. *Escola espiritual e filosófica*: Hoje, há professores universitários, filósofos e até membros da realeza europeia entre os Tradicionalistas. Nem todos se associam à direita radical. Ver, por exemplo: UPTON, Charles. *Dugin against Dugin: A Traditionalist critique of the fourth political theory*. Hillsdale (NY), Sophia Perennis, 2018. Meu foco, como explicado na frase seguinte, são os que combinam o Tradicionalismo à política de extrema direita.
2. *Além do fascismo*: SEDGWICK, Mark. *Against the modern world: Traditionalism and the secret intellectual history of the twentieth century*. Oxford, Oxford University Press, 2004. Ver, também: WOLFF, Elisabetta Cassini. "Evola's interpretation of fascism and moral responsibility". *Patterns of Prejudice* 50 (4-5), 2016, pp. 478-494.
3. *"O princípio fundamental"*: EVOLA, Julius. *Metaphysics of war: battle, victory, and death in the world of Tradition*. 3. ed. London, Arktos, 2011, p. 22.

Capítulo 2: Marinheiro quer ser nativo

1. *Categoria de "shellback"*: Não obtive esses detalhes nas entrevistas com Bannon, mas em recordações de seus companheiros marinheiros. Ver: FARAM, Mark D. "Steve Bannon and the National Security Council: what we can learn from his Navy career". *Navy Times*, 1/2/2017.
2. *Muitos caminhos válidos*: Em uma de nossas entrevistas, Steve teve dificuldade para responder quando perguntei se ele se imaginaria tornando-se um sufi – BT: "Você já se imaginou praticando o sufismo? Tornando-se um sufi?". SB: "Você, você, isso... Depende, depende de para onde a jornada te leva. Existem pessoas, eu sei que existem, que foram totalmente para o Vedanta, ou foram totalmente para... Depende de qual é a sua linha de trabalho, aonde você, aonde sua jornada te leva, certo? E eu não, eu não, hum, hum, antes de Cristo, havia o cristianismo. Santo Agostinho explica tudo. Certo, é, é... Então, olhe para mim, isso é ser um cristão. E posso ficar muito confortável com isso, e em aprender com essas outras grandes religiões, o processo de compreensão da transcendência, e não apenas isso, entender que está na metanoia, e como essas outras práticas ajudam você a..., a..., hum..., a aperfeiçoar o seu ser, o que pra mim é a jornada".
3. *Dissidentes culturais da sociedade americana branca*: TWEED, Thomas A. *The American Encounter with Buddhism: 1844-1912*. Chapel Hill, University of North Carolina Press, 2000. Ver, também: GOLDBERG, Philip. *American Veda: From Emerson and the Beatles to yoga and meditation – how Indian spirituality changed the West*. New York, Harmony Books, 2013.
4. *O poeta beat Gary Snyder escreveu*: SNYDER, Gary. *Earth House Hold: technical notes & queries to fellow Dharma revolutionaries*. New York, New Directions Books, 1969, p. 92.
5. *Problema para os esquerdistas*: Ver SEAGER, Richard Hughes. *Buddhism in America*. New York, Columbia University Press, 1999.

Capítulo 3: O mestre Jedi

1. *Um sinal de embromação*: DREHLE, David Von. "Steve Bannon is a Swiss-cheese philosopher". *Washington Post*, 12/9/2017. Disponível em <https://www.washingtonpost.com/opinions/steve-bannon-is-a-swiss-cheese-philosopher/2017/09/12/3a45f43c-97e7-11e7-82e4-f1076f6d6152_story.html>. Acesso em 18/10/2020.

2. *"Um conselheiro que busca ideias em Julius Evola"*: "Steve Bannon at DHI". *Soundcloud* (*BuzzFeed News*), 2014. Disponível em <https://soundcloud.com/buzzfeednews/steve-bannon-at-dhi>. Acesso em 18/10/2020.

Capítulo 4: Tempo de matar

1. *O mundo oculto de suas psiques*: Ver TAMRUCHI, Natalya. "Bezumie kak oblast svobody". *NLO*, 100, 2009. Disponível em <http://magazines.russ.ru/nlo/2009/100/ta33-pr.html>. Acesso em 18/10/2020.
2. *Uniformes do Terceiro Reich e a gritarem "Sieg Heil!"*: CLOVER, Charles. *Black wind, white snow: the rise of Russia's new nationalism*. New Haven (CT), Yale University Press, 2016.
3. *Origem ártica dos arianos*: Ver SHNIRELMAN, Victor. "Hyperborea: the Arctic myth of contemporary Russian radical nationalists". *Journal of Ethnology and Folkloristics*, 8 (2), 2014, pp. 121-138.
4. *Entre um "Atlântico" liberal e uma "Eurásia" opositora*: Essas são ideias que ele adaptou a partir dos filósofos alemães Carl Schmitt e Karl Haushofer e do teórico político britânico Halford Mackinder.
5. *"[Apoiar] tendências isolacionistas na política americana"*: Traduzido em DUNLOP, John B. "Aleksandr Dugin's Foundations of Geopolitics". *Demokratizatsiya*, 12 (1), 2004.
6. *Dugin como um especialista em geopolítica*: *Idem*. Ver, também: SHENFIELD, Stephen D. *Russian fascism: traditions, tendencies, movements*. London, Routledge, 2001, p. 199.
7. *Uma porção de outras reuniões oficiais*: CLOVER, Charles. *Black wind, white snow*. Ver, também: LARUELLE, Marlène. *Russian Eurasianism: an ideology of Empire*. Baltimore, Johns Hopkins University Press, 2008. Ver, ainda, a página pessoal de Dugin no Facebook.
8. *O vazamento por parte do WikiLeaks*: "Putin visits Turkey: Russia bids to turn Turkey from West; Turks keeping options open". WikiLeaks. Disponível em <https://wikileaks.org/plusd/cables/04 ANKARA6887_a.html>. Acesso em 19/10/2020.
9. *Reescreveu a introdução*: "Putin visit to Turkey September 2-3". WikiLeaks. Disponível em <https://wikileaks.org/plusd/cables/04ANKA RA4887_a.html>. Acesso em 19/10/2020.
10. *Uma rede de indivíduos*: LARUELLE, Marlène. "Alexander Dugin and Eurasianism". *In*: SEDGWICK, Mark. *Key thinkers of the radical right: behind the new threat to liberal democracy*. Oxford, Oxford University Press, 2019, pp. 155-179.
11. *Um grupo de membros da União da Juventude Eurasianista escalou o monte Hoverla*: "'Gerbiamo' profesoriaus pasiūlymai: okupuoti Gruziją, padalyti Ukrainą, suvienyti buvusią". *Ekspertai*. Disponível em <http://www.ekspertai.eu/gerbiamo-profesoriaus-pasiulymai-okupuoti-gruzija-padalinti-ukraina-suvienyti-buvusia-sssr/>. Acesso em 19/10/2020.
12. *Alvos das forças separatistas*: Missão Internacional Independente de Investigação sobre o Conflito na Geórgia, do Conselho da União Europeia. Bruxelas, 30/9/2009.
13. *"Tanques para Tbilisi!"*: "No Compromise – Tanks to Tblisi!". *Evrazia*. Disponível em <http://evrazia.org/article.php?id=571#english>. Acesso em 19/10/2020.
14. *Espalhou pela mídia russa*: SHEKHOVTSOV, Anton "Aleksandr Dugin's Neo-Eurasianism: The New Right à *la Russe*". *Religion Compass*, 3 (4), 2009, pp. 697-716.
15. *"Um inferno"*: FINN, Peter. "A two-sided descent into full-scale war". *Washington Post*, August 17, 2008. Disponível em <https://www.washingtonpost.com/wp-dyn/content/article/2008/08/16/AR2008081600502_pf.html>. Acesso em 19/10/2020.

Capítulo 5: Europa solar

1. *Vona dera uma guinada*: "Vona: Kész vagyok bocsánatot kérnia zsidóságtól és a cigányságtól". *ATV*. Disponível em <http://www.atv.hu/belfold/20170814-vona-kesz-vagyok-bocsanatot-kerni-a-zsidosagtol-es-a-ciganysagtol>. Acesso em 19/10/2020.
2. *Um Tradicionalista radical*: Não somente ele fundou a única igreja Tradicionalista de que já ouvi falar – em sua cidade natal, Debrecen –, como também publicou livros por meio de uma editora

chamada Kvintesszencia, fundada por ele mesmo em 1996. Mais recentemente, também publicou traduções da obra de Dugin.

3. *Passado distante*: LARUELLE, Marlène *et al. Eurasianism and the European far right: reshaping the Europe-Russia relationship.* Lanham (MD), Lexington Books, 2015, p. 191; MIKOS, Éva. "Ablonczy Balázs: Keletre, magyar! A magyar turanizmus története. Jaffa Kiadó, Budapest, 2016". *Korall-Társadalomtörténeti folyóirat*, 18, 2018, pp. 201-206; AKÇALI, Emel & KORKUT, Umut. "Geographical Metanarratives in East-Central Europe: Neo-Turanism in Hungary". *Eurasian Geography and Economics*, 53 (5), 2012, pp. 596-614.

4. *Unidade entre a Grécia e a Rússia*: EPHRON, Sonia. "Opinion: the frightening popularity of Golden Dawn's anti-semitism in Greece". *Los Angeles Times*, 22/5/2014. Disponível em <https://www.latimes.com/nation/la-ol-greece-elections-neo-nazi-golden-dawn-20140522-story.html>. Acesso em 19/10/2020.

5. *Conseguir alterar a cultura*: A estratégia de metapolítica tem raízes improváveis. Foi trazida para o ativismo de extrema direita por uma escola ideológica inspirada no Tradicionalismo chamada Nova Direita Francesa, ou *Nouvelle Droite*, que, por sua vez, adaptou a ideia do neomarxista sardo Antonio Gramsci, preso pelo regime de Mussolini que o levaria à morte. Gramsci estava tentando entender por que a revolução comunista não havia chegado à Itália antes da Segunda Guerra Mundial, já que parecia haver um cenário econômico propício para isso. Sua conclusão? A cultura da Itália atrapalhara. O italiano médio podia sofrer em um sistema que roubava os frutos de seu trabalho, mas os valores que considerava como senso comum impediam-no de se revoltar. Nesse caso, ao contrário do que previu Karl Marx, a cultura seria um motor mais poderoso do comportamento social do que a economia. Ver: TEITELBAUM, Benjamin. *Lions of the North: sounds of the new Nordic radical nationalism.* Oxford, Oxford University Press, 2017.

6. *Tirar os indivíduos-alvo da corrente dominante*: WYLIE, Christopher. *Mindf*ck: Cambridge Analytica and the plot to break America.* New York, Random House, 2019.

7. *Uma organização chamada Leave.EU:* GEOGHEGAN, Peter. "Brexit Bankroller Arron Banks, Cambridge Analytica and Steve Bannon – explosive emails reveal fresh links". *Open Democracy*, 17/11/2018. Disponível em <https://www.opendemocracy.net/en/dark-money-investigations/brexit-bankroller-arron-banks-cambridge-analytica-and-steve-bannon-expl/>. Acesso em 19/10/2020.

8. *Repassando-lhe dinheiro de forma ilegal*: ROSS, Jamie. "It's official: the Brexit campaign cheated its way to victory". *Daily Beast*, 17/7/2018. Disponível em <https:// www.thedailybeast.com/its-official-the-brexit-campaign-cheated-its-way-to-victory?ref=author>. Acesso em 21/10/2020.

9. *Chave da vitória*: GREEN, Joshua. *Devil's Bargain.* New York, Penguin, 2017, p. 207.

10. *Seria imediatamente preso*: THORPE, Nick. "Far right holds secret congress in Hungary". *BBC News*, 7/10/2014. Disponível em <https://www.bbc.com/news/world-europe-29503378>. Acesso em 19/10/2020.

11. *Escolas desse tipo*: Ver, por exemplo: "Lega, al via la Scuola di Formazione Politica. Siri: 'Unici a puntare sulla competenza'". *Il Populista.* Disponível em <http://www.ilpopulista.it/news/27-Ottobre-2017/19903/lega-al-via-la-scuola-di-formazione-politica-siri-unici-a-puntare-sulla-competenza.html>. Acesso em 19/10/2020.

12. *Alta de quase dez pontos na aprovação*: BUCKLEY, Neil. "Orban's hard line on migrants proves a ratings winner at home". *Financial Times*, 20/9/2015. Disponível em <https://www.ft.com/content/248dc176-5f8e-11e5-9846-de406ccb37f2>. Acesso em 21/10/2020.

13. *Ligações da língua húngara com o finlandês*: "Unkarin pääministeri: Kielisukulaisuus on tosiasia". *Turun Sanomat*, 13/5/2013. Disponível em <https:// www.ts.fi/uutiset/kotimaa/484810/Unkarin+paaministeri+Kielisukul aisuus+on+tosiasia>. Acesso em 19/10/2020.

14. *Comprar veículos de combate da Turquia*: "Hungary first in EU to buy Turkish armored vehicle". *Daily Sabah*, 9/2/2019. Disponível em <https://www.dailysabah.com/defense/2019/09/02/hungary-first-in-eu-to-buy-turkish-armored-vehicle>. Acesso em 19/10/2020.

15. *"Espiritualmente doente"*: "Gábor Vona, leader of Jobbik: 'Hungary Is for Hungarians Until Our Final Breath!'". YouTube. Disponível em <https://www.youtube.com/watch?v=HqlraNaGipo>. Acesso em 19/10/2020.

16. *O nascimento da multipolaridade*: "Brexit: Europe is falling into the abyss | Alexander Dugin". *Fourth Revolutionary War*, 27/6/2016. Disponível em <https://4threvolutionarywar.wordpress. com/2016/06/27/brexit-europe-is-falling-into-the-abyss-alexander-dugin/>. Acesso em 19/10/2020. Transcrição ligeiramente editada.
17. *Apoio financeiro do governo de Putin*: SHEKHOVTSOV, Anton. *Russia and the Western far right: Tango Noire*. London, Routledge, 2017.

Capítulo 6: A metafísica do campesinato

1. *Como disse recentemente a cientista política Nadia Urbinati*: URBINATI, Nadia. "Political theory of populism". *Annual Review of Political Science*, 22, 2019, pp. 111-127.
2. *"Comunidades racialmente isoladas"*: ROTHWELL, Jonathan T. & DIEGO-ROSELL, Pablo. "Explaining nationalist political views: The case of Donald Trump". *Gallup*, 2/11/2016. Disponível em <http://dx.doi.org/10.2139/ssrn.2822059>. Acesso em 19/10/2020.

Capítulo 7: Estrangule o tigre

1. *Soldados maravilhosamente condecorados*: Evola apresentou essa teoria em 1935, no artigo "Sulle forme dell'eroismo guerriero", na seção "Diorama mensile" do jornal *Il Regime Fascista*.
2. *"Reajuste"*: GUÉNON, René. *Crisis of the modern world*. Rev., ed., trad. Marco Pallis *et al.* Hillsdale (NY), Sophia Perennis, 2004.
3. *Estrangulá-lo e, dessa forma, ganhar a liberdade*: EVOLA, Julius. *Ride the Tiger. A survival manual for the aristocrats of the soul*. Trad. Joscelyn Godwin e Constance Fontana. Rochester (VT), Inner Traditions, 2003 [1961]. Ver também: FURLONG, Paul. "Riding the Tiger: crisis and political strategy in the thought of Julius Evola". *Italianist*, 31 (1), 2011, pp. 25-40; WOLFF, Elisabetta C. "Apolitìa and Tradition in Julius Evola as Reaction to Nihilism". *European Review*, 22 (2), 2014, pp. 258-273.
4. *"Uma ação futura, formativa"*: EVOLA, *Ride the Tiger...*, p. 7.
5. *Movement [Movimento]*: Enquanto Bannon se preparava para assumir seu trabalho na Casa Branca, em 9 de janeiro de 2017, um advogado belga chamado Mischaël Modrikamen fundou a Movement. Após sair da Casa Branca meses depois, e graças à intervenção de Nigel Farage, Bannon assumiria a coliderança da organização. Ver: HINES, Nico. "Inside Bannon's Plan to Hijack Europe for the Far-Right". *Daily Beast*, 20/7/2018. Disponível em <https://www.thedailybeast.com/inside-bannons-plan-to-hijack-europe-for-the-far-right>. Acesso em 19/10/2020.
6. *Steve queria tirar proveito disso*: De fato, Marion Maréchal – neta de Jean-Marie Le Pen, fundador do Reagrupamento Nacional, e sobrinha da líder do partido, Marine Le Pen – estava abrindo, naquele mesmo ano, o Institut de Sciences Sociales, Économiques et Politques [Instituto de Ciências Sociais, Econômicas e Políticas] em Lyon, na França, com um currículo pouco ortodoxo que misturava negócios, política, esporte, dança de salão e habilidades de sobrevivência na selva. Ver: "Le Pen's niece opens grad school to train new generation of far-right leaders". *Public Radio International*, 4/1/2019. Disponível em <https:// www.pri.org/stories/2019-01-04/le-pen-s-niece-opens-grad-school-train-new-generation-french-far-right-leaders>. Acesso em 19/10/2020.
7. *US$ 1 milhão por ano*: SWAN, Jonathan & PANDEY, Erica. "Exclusive: Steve Bannon's $1 million deal linked to a Chinese billionaire". *Axios*, 29/10/2019. Disponível em <https://www. axios.com/steve-bannon-contract-chinese-billionaire-guo-media-fa6bc244-6d7a-4a53-9f03-1296d4fae5aa.html>. Acesso em 19/10/2020.
8. *"Não cristã"*: BURKE, Daniel. "Pope suggests Trump 'is not Christian'". *CNN*, 18/2/2016. Disponível em <https://edition.cnn.com/2016/02/18/politics/pope-francis-trump-christian-wall/>. Acesso em 19/10/2020. Àquela época, Bannon fazia parceria com o cardeal Raymond Burke, também opositor ao papa, embora essa parceria fosse acabar implodindo. Eles tentaram causar escândalos e enfraquecer os poderes papais. Para Bannon, esse plano incluiria fazer um

filme baseado em um livro do jornalista esquerdista francês Frédéric Martel, intitulado *No armário do Vaticano: poder, hipocrisia e homossexualidade*, com a esperança de dar um golpe mortal em uma instituição católica que ele considerava sitiada, encarnando uma mistura tóxica de progressismo e males sexuais.

9. *Garantir financiamento russo*: NARDELLI, Alberto. "Revealed: the explosive secret recording that shows how Russia tried to funnel millions to the 'European Trump'". *BuzzFeed*, 10/7/2019. Disponível em <https://www.buzzfeednews.com/article/albertonardelli/salvini-russia-oil-deal-secret-recording>. Acesso em 19/10/2020.

10. *Que se encontrara com Aleksandr Dugin em 2016*: "Italy, EU and Trump". *Katehon*, 24/11/2016. Disponível em <https://katehon.com/article/italy-eu-and-trump>. Acesso em 19/10/2020.

11. *"Russos são brancos"*: Citado em LUKACS, John. *A history of the Cold War*. New York, Doubleday, 1961, p. 268.

12. *"Fã da escrita dele"*: Provavelmente, foi o escritor James Heiser que chamou a atenção de Bannon para a obra de Dugin, em 2014. Após publicar um livro crítico sobre o pensador russo, Heiser escreveu artigos para a National Review e a Breitbart. Pouco depois, em 2014, Bannon pediu para entrevistar Heiser em seu programa de rádio na Breitbart. Mais tarde, Heiser disse-me que as afirmações de Bannon durante a entrevista sugeriam que ele mal conhecia Dugin à época. Dada a desinformação sobre Evola, percebida no discurso de Bannon no Vaticano logo depois, e dado o fato de que só mais tarde ele se interessaria por Heidegger e Evola, eu estou entre os que suspeitam que ele soube sobre Evola e sobre a Arktos após ter conhecido a obra de Dugin por meio de Heiser. Para mais informações a respeito do comentário de Heiser sobre Dugin, ver: HEISER, James D. *"The American Empire should be destroyed": Alexander Dugin and the perils of immanentized eschatology*. Malone (TX), Repristination Press, 2014.

Capítulo 8: A raça do espírito

1. *Extensão histórica das línguas indo-europeias*: Ver ARVIDSSON, Stefan. *Aryan Idols: Indo-European mythology as ideology and science*. Trad. Sonia Wichmann. Chicago, University of Chicago Press, 2006.

2. *Que se manteria vivo quando os corpos morressem*: Esse argumento foi usado por Tomislav Sunic, admirador de Evola e nacionalista branco, em "Julius Evola on Race". *Occidental Observer*, 1/5/2010. Disponível em <https://www.theoccidentalobserver.net/2010/05/01/sunic-evola-on-race/>. Acesso em 19/10/2020.

3. *Misticismo em seu senso de raça*: Para mais sobre misticismo, Evola e concepções de raça no Terceiro Reich, ver GOODRICK-CLARKE, Nicholas. *Black Sun: Aryan cults, esoteric Nazism, and the politics of identity*. New York, New York University Press, 2003.

4. *Condenando-o ao ostracismo*: HANSEN, H. T. "A short introduction to Julius Evola". *In*: EVOLA, Julius. *Revolt against the modern world: politics, religion, and social order in the Kali Yuga*. Rochester (VT), Inner Traditions, 1995.

Capítulo 9: O homem contra o tempo

1. *"Destruir todas as instituições de hoje"*: "Steve Bannon, Trump's top guy, told me he was 'A Leninist'". *Daily Beast*. Disponível em <https://www.thedailybeast.com/steve-bannon-trumps-top-guy-told-me-he-was-a-leninist?source=twitter&via=desktop>. Acesso em 19/10/2020.

2. *Intitulado* The forth turning *[A quarta virada]*: STRAUSS, William & HOWE, Neil. *The fourth turning: what the cycles of history tell us about America's next rendezvous with destiny*. New York, Three Rivers Press, 1997.

3. *Escola particular de sua escolha*: "Opinion. DeVos: families don't need DPS retread". *Detroit News*, 22/2/2016. Disponível em <https://www.detroitnews.com/story/opinion/2016/02/22/devos-families-need-dps-retread/80788340/>. Acesso em 19/10/2020.

4. *"Pequeno território seguro"*: "Dick and Betsy DeVos at the gathering 2001". YouTube, 23/2/2015. Disponível em <https://www.youtube.com/watch?v=qJYFPMLuVRE>. Acesso em 19/10/2020.
5. *"Militantes contra o programa ativista da Agência"*: DETROW, Scott. "Scott Pruitt confirmed to lead Environmental Protection Agency". *National Public Radio*, 17/2/2017. Disponível em <https://www.npr.org/2017/02/17/515802629/scott-pruitt-confirmed-to-lead-environmental-protection-agency>. Acesso em 19/10/2020.
6. *Cortando bilhões em ajuda externa*: FILKINS, Dexter. "Rex Tillerson at the breaking point". *The New Yorker*, 6/10/2017. Disponível em <https://www.newyorker.com/magazine/2017/10/16/rex-tillerson-at-the-breaking-point>. Acesso em 19/10/2020.
7. *"Gostaríamos de nos livrar dele"*: "Rep. Mick Mulvaney: CFPB 'Sick, Sad Joke'", 10/9/2014, YouTube.com.
8. *Chama de* palingênese: Griffin argumenta que essa é a característica fundamental que distingue o fascismo de outros sistemas. Ver GRIFFIN, Roger. *The nature of fascism*. London, Routledge, 1993.
9. *Expressão de nostalgia*: A expressão pode ser vista como exemplo do que Svetlana Boym, falecida professora de Harvard, descreveria como "nostalgia restauradora". Ver: BOYM, Svetlana. *The future of nostalgia*. New York, Basic Books, 2008.
10. *"Que vieram antes de nós"*: Ao dizer isso, ele estava fazendo referência a Edmund Burke.
11. *Tão rápido que eles mal conseguissem entender*: Ver, ainda, "Zero Tolerance: Steve Bannon Interview | FRONTLINE". *PBS*, 2019. Disponível em <https://www.pbs.org/wgbh/front line/interview/steve-bannon-2/>. Acesso em 19/10/2020.
12. *A influência de Guénon e Evola*: Suas referências explícitas a esses Tradicionalistas aparecem em seu livro: DEVI, Savitri. *Souvenirs et réflexions d'une Aryenne*. New Delhi, Temple Press, 1976. Observe que esses não são os únicos fatores que tornam Savitri Devi um caso excepcional. Ela é uma das únicas mulheres que conheço que se autodenominam Tradicionalistas. O nacionalismo de extrema direita há muito valoriza as mulheres, com frequência por vê-las como veículos da antiga essência nacional protegida da modernidade, graças à sua sub-representação histórica no cosmopolitismo, no comércio e na educação formal. No entanto, o Tradicionalismo raramente recorre a tais romantizações. Poucas pessoas aderiram à ideologia que, com base em Evola, teorizou a subordinação das mulheres e da feminilidade, descartando muito do feminismo como um estratagema para dissolver a identidade por meio da erradicação do gênero. Isso não quer dizer que Devi seja a única mulher Tradicionalista. Durante a década de 1980, um grupo só de mulheres Tradicionalistas formou-se em Oxford, na Inglaterra, sob o nome de Aristasia. Ver: SEDGWICK, Mark. *Against the modern world: Traditionalism and the secret intellectual history of the twentieth century.* Oxford, Oxford University Press, 2004, pp. 216-219.
13. *"Exterminadores em massa sem ideologias"*: DEVI, Savitri. *The lightning and the sun.* Calcutá, Temple Press, 1958, p. 41.
14. *"'Idade da Verdade'"*: *Idem*, p. 48.

Capítulo 10: Reuniões esotéricas

1. *Seu discurso da vitória*: "Bolsonaro's victory speech with subtitles in English". YouTube, 29/10/2018. Disponível em <https://www.youtube.com/watch?v=blYxwdG8dBo>. Acesso em 19/10/2020.
2. *Steve conhecera Eduardo Bolsonaro*: "Steve Bannon endorses far-right Brazilian presidential candidate". *Reuters*, 26/10/2018. Disponível em <https://www.reuters.com/article/us-brazil-election-bannon/steve-bannon-endorses-far-right-brazilian-presidential-candidate-idUS KCN1N01S1>. Acesso em 19/10/2020.
3. *Bannon assessoraria a campanha eleitoral de Bolsonaro*: "Brazil: Steve Bannon to advise Bolsonaro presidential campaign". *Telesur*, 15/8/2018. Disponível em <https://www.telesurenglish.net/news/Brazil-Steve-Bannon-to-Advise-Bolsonaro-Presidential-Campaign-20180815-0003.html>. Acesso em 19/10/2020.
4. *Revista ocultista francesa* Planète: Essa revista foi fundada por Louis Pauwels, que, mais tarde, colaboraria com Alain de Benoist, da Nova Direita Francesa.

5. *Usando um adereço de cabeça com chifres*: Para o comentário dele a respeito do simbolismo da dança, ver: SCHUON, Frithjof. *The play of masks*. Bloomington (IN), World Wisdom, 1992.

6. *Dança do Sol dos Sioux*: Alguns nativos americanos consideravam o uso de Schuon de suas roupas e rituais como um lembrete constrangedor da necessidade de salvaguardarem suas tradições. Ver o artigo de Avis Little Eagle no *Lakota Times*, de julho de 1992.

7. *Danças circulares embaladas pelo* dhikr *sufista*: URBAN, Hugh B. "A dance of masks: the esoteric ethics of Frithjof Schuon". *In*: BARNARD, G. William & KRIPAL, Jeffrey J. (org.). *Crossing boundaries: essays on the ethical status of mysticism*. New York, Seven Bridges, 2002.

8. *Lavagem cerebral, extorsão e abuso*: Para um excelente tratamento acadêmico a respeito da dinâmica de poder nessas e em outras seitas, ver: PUTTICK, Elizabeth. "Sexuality, gender and the abuse of power in the master-disciple relationship: the case of the Rajneesh Movement". *Journal of Contemporary Religion*, 10 (1), 1995, pp. 29-40.

9. *Já tinham seguidores*: SEDGWICK, Mark. *Against the modern world: Traditionalism and the secret intellectual history of the twentieth century*. Oxford, Oxford University Press, 2004.

10. *Qualidades "naturais", não "institucionais"*: Para essa informação, eu me baseei em "A dance of masks", de Hugh B. Urban.

11. *"Branca", "negra" e "amarela"*: SCHUON, Frithjof. *Language of the self*. Trad. Margo Pallis e Macleod Matheson. Madras, Vasanta Press, 1959. Deve-se notar que uma parte significativa dos seguidores de Schuon via sua mensagem como universalista, o que reforçaria a tolerância e a abertura, não qualquer forma de hierarquia e sectarismo. Ao fazer isso, no entanto, eles ignoravam a complexidade do pensador de forma geral e a presença de sinais contraditórios em particular. Ver: LIPTON, Gregory A. "De-Semitizing Ibn 'Arabī: Aryanism and the Schuonian Discourse of Religious Authenticity". *Numen*, 64 (2-3), 2017, pp. 258-293; CUTSINGER, James S. "Introduction". *In*: CUTSINGER, James S. (ed. e trad.). *Splendor of the true: a Frithjof Schuon reader*. Albany, State University of New York Press, 2013.

12. *Dica de um amigo*: Olavo disse-me que se tratava de Marco Pallis, músico e escritor grego.

13. *Lima, no Peru*: Uma das visitas de Lings à cidade foi documentada por Mateus Soares de Azevedo em "Special section: tributes to dr. Martin Lings (1909-2005)". *Sacred Web*, 15, 2005.

14. *"Um santo de primeira grandeza"*: "Martin Lings speaks of his impressions on first meeting Frithjof Schuon". YouTube, 5/8/2013. Disponível em <https:// www.youtube.com/watch?v=MB1w305x-hw>. Acesso em 19/10/2020.

15. *Um conhecimento rejeitado*: Para uma discussão sobre as definições acadêmicas de esoterismo, ver: BERGUNDER, Michael. "What is esotericism? Cultural studies approaches and the problems of definition in religious studies". *Method & Theory in the Study of Religion*, 22 (1), 2010, pp. 9-36.

16. *"Reunião Primordial"*: Alguns relatos tratam a Reunião Primordial e a Dança do Sol como o mesmo evento, mas, com base em conversas não gravadas com testemunhas, tendo a pensar que essas eram ocorrências separadas.

17. *"Seu protótipo celestial"*: SCHUON, Frithjof. *Gnosis, divine wisdom*. Bloomington (IN), World Wisdom, 1957, p. 54.

18. *"Nu como seu bebê"*: SCHUON, Frithjof. *Erinnerungen und Betrachtungen*. S.l., s.ed., 1974, p. 295.

19. *"Ao estado celestial"*: "Frithjof Schuon's interest in the plains Indians". World Wisdom. Disponível em <http://www.worldwisdom.com/public/slideshows/view.aspx?SlideShowID=44&SlideDetail ID=403>. Acesso em 19/10/2020.

20. *Idade dos outros participantes envolvidos*: Escrever sobre esse episódio na vida de Frithjof Schuon é excepcionalmente complicado e eticamente problemático. Devido a atividades supostamente adotadas nesses rituais, ele foi acusado de abuso sexual infantil e indiciado em Indiana no início dos anos 1990. O caso acabou sendo arquivado por falta de provas. Muitos dos seguidores de Schuon argumentaram que o promotor público mais eloquente era um ex-iniciado chamado Mark Koslow, que nutria considerável animosidade em relação a Schuon por causa de outro assunto – Koslow detalhou suas acusações em um livro de memórias. Alguns desses mesmos seguidores também ameaçaram, legalmente ou por outros meios, escritores e acadêmicos que escreveram sobre o caso e endossaram a noção da culpabilidade de Schuon. Contudo, a

infraestrutura ideológica e social que poderia ter favorecido tais ocorrências na comunidade é evidente para muitos comentaristas, inclusive para mim. Desde então, jornalistas e escritores dividem-se entre contribuir para uma acusação falsa ou, inadvertidamente, dar cobertura ao horror do abuso sexual. Esta nota de rodapé é uma tentativa minha de equilíbrio sobre o assunto.

Capítulo 11: Vamos transcender a modernidade

1. *"Pensadores nada modernos"*: "Omoderna tänkare samlas i Stockholm". *Friatider*, 27/7/2012. Disponível em <https://www.friatider.se/omoderna-tankare-samlas-i-stockholm>. Acesso em 19/10/2020.
2. *Centro de Estudos Conservadores*: Informação sobre o currículo dele à época pode ser encontrada em: DUGIN, Aleksandr. "Biography". Disponível em <http://dugin.ru/biography>. Acesso em 19/10/2020.
3. *Convidados preferidos da mídia iraniana*: HAGHIGHATNEHAD, Reza. "Putin's brain, the darling of Iranian hardliners". *Track Persia*. Disponível em <http://www.trackpersia.com/putins-brain-darling-irans-hardliners/>. Acesso em 19/10/2020.
4. *Sergey Naryshkin*: LAUG, Christoph. "Prominent right-wing figures in Russia". *Russian Analytical Digest*, 135, 5/8/2013. Disponível em <https://css.ethz.ch/content/dam/ethz/special-interest/gess/cis/center-for-securities-studies/pdfs/RAD-135-6-9.pdf>. Acesso em 19/10/2020.
5. *"Tudo que é antiliberal é bom"*: "Alexander Dugin (Introduction by Mark Sleboda) Identitär Idé 4/Identitarian Ideas 4". YouTube, 14/9/2012. Disponível em <https://www.youtube.com/watch?v=7X-o_ndhSVA>. Acesso em 19/10/2020. Observe que edito ligeiramente o inglês de Dugin nessas citações, assim como nas minhas entrevistas com ele.
6. *Francis Fukuyama*: FUKUYAMA, Francis. "The end of history?". *The National Interest*, 16, Summer 1989.
7. *As três ideologias eram modernistas*: Essas ideias estão mais bem explicadas em: DUGIN, Aleksandr. *The fourth political theory*. London, Arktos, 2012, p. 17.

Capítulo 12: O pico

1. *Mas parecia que ninguém havia notado*: STEINMANN, Luca. "The illiberal far-right of Aleksandr Dugin. A conversation". *Reset DOC*, December 4, 2018. Disponível em <https://www.resetdoc.org/story/illiberal-far-right-aleksandr-dugin-conversation/>. Acesso em 19/10/2020.
2. *"Putin solar"*: CLOVER, Charles. *Black wind, white snow: the rise of Russia's new nationalism*. New Haven (CT), Yale University Press, 2016, pp. 327-328.

Capítulo 13: Jantar na embaixada

1. *Seminário de Filosofia*: "Que é o Seminário de Filosofia?". *Seminário de Filosofia*. Disponível em <https://www.seminariodefilosofia.org/o-seminario/>. Acesso em 19/10/2020.

Capítulo 14: Alternativas globais

1. *"Iria para a privada"*: WINTER, Brian. "Jair Bolsonaro's guru". *Americas Quarterly*, December 17, 2018. Disponível em <https://www.americasquarterly.org/content/jair-bolsonaros-guru>. Acesso em 19/10/2020.
2. *Tradicionalismo de Schuon*: SEDGWICK, Mark. *Against the modern world: Traditionalism and the secret intellectual history of the twentieth century*. Oxford, Oxford University Press, 2004, p. 271.
3. *Dugin abriu o debate*: "The USA and the new world order". March 7, 2011. Disponível em <http://debateolavodugin.blogspot.com/2011/03/alexander-dugin-introduction.html>. Acesso em 19/10/2020.

Guerra pela eternidade | 263

4. *Linguagem conservadora dos Estados Unidos*: Dugin, seis meses depois, também faria comentários simpáticos sobre o povo americano. Ver "Alexander Dugin: real friend of the American people!". *Green Star News*, 24/9/2011. Disponível em <https://greenstarnews.wordpress.com/2011/09/24/alexander-dugin-real-friend-to-the-american-people/>. Acesso em 19/10/2020.
5. *Sete Torres do Diabo*: Há pouco sobre o assunto nos textos de Guénon traduzidos para o inglês. Uma exceção é um comentário passageiro em: GUÉNON, René. *Insights into Islamic Esotericism and Taoism*. Trad. Henry D. Fohr. Hillsdale (NY), Sophia Perennis, 2003 [1973].
6. *Localizado na Califórnia*: Carta não publicada de René Guénon para Vasile Lovinescu. *Le Caire*, May 19, 1936.

Capítulo 15: Fronteiras encantadas

1. *Uma era de lobos*: CRAWFORD, Jackson (trad.). *The Poetic Edda: stories of the Norse gods and heroes*. Indianapolis (IN), Hackett Publishing Company, 2015, p. 12.
2. *"Filho da puta broxa"*: GREEN, Joshua. *Devil's Bargain*. New York, Penguin, 2017, p. 188.

Capítulo 16: A desintegração do mundo

1. *Traços genéticos mongóis*: JORJANI, Jason Reza. "Against perennial philosophy". AltRight.com. Disponível em <https://www.altright.com/2016/10/21/against-perennial-philosophy/>. Acesso em 19/10/2020.
2. *"Romance de espionagem"*: MURPHY, Tim. "The fastest-growing Washington industry you've never heard of". *Mother Jones*, Nov.-Dec. 2013. Disponível em <https://www.motherjones.com/politics/2013/11/political-intelligence-industry-jellyfish/>. Acesso em 19/10/2020.
3. *Rival do setor privado da CIA*: HARRIS, Shane. "Former Blackwater officials form Global Intelligence Company". *Washington Examiner*, May 12, 2011. Disponível em <https://www.washingtonian.com/2011/05/12/former-blackwater-officials-form-global-intelligence-company/>. Acesso em 19/10/2020.
4. *Philip Morris*: MURPHY, Tim. "The fastest-growing Washington industry you've never heard of" Cf. nota 2 acima.
5. *Ele parecia ser perigoso*: Comunicação pessoal, Keith Mahoney, várias datas, agosto de 2019.
6. *Bagley já tinha abertura nesses círculos*: CATSIMATIDIS, John. "Michael Bagley – a refugee solution?". *Catsimatidis.com*, 24/9/2017. Disponível em <http://www.catsimatidis.com/michael-bagley-refugee-solution/>. Acesso em 19/10/2020.
7. *Um veículo para a "alt-right"*: POSNER, Sarah. "How Donald Trump's new campaign chief created an online haven for white nationalists". *Mother Jones*, August 22, 2016. Disponível em <https://www.motherjones.com/politics/2016/08/stephen-bannon-donald-trump-alt-right-breitbart-news/>. Acesso em 19/10/2020.

Capítulo 17: *Alt-Right, Inc.*

1. *Comparou a sensação*: COSTELLO, Jef. "'That's it, we're through!': The psychology of breaking up with Trump". *Counter-Currents*, 10/4/2017. Disponível em <https://www.counter-currents.com/2017/04/thats-it-were-through/>. Acesso em 19/10/2020.
2. *"Um plano de trabalho detalhado foi apresentado a Flynn"*: "Will Russia and the USA help Libya together?". *RIA*. Disponível em <https://ria.ru/20170202/1487043738.html>. Acesso em 19/10/2020.
3. *O maior depósito de petróleo do mundo*: Ver World Petroleum Resources Project [Projeto Mundial de Recursos Petrolíferos], "An estimate of recoverable heavy oil resources of the Orinoco oil belt, Venezuela". USGS. Disponível em <https://pubs.usgs.gov/fs/2009/3028/pdf/FS09-3028.pdf>. Acesso em 19/10/2020.

4. *Goldman Sachs havia comprado*: THOMAS JR., Landon. "Goldman Buys $2.8 billion worth of Venezuelan bonds, and an uproar begins". *New York Times*, May 30, 2017. Disponível em <https://www.nytimes.com/2017/05/30/business/dealbook/goldman-buys-2-8-billion-worth-of-venezuelan-bonds-and-an-uproar-begins.html>. Acesso em 19/10/2020.

Capítulo 18: Bannon contra o mundo

1. *Inevitabilidade da destruição*: WOLFF, Michael. *Fire and fury*. New York, Holt, 2018.
2. *Não era outro senão Aleksandr Dugin*: MEYER, Henry & ANT, Onur. "Alexander Dugin – the one Russian linking Donald Trump, Vladimir Putin and Recep Tayyip Erdogan". *Independent*, February 3, 2017. Disponível em <https://www.independent.co.uk/news/world/americas/alexander-dugin-russian-academic-linking-us-president-donald-trump-vladimir-putin-turkey-president-a7560611.html>. Acesso em 19/10/2020.
3. *"Nossa verdade russa particular"*: "Aleksandr Dugin: 'We have our special Russian truth'". *BBC Newsnight*, YouTube, October 28, 2016. Disponível em <https://www.youtube.com/watch?v=GGunRKWtWBs>. Acesso em 19/10/2020.

Capítulo 19: Vamos unir a direita

1. *Grito de guerra*: CHATTLETON, Kyle. Comunicação durante mesa-redonda: "Recognizing and confronting white supremacy through sound scholarship". Annual Meeting of the Society for Ethnomusicology [Encontro Anual da Sociedade de Etnomusicologia]. Albuquerque, New Mexico, 2018.
2. *"O fascista Richard Spencer está aqui!"*: Isso consta no relato do sócio de Daniel Friberg, Chris Dulny, que também foi à manifestação. "Vita pillret – Avsnitt 9 – Sanningen om Charlottesville och Unite the Right". YouTube, September 1, 2017. Disponível em <https://www.youtube.com/watch?v=iHxFE1h7r5w>. Acesso em 19/10/2020.
3. *Ele esclareceu à mídia escandinava*: "Udklip fra min korrespondance med en global alt-right--leder". *Zetland*. Disponível em <https://www.zetland.dk/historie/soV7BpEX-aegXAYg6-57bae>. Acesso em 19/10/2020.
4. *"Muito, muito violentos"*: "Full text: Trump's comments on white supremacists, 'alt-left' in Charlottesville". *Politico*, August 15, 2017. Disponível em <https://www.politico.com/story/2017/08/15/full-text-trump-comments-white-supremacists-alt-left-transcript-241662>. Acesso em 19/10/2020. Editei ligeiramente essa transcrição.
5. *Críticas tanto por parte de republicanos quanto de democratas*: SHEAR, Michael D. & HABERMAN, Maggie. "Trump defends initial remarks on Charlottesville; again blames 'both sides'". *New York Times*, 15/8/2017. Disponível em <https://www.nytimes.com/2017/08/15/us/politics/trump-press-conference-charlottesville.html>. Acesso em 19/10/2020. Ver, também: EBERHARDT, Robin. "Fifth leader resigns from Trump's manufacturing council". *The Hill*, August 15, 2017. Disponível em <https://thehill.com/homenews/administration/346614-fifth-leader-resigns-from-trumps-manufacturing-jobs-council>. Acesso em 19/10/2020.
6. *"Não criticar muito severamente ativistas da extrema direita"*: HABERMAN, Maggie & THRUSH, Glenn. "Bannon in limbo as Trump faces growing calls for the strategist's ouster". *New York Times*, August 14, 2017. Disponível em <https://www.nytimes.com/2017/08/14/us/politics/steve-bannon-trump-white-house.html>. Acesso em 19/10/2020.
7. *Corajosa recusa de se curvar à pressão da mídia*: SWAN, Jonathan. "What Steve Bannon thinks about Charlottesville". *Axios*, August 16, 2017. Disponível em <https://www.axios.com/what-steve-bannon-thinks-about-charlottesville-1513304895-7ee2c933-e6d5-4692-bc20-c1db88afe970.html>. Acesso em 19/10/2020.
8. *Com críticos culpando a influência de Bannon pelo incidente*: SHEAR, Michael D. & HABERMAN, Maggie. "Trump defends initial remarks on Charlottesville; again blames 'both sides'". *New York*

Times, August 15, 2017. Disponível em <https://www.nytimes.com/2017/08/15/us/politics/trump-press-conference-charlottesville.html>. Acesso em 19/10/2020.

9. *Ativismo on-line da direita alternativa*: Steve certa vez descreveu a Breitbart como o veículo de comunicação da *alt-right* (direita alternativa), o que Josh Green julga ter origem em um mal--entendido de sua parte quanto ao significado do termo. *Alt-right*, àquela época, não tinha uma conotação clara no discurso público, representando tanto o movimento nacionalista branco renegado quanto alas do conservadorismo que se opunham ao sistema convencionado no Partido Republicano. Steve parecia referir-se a essa segunda acepção quando usou o termo. No entanto, seus funcionários também disseram que ele simpatizava com "muito" da ideologia de extrema direita nacionalista branca. GREEN, Joshua. *Devil's Bargain*. New York, Penguin, 2017, p. 212. Ver, também: BERNSTEIN, Joseph. "Here's how Breitbart and Milo smuggled white nationalism into the mainstream". *BuzzFeed*, October 5, 2017. Disponível em <https://www.buzzfeednews.com/article/josephbernstein/heres-how-breitbart-and-milo-smuggled-white-nationalism>. Acesso em 19/10/2020.

10. *"Uma previsão de um pesadelo futuro"*: JORJANI, Jason Reza. "Why I left the Alt-Right", September 20, 2017. Disponível em <https://jasonrezajorjani.com/blog/2017/9/20/why-i-left-the-alt-right>. Acesso em 19/10/2020.

11. *O áudio/vídeo postado na internet fora de fato editado*: Mandei um *e-mail* para Hermansson em 24 de julho de 2019 e uma mensagem a Singal por meio de seu *site* no mesmo dia ou no dia anterior.

12. *"Não temos conhecimento"*: SINGAL, Jesse. "Undercover with the Alt-Right". *New York Times*, September 19, 2017. Disponível em <https://www.nytimes.com/2017/09/19/opinion/alt-right-white-supremacy-undercover.html?mcubz=0>. Acesso em 19/10/2020.

13. *"Temos trabalhado e conversado com o Departamento de Estado"*: CATSIMATIDIS, John. "Michael Bagley – a refugee solution?". *Catsimatidis.com*, 24 Sept., 2017. Disponível em <http://www.catsimatidis.com/michael-bagley-refugee-solution/>. Acesso em 19/10/2020.

Capítulo 20: Brasil profundo

1. *O vice-presidente estaria considerando renunciar*: MAZUI, Guilherme. "Vice Mourão diz que Olavo de Carvalho deve se limitar à função de 'astrólogo'". *G1 Política*, 22/4/2019. Disponível em <https://g1.globo.com/politica/noticia/2019/04/22/vice-mourao-diz-que-olavo-de-carvalho-deve-se-limitar-a-funcao-de-astrologo.ghtml>. Acesso em 18/10/2020.

2. *Reduzir o financiamento em educação e cultura*: SIMS, Shannon. "Brazil slashes funding to scientists. The planet may suffer". *National Geographic*, 19/4/2019. Disponível em <https://www.nationalgeographic.com/environment/2019/04/brazil-cuts-funding-scientists-grad-students-environment-suffers/>. Acesso em 18/10/2020.

Capítulo 21: Acerto de contas

1. *"Bagley não passou da fase de negociações"*: Essa informação é baseada em documentos jurídicos de acesso público do Tribunal Distrital dos EUA, divisão do Leste da Virgínia, divisão de Alexandria. Caso número 1:19mj315.

2. *Espancar um jornalista*: MURPHY, Simon. "'A couple of black eyes': Johnson and the plot to attack a reporter". *The Guardian*. Disponível em <https://www.theguardian.com/politics/2019/jul/14/black-eyes-boris-johnson-plot-attack-reporter-darius-guppy>. Acesso em 18/10/2020.

Índice remissivo

A

Agência de Proteção Ambiental, 107

Ali-Shah, Omar e Idries, 125-126

Andrade de Souza, Roxane, 125, 128, 160, 225-230

Antifa, 215

Antissemitismo. *Ver também* Nazistas
    na manifestação em Charlottesville, 211-222
    nacionalismo húngaro e, 58-59
    Os Protocolos dos Sábios de Sião, 249
    Tradicionalismo e, 42, 248-250,

Araújo, Ernesto, 151, 155-156, 191, 224

Arktogeya (jornal), 48

Arktos
    Bannon e, 237
    Charlottesville e, 216-221
    Dugin publicado pela, 101-102, 117, 131-133
    Gottfried publicado pela, 192
    papel de Jorjani na, 25, 180, 182-184, 188-190, 191-197
    papel de Morgan na, 83, 93, 101-102, 182-183, 183, 243

Assad, Bashar al-, 201

Ato de assistência médica acessível, 111

Áustria, Dugin e, 65, 70

B

Badolato, Andy, 149

Bagley, Michael

financiamento para direita alternativa [*alt-right*] e, 194-197, 217-221
Jellyfish e, 184-190, 194-197, 234-241
prisão de, 234-240
sobre a equipe de Murray, 185, 234, 236

Bannon, Stephen K. *Ver também* Breitbart; nacionalismo; Tradicionalismo
autobiografia de, 77
Cambridge Analytica e, 42, 61-63, 72
caracterização de, 17, 37-38, 73-74, 149-150, 245-246
como diretor da campanha de Trump, 70, 71-73, 77-78
direita alternativa, 187-190, 191-199
encontro com Dugin em Roma (2018), 13-15, 87-91, 141-148, 191, 246-247, 259 (n. 10)
"Escola de gladiadores" (Itália), 88, 191, 233
financiamento para direita alternativa e, 194-197, 217-221
Governo brasileiro e, 119, 149-157, 246-247 (*ver também* Carvalho, Olavo de)
Guénon seguido por, 36
interesse de Morgan em, 83-84
Jorjani e, 25-26, 179-180, 236-238
saída da Casa Branca, 155-156, 211, 216-218
saída do Conselho de Segurança Nacional, 201-209
sobre a China, 89-91, 142, 142-143, 146-148, 157, 173-174, 247
sobre Bagley, 233-237
sobre imigração, 80, 169-180, 233-234
sobre o conceito de ciclo de tempo, 103-116 (*ver também* ciclos do tempo)
sobre o Tradicionalismo, 17-19, 26-28, 38, 41-44, 87, 250
sobre Spencer, 237, 238
sobre Williamson, 152
trajetória de, 29-36, 37-40

Bannon & Co., 39

Baranyi, Tibor, 59, 64-68, 256-257 (n. 2)

Beattie, Darren, 150, 151, 179

Benoist, Alain de, 133, 206

Bergson, Henri, 105

Bismarck, Otto von, 90

Black Lives Matter [Vidas Negras Importam], 215

Blackwater, 184-185

Blavatsky, Helena, 36

Bolsonaro, Eduardo, 119

Bolsonaro, Jair, 117-120, 149-156, 167, 223-224, 228

Brant, Gerald, 150, 152

Brasil. *Ver também* Carvalho, Olavo de

> Aliança da China com o, 224, 226, 230
> Bannon e o governo do, 119, 149-156, 191, 246
> eleição de Bolsonaro, 117-120, 223
> financiamento de educação e cultura pelo, 228
> militares do, 227
> Olavo nomeado ministro da Educação do, 149-155
> *Tariqa* de Olavo no, 128-129
> visita de Bolsonaro a Washington, 155-156

Breitbart

> Bannon como *CEO* da, 41
> Bannon sobre a *alt-right* [direita alternativa] e a, 216, 264-265 (n. 9)
> Breitbart (Andrew) e, 40
> manifestação de Charlottesville e, 217
> movimento *alt-right* e, 190, 192-193, 216-217, 265 (n. 9)
> saída de Bannon da, 142

Burke, Raymond, 258-259 (n. 8)

Bush, George W., 46

C

Cambridge Analytica, 42, 61-63, 72

Caminho do Cinábrio, O (Evola), 101

capitalismo. *Ver* modernidade

Cartel de Sinaloa, 235-236

Carvalho, Olavo de, 117-129, 223-232

> Bannon e, 149-156, 228-230, 246-247
> debate com Dugin, 157-158, 160-167, 230
> eleição de Bolsonaro e, 117-120, 223
> Lings e, 125-126, 129
> mudou para os Estados Unidos, 157-161
> presença *on-line* de, 160
> Schuon e, 121-129

270 | *Benjamin R. Teitelbaum*

      sobre a China, 173-174
      sobre aliança Brasil-China, 224, 226, 230
      tariqa de, 121-129, 151, 155, 159-160, 261 (n. 11-12)
      Virgínia, casa de, 119, 151, 223-224

catolicismo

      campanha antipapal de Bannon, 89-91, 233, 258-259 (n. 8)
      criação católica de Bannon, 30-32
      Olavo sobre, 160-161

Catolicismo zen (Graham), 31

Catsimatidis, John, 221

Charlottesville (Unite the Right), 211-222

Chechênia, 46

China

      aliança do Brasil com a, 224, 226, 230
      Bannon sobre a, 89-91, 141-142, 142, 147-148, 157, 173-174, 246-247
      Dugin sobre a, 70, 142-148, 161-167, 247-248
      Jorjani sobre a, 186, 187
      Olavo sobre a, 152

ciclos de tempo, 103-116

      caos *versus* hierarquia, 103-106
      conceito de *palingênese*, 109
      crença na hierarquia de castas, 22-23, 73-77, 79-80, 99, 115, 124, 160-161
      Evola sobre o "ideal guerreiro" e, 84-87, 110
      governo Trump e agenda teológica, 106-109
      idade sombria/*Kali Yuga*, visão geral, 21-23, 75, 103-104, 116
      política de Trump e, 111-113
      Tradicionalismo e influência sobre líderes mundiais, 249
      Trump como "homem no tempo", 104, 113-117
      ciganos, nacionalismo húngaro e, 58-59
      Trump como "homem no tempo",

civilização ocidental. *Ver* modernidade; nomes dos países

Clinton, Hillary, 72, 78, 83, 189-190, 192

Clover, Charles, 46, 133

CNN, 83-84, 152-153

Conselho de Segurança Nacional, 201-209

Counter-Currents, 83, 242

D

Dança do Sol dos Sioux, 122, 261 (n. 6)

Dasein, 138-139, 142-144, 148

democracia. *Ver* modernidade

Departamento de Proteção Financeira do Consumidor, 108

Devi, Savitri, 113-116, 260 (n. 12)

DeVos, Betsy, 106-107

DeVos, Dick, 106

doutrina secreta, A (Blavatsky), 36, 175

Dugin, Aleksandr, 45-56
    A quarta teoria política, 90, 133
    Arktos como editora de, 101-102, 117, 131-133
    Brexit e, 68-70
    conflito entre georgianos e ossétios e, 45-46, 49-56, 256 (n. 12)
    debate com Olavo, 157-158, 160-167, 230
    entrevista do autor (2018) com, 139-140
    Fundamentos da geopolítica, 50-52
    movimentos nacionalistas europeus e (*ver* nacionalismo)
    na conferência Ideias Identitárias, 131-139
    Putin e, 13, 42-44, 52-54, 143
    relações Rússia-Turquia e, 205-206
    reunião com Bannon em Roma (2018), 13-15, 87-91, 141-148, 191, 246-247, 259 (n. 10)
    sobre a China, 70, 142-148, 161-167, 246-247
    sobre etnopluralismo, 206-209
    Tradicionalismo *versus* ativismo de, 87
    trajetória de, 46-49
Duke, David, 190, 213

E

"El Mayo" (Zambada García), 235

Erdoğan, Recep Tayyip, 206

Eskin, Avigdor, 195

esoterismo, 126-127, 224

espada da gnose, A (Needleman), 120

Estados Unidos. *Ver também* Partido Republicano; Trump, Donald; nomes dos líderes políticos

Agência de Proteção Ambiental, 107
Bannon sobre a riqueza dos, 79-80
bombardeio na Síria pelos, 201-209
Conselho de Segurança Nacional, 201-209
debate Dugin-Olavo sobre os, 157-158, 161-167, 231-232
democracia disseminada por, 174-175
Departamento de Educação, 106-107, 112
Departamento de Estado, 107
Departamento de Justiça, 178
Escritório de Gestão e Orçamento, 108
imigração e segurança de fronteira, 169-180
nacionalismo *versus* intervencionismo, 201-209
Olavo sobre aliança EUA-Rússia, 229-230

etnomusicologia, 132

etnopluralismo, 206-209

Eurásia. *Ver também* nacionalismo

conflito entre georgianos e ossétios e, 45-46, 49-56, 256 (n. 4)
Fundamentos da geopolítica (Dugin), 50-52
Movimento Internacional da Eurásia, 54
Partido Eurasiano, 52-54

União Europeia, Brexit, 61-63, 68-70, 155, 258 (n. 5). *Ver também* nomes dos países da União Europeia

Escritório de Gestão e Orçamento, 108

Evola, Julius. *Ver também* Raça ariana

Bannon sobre, 40, 73
conceito de ciclo do tempo e, 84-87, 110
Dugin sobre, 42, 48-49, 163
ideologia nacionalista e, 64, 68-70
Metafísica da guerra, 151
Morgan e, 95-102
Olavo sobre, 154
Schuon e, 123-124
sobre raça ariana, 23-24, 81
sobre sistemas de valores, 78
"tigre estrangulado", parábola do, 86

Guerra pela eternidade | 273

F

Farage, Nigel, 63, 68, 155, 258 (n. 5)

fascismo, Tradicionalismo *versus*, 20, 42-44, 50, 84-87. *Ver também* Mussolini, Benito; Nazistas

FBI, 196, 236, 239-241

Flynn, Michael, 195-196, 240

França
    nacionalismo na, 64, 70, 88, 258 (n. 6)
    Nova Direita da, 133, 204, 206-207

Francisco (papa), 89

Friberg, Daniel
    Charlottesville e, 211-214, 217
    Jorjani e, 25
    Morgan e, 101, 183
    movimento da *alt-right* [direita alternativa] e, 193, 196
    na conferência Ideias Identitárias, 131-133

Fundamentos da geopolítica (Dugin), 50-52

G

geopolítica. *Ver* ideologia política; Tradicionalismo

Geórgia
    campanha russa "Tanques para Tbilisi", 55-56
    conflito entre georgianos e ossétios, 45-46, 49-56, 256 (n. 4)

globalismo. *Ver* modernidade

Goldman Sachs
    Bannon na, 39, 40-41, 170
    Venezuela e, 198-199

Gottfried, Paul, 192

Graham, Aelred, 32

Green, Josh, 265 (n. 9)

Griffin, Roger, 109

Guedes, Paulo, 152

Guénon, René
- Bannon sobre, 40, 73
- Dugin sobre, 47-48, 163
- *homem e seu devir segundo o Vedanta, O*, 36, 241
- Morgan e, 97-98
- Olavo sobre, 120, 154, 160, 223, 224, 228, 231
- Schuon e, 123
- Sete Torres do Diabo, 165-166, 263 (n. 5)
- sobre a Segunda Guerra Mundial como um "reajuste", 85
- sobre sistemas de valores, 75, 78
- trajetória, 20-21

Gülen, Fethullah, 186

Guo Wengui, 89-91, 142, 157

Guppy, Darius, 240-241

Gurdjieff, George, 40-41, 47, 79, 125, 145

H

Hare Krishna (Vaishnavism), 95-100, 110, 241

Heidegger, Martin, 138-139, 142-144, 148

Heiser, James, 259 (n. 12)

Hellberg, Erik (Hermansson), 218-220

Heyer, Heather D., 214

Himmler, Heinrich, 99

Hitler, Adolph, 85, 129. *Ver também* nazistas

homem e seu devir segundo o Vedanta, O (Guénon), 36, 241

Howe, Neil, 103, 110-111, 259 (n. 2)

Hungria, nacionalismo na, 57-61, 64-68, 257 (n. 3)

I

idade sombria. *Ver* ciclos do tempo

imigração, 169-180

Bannon sobre, 81, 169-180, 233-243
crianças separadas na fronteira mexicana, 178-180
entrevista de Jorjani sobre, 218-220
identitarismo e, 131-132
movimento da *alt-right* [direita alternativa] e, 192-197
"microcidades" e financiamento para a *alt-right* [direita alternativa], 194-197, 217-221, 234-241
nacionalismo europeu e, 57-60, 65-68
política de Trump para, 112
We Build the Wall [Nós Construímos o Muro], 172, 233-234

indústria petrolífera
"microcidades" e financiamento para a *alt-right* [direita alternativa], 194-197, 217-221, 234-241
Venezuela e, 197-199

Instituto de Ciências Sociais, Econômicas e Políticas, 258 (n. 6)

Integral Tradition Publishing [Editora Tradição Integral], 93, 97, 100

Irã
Dugin e o, 46, 70, 146-148
Jorjani e o, 181-190, 217-221
Renascença Iraniana, 187, 195

Itália
campanha antipapal de Bannon, 89-91, 233, 258-259 (n. 8)
"escola de gladiadores" de Bannon na, 88, 191, 233
nacionalismo na, 64, 69-70

J

Jellyfish
Bagley e, 183-190, 194-197, 234-241
Jorjani e, 26
"microcidades" e financiamento para a *alt-right* [direita alternativa], 194-197, 217-221, 234-241

Johnson, Boris, 241

Jones, Julia, 41

Jorjani, Jason Reza, 181-190
AltRight Corporation e, 187-190, 191-197
Bagley e, 184-188, 238-241

Bannon e, 25-26, 179-180, 237-238
ato em Charlottesville e, 216-218
encontro do autor com, 25-28
formação acadêmica de, 181-182, 193, 219
na Arktos, 25, 179-180, 182-184, 188-190, 191-198
Prometheus and Atlas, 25, 182-183, 237
Venezuela e, 197-199

Jünger, Ernst, 97

K

Kali Yuga. *Ver* ciclos do tempo

Kelly, John F., 211

King Attila Academy [Academia do Rei Átila], 64-68

Kobach, Kris, 233

Koslow, Mark, 261 (n. 20)

Ku Klux Klan. *Ver* movimento *alt-right* [direita alternativa]

Kushner, Jared, 187, 202, 205, 208, 211

L

Landra, Guido, 99

Le Pen, Jean-Marine, 88, 258 (n. 6)

Lee, Robert E., 212, 215

Lenin, V., 103

LGBTQ, Olavo sobre, 158-159

Liga Nórdica, 101

Lings, Martin, 125-129, 169, 183, 261 (n. 12-13)
Carvalho e, 125-126, 129

"Londrino", 183-184, 186-189, 197-199, 217-220, 240

López Obrador, Andrés Manuel, 236-237

M

MacDonald, Kevin, 193

Maduro, Nicolás, 198-199

Maga ["Tornar a América grandiosa outra vez"], 26, 78, 109-110, 149, 171-172, 212

Mahoney, Keith, 184-185

Maréchal, Marion, 258 (n. 6)

marxismo, 34-35, 81, 151, 162, 204, 257 (n. 5)

McMaster, H. R., 208

"metafísica do campesinato", 78-81, 249. *Ver também* questões de classe

Metafísica da guerra (Evola), 101, 151

Metapolítica: contra o globalismo (*blog* de Araújo), 151

metapolítica, estratégia de, 62-64, 257 (n. 5)

México
projeto de "microcidades" para o, 236-237
segurança da fronteira EUA-México, 169-171, 223-234

mínimo que você precisa saber para não ser um idiota, O (Olavo), 118

misticismo islâmico. *Ver* sufismo

modernidade
Bannon e a rejeição à, 74-77
definição, 20
dissidentes culturais da, 33-35
Dugin sobre a democracia, 57-58
Dugin sobre o liberalismo, 134-137
oposição dos Tradicionalistas a, 95-97
Tradicionalistas sobre o materialismo, 176-177, 228-232

Modrikamen, Mischaël, 258 (n. 5)

Morgan, John B., 95-102
colaboração/desentendimento com Friberg, 131
Counter-Currents, papel da, 93, 242
Integral Tradition Publishing [Editora Tradição Integral], 93, 97, 100
na eleição de Trump (2016), 83-84
papel da Arktos na, 83, 93, 101-102, 182-183, 242-243
prática de Hare Krishna, 95-100, 110, 241-242

Mourão, Hamilton, 224

Movement [Movimento] (organização com sede na Bélgica), 88-89, 258 (n. 5)

movimento direita alternativa [*alt-right*],
  AltRight Corporation e, 186-190, 191-192, 216-221, 237-238. (*ver também* Jorjani, Jason Reza)
  Breitbart e, 216-217, 263 (n. 7)
  ato Unite the Right [Unir a Direita] em Charlotesville, 211-222
  financiamento para, 194-197, 217-221
  nacionalismo branco e, 192-199

movimento identitário, 131-137, 196

multipolaridade, 69, 137-140, 141-148, 207-208

Mulvaney, Mick, 108

Murray, Patty, 185, 234, 236

Mussolini, Benito, 43, 85, 99, 110

N

nacionalismo, 57-68. (*ver também* ciclos do tempo; movimento *alt-right* [direita alternativa]; antissemitismo; raça ariana; raça e racismo; nomes dos países)
  conflito entre georgianos e ossétios, 45-46, 49-56, 256 (n. 4)
  "escola de gladiadores", planos de Bannon para, 88-89, 191, 233-234
  Evola sobre, 65, 69-70
  intervencionismo *versus*, 201-209
  Movement [Movimento] (organização com sede na Bélgica), 88-89, 258 (n. 5)
  na França, 64, 70, 88, 258 (n. 6)
  na Hungria, 57-61, 64-68, 257 (n. 3)
  na Itália, 64, 69-70
  nacionalismo branco, 192-199
  slogan "Tornar a América grandiosa outra vez", 26, 78, 109-110, 149, 171-172, 212
  União Europeia e Brexit, 61-63, 68-70, 155, 258
  nacionalismo branco. *Ver* movimento *alt-right* [direita alternativa]

Naryshkin, Sergey, 134

Nasr, Seyyed Hossein, 159

National Policy Institute (NPI) [Instituto de Política Nacional], 189

Guerra pela eternidade | 279

Nazistas
conceito de ciclo do tempo e, 110, 113-116
Dugin sobre, 47-48, 50
Morgan sobre "raça do espírito", 98-100

Needleman, Jacob, 40-41, 120

neonazistas. *Ver* movimento *alt-right* [direita alternativa]; nazistas

Nietzsche, F., 86

O

Obama, Barack, 72, 98, 111, 178, 187, 194-195, 201, 226

Ocasio-Cortez, Alexandria, 104

Oleski, Bryce, 236

Orbán, Viktor, 60, 65-66, 88-91. *Ver também* Hungria

Osint, Grupo, 185

Ossétia, conflito com a Geórgia, 45-46, 49-56, 256 (n. 4)

Ossétia do Sul. *Ver* Ossétia

Owens, Candace, 233

P

Palin, Sarah, 73

palingênese, 109

Palmgren, Henrik, 189-190, 217

Partido Jobbik (Hungria), 57-61, 64-68, 257 (n. 15)

Partido Nacional-Bolchevique, 50, 52

Partido Republicano (Estados Unidos)
Breitbart e oposição a, 216, 265 (n. 9)
direita alternativa e, 192-197
movimento Tea Party, 42, 92, 226

PDVSA (estatal de petróleo), 197-199

Pence, Mike, 71

Pérsia. *Ver* Irã

Pierce, William, 96

Planète (revista ocultista), 120

Powell, Dina, 205

Prometheus and Atlas (Jorjani), 25, 182-183, 237

Protocolos dos Sábios de Sião, Os, 249

Pruitt, Scott, 107

Putin, Vladimir
    Dugin e, 13-14, 42-44, 52-54, 143
    Erdoğan e, 206
    Itália e, 69-70
    Olavo sobre, 167
    presidência russa assumida por, 52

Q

quarta teoria política, A (Dugin), 90, 133

quarta virada, A (Strauss e Howe), 103, 110-111, 259 (n. 2)

questões de classe, 71-82
    apelo de Trump à classe trabalhadora, 71-73, 77-78
    crença na hierarquia de castas, 22-23, 73-77, 79-80, 99, 115, 123-124, 158-159 (*ver também* ciclos do tempo)
    do populismo, 73-74
    "metafísica do campesinato" e, 78-81, 250
    sistemas de valores e, 74-77
    Tradicionalismo sobre raça e, 81-82
questões econômicas. *Ver* questões de classe

R

Raça ariana
    Devi e, 113-116, 206 (n. 12)
    Dugin sobre a, 48-49

Irã e, 181-190 (*ver também* Jorjani, Jason Reza)
Morgan sobre a, 95-102
Religiões indo-europeias e, 21, 123-124, 181-182, 187-188
Tradicionalismo e, 23-24, 35-36

raça e racismo. *Ver também* antissemitismo; imigração; raça ariana

ato em Charlottesville, 211-222,
etnopluralismo e, 206-209
Morgan sobre a "raça do espírito", 98-100
racismo e Tradicionalismo, 42, 248-249
Tradicionalismo, questões de classe e, 81-82

Ragnarök, 169

Red Ice, 189-190

Reino Unido, Brexit, 61-63, 68-70, 155, 258

religião e espiritualidade. *Ver também* antissemitismo; raça ariana; sufismo

catolicismo, 30-32, 89-91, 160, 233-234, 258-259 (n. 8)
cristianismo de direita e debate Dugin-Olavo, 157-158, 160-167, 230-231
educação pública e, 106-107, 112
esoterismo religioso, 126-127, 224
evangelismo e homogeneização da sociedade, 203-204
Evola sobre, 84-86
Hare Krishna (vaishnavismo), 95-100, 110, 241
hitlerismo esotérico, 113-116
ideologia Tradicionalista e, 20-21, 74-77 (*ver também* Tradicionalismo)
Igreja Ortodoxa Russa, 49
mobilidade espiritual, 76-77
multipolaridade e, 106, 112
Völuspá, 169

religiões indo-europeias. *Ver* raça ariana

República da Geórgia. *Ver* Geórgia

Reset DOC (revista), 141

Revolta contra o mundo moderno (Evola), 96

RIA Novosti (Rússia), 195

Robertson, Phil, 73

Rodionov, Igor, 51

Rússia. *Ver também* Putin, Vladimir

agência de notícias RIA Novosti, 195

campanha russa "Tanques para Tbilisi", 55-56
colapso da União Soviética, 48-52
conflito entre georgianos e ossétios e, 45-46, 49-56, 256 (n. 4)
debate Dugin-Olavo sobre, 157-158, 161-167, 230-231
Dugin e Estados Unidos, relações com, 133-134
intervencionismo da Síria, 205-207
"Nova Rússia", 53, 143
Olavo sobre a aliança EUA-Rússia, 229-230
Segunda Guerra da Chechênia, 53
Turquia e, 205-206

Ryan, Paul, 174-175

S

Saakashvili, Mikheil, 46

Salvini, Matteo, 69-70, 89-90

Salzmann, Michel de, 41

Schumpeter, Joseph, 105

Schuon, Frithjof, 121-129, 151, 155, 159-160, 261 (n. 11)

Seleznev, Gennady, 52

Seminário de Filosofia (escola *on-line* de Olavo), 153-155

Sessions, Jeff, 178

Sidi Muhammad. *Ver* Carvalho, Olavo de

Síria, bombardeio dos EUA na, 201-209

Snyder, Gary, 34

Souvenirs et réflexions d'une Aryenne (Devi), 260 (n. 12)

Spencer, Richard B., 25, 189-190, 191-198, 211-214, 217, 237-238

Stepanov, Vladimir, 47

Strauss, William, 103, 110-111, 259 (n. 2)

Suécia, movimento identitário na, 131-139, 196

sufismo
Bannon sobre o, 31-32, 175, 255 (n. 2)
Guénon sobre o, 21

Morgan sobre o, 97
tariqa de, 121-129, 151, 155, 159-160, 261 (n. 11)

T

Tancredo, Tom, 233

tariqa (escola/ordem do sufismo), 121-129, 151, 155, 159-160, 261 (n. 11)

Taylor, Jared, 193

Tea Party, movimento, 42, 92, 226

Tillerson, Rex, 107

"Tornar a América grandiosa outra vez", *slogan*, 26, 78, 109-110, 149, 171-172, 212

Total Intelligence Solutions [Soluções de Inteligência Total], 185

Tradicionalismo, 17-28. *Ver também* Dugin, Aleksandr; Evola, Julius; Guénon, René; nacionalismo; Carvalho, Olavo de; sufismo; ciclos do tempo
    alinhamento com racismo/antissemitismo, 42, 248-250
    Bannon sobre o, 17-19, 26-28, 38, 41-44, 87, 250
    como esoterismo religioso, 126-127, 224
    crença na hierarquia de castas, 22-23, 73-77, 79-80, 99, 115, 123-124, 158-159
    definição, 17-18
    Devi e o, 113-116
    Dugin sobre o, 46-49, 131-140
    evangelismo e homogeneização da sociedade, 203-204
    fascismo *versus*, 20, 42-44, 50, 84-87
    função do, 248-253
    idade sombria/*Kali Yuga*, 21-23, 75, 103-104, 116 (*ver também* ciclos de tempo)
    ideologia do, 19-24
    multipolaridade e o, 69, 137-140, 141-148, 207-208
    música *neo-folk* e o, 101, 133
    papéis femininos no, 113-116, 121, 127-129, 260 (n. 12)
    política de extrema direita e o, 17-19, 26-27
    populismo e o, 73-74
    questões de classe, 71-82
    raça ariana e o, 23-24, 35-36
    sobre o materialismo, 176-177, 228-232

Trump, Donald,
  alt-right [direita alternativa] e, 187-190, 193-197
  apelo da classe trabalhadora de, 71-73, 77-78
  Bannon como diretor da campanha de, 70-73, 77-78
  Bolsonaro e, 155-156
  bombardeio na Síria por, 201-209
  como "homem no tempo", 104-105, 113-116
  eleição de (2016), 83-84
  encontro Dugin-Bannon sobre, 145-146
  governo de, 106-109
  "Investigação russa" e, 13-14
  política de, 111-113
  saída de Bannon da Casa Branca, 155-156, 211, 216-218
  saída de Bannon do Conselho Nacional de Segurança, 201-209
  "Tornar a América grandiosa outra vez", *slogan*, 26, 78, 109-110, 149,
    171-172, 212
  Tradicionalismo e extrema direita, 17-19, 26-27
Trump, Donald, Jr., 233
"Trump e o Ocidente" (Araújo), 151
Trump, Ivanka, 202, 205, 208
Turquia
  encontro Dugin-Bannon sobre, 147-148
  Jorjani e, 186
  nacionalismo húngaro e, 66
  Putin e, 53
  relações russas com, 205-206
TV Tsargrad, 68

U

Ucrânia
  Movimento Internacional da Eurásia e a, 54
  "Nova Rússia" e, 53, 143
"Unite the Right" [Unir a Direita] (Charlottesville), 211-222
Urbinati, Nadia, 73

V

vaishnavismo (Hare Krishna), 95-100, 110, 241

Vélez Rodríguez, Ricardo, 151, 224

Venezuela
    indústria petrolífera da, 197-199
    Jorjani e, 186, 197, 217

Versiya (jornal), 52

Völuspá, 169

von Herder, Johann Gottfried, 78

Vona, Gábor, 57-61, 64-67

W

Wahid Yahya, Abd al-. *Ver* Guénon, René

We Build the Wall [Nós Construímos o Muro], 172, 233-234

Williamson, Marianne, 252

Y

Yeltsin, Boris, 51-52

Yorio, Michael, 184

Yuzhinsky, Círculo, 47-48, 50

Z

Zambada García, Ismael "El Mayo", 235

Título	Guerra pela eternidade: o retorno do Tradicionalismo e a ascensão da direita populista
Autor	Benjamin R. Teitelbaum
Tradução	Cynthia Costa
Coordenador editorial	Ricardo Lima
Secretário gráfico	Ednilson Tristão
Preparação dos originais	Lúcia Helena Lahoz Morelli
Revisão	Beatriz Marchesini
Equipe de apoio	Everaldo Rodrigues da Silva Junior
	Gabrielle da Silva Teixeira
	Jennifer Siqueira de Araújo
	Luisa Ghidotti
	Mariana Bercht Ruy
	Sophie Galeotti
	Thaís Freitas Rodrigues
	Victória do Monte Rodrigues
	Vinícius Emanuel Russi Vieira
	Vitória Bonuccelli Heringer Lisboa
Editoração eletrônica	José Severino Ribeiro
Design de capa	Editora da Unicamp
Formato	16 x 23 cm
Papel	Pólen natural 80 g/m² – miolo
	Cartão supremo 250 g/m² – capa
Tipologia	Minion Pro
Número de páginas	288

ESTA OBRA FOI IMPRESSA NA GRÁFICA CS
PARA A EDITORA DA UNICAMP EM MAIO DE 2023.